CONFESSIONS
DE J. S. QUESNÉ.

T. II.

DE L'IMPRIMERIE DE PILLET AÎNÉ,
rue des Grands-Augustins, n. 7.

CONFESSIONS
DE J. S. QUESNÉ,

DEPUIS 1778 JUSQU'A 1826.

Orné d'un Portrait.

TOME SECOND.

A PARIS,

CHEZ PILLET AINÉ, IMPRIMEUR-LIBRAIRE,

ÉDITEUR DU VOYAGE AUTOUR DU MONDE,
De la Collection des Mœurs françaises, anglaises, italiennes, etc.,

RUE DES GRANDS-AUGUSTINS, N. 7.

—

1828.

CONFESSIONS
DE J. S. QUESNÉ,

DEPUIS 1778 JUSQU'A 1826.

~~~~~~~~~~~~~~~~~~~~~~~~~~~~~~~~~

LIVRE SIXIÈME.

Ma première visite devait être à mon directeur. Il se tenait au lieu même où je comptais provisoirement rester. Sa réception fut cordiale. Il me mit aussitôt sur la voie du froid accueil que je reçus à Rouen, et m'en adressa des excuses, les colorant de la précipitation de son départ pour la capitale. Je vis à ce discours que le chef de division n'avait rien épargné, dans le très-louable motif de serrer entre nous deux les liens de la confraternité. Je devins sensible aux soins propres à dissiper mes craintes, et j'oubliai totalement le quart-d'heure qui les avait causées, pour ne me ressouvenir que de la nécessité de nos relations mutuelles. Un court entretien me découvrit l'étendue de sa capacité. Elle était infiniment au dessous de son emploi. Cette observation m'affligea, parce que j'entrevis que le fardeau de la direction allait retomber sur moi, qui ne connaissais pas encore un seul point de mes devoirs. Il me montra les instructions du directeur général, dont l'ensemble, enveloppé d'un nuage au début de la carrière, n'offrait qu'un objet vague et trop éloigné pour laisser à l'esprit une utile impression. M. H. n'y comprit rien ; tout ce que je distinguai de plus clair à travers le voile des circulaires, c'est que le directeur devait se rendre chez le préfet, afin de prier ce magistrat de lui donner l'ouverture de ses archives en ce qui concernait les droits réunis.

M. H., sentant sa faiblesse, me supplia non seulement de l'accompagner à la préfecture, mais même d'y porter la parole. J'envisageai tout d'un coup la difficulté, je voulus l'éviter; il insista d'une façon si persévérante, que je ne pus me soustraire à cette corvée. Nous entrons dans le cabinet de M. Lasalcette, où déjà nous attendaient avec lui MM. Malouet *, secrétaire général, depuis préfet dans plusieurs départemens et maître des requêtes ; Gobillard, directeur des contributions directes ; Collaud, oncle du préfet ; Gadon, chef de division de la préfecture, remplissant, mais sans titre, les fonctions de sous-préfet de l'arrondissement de Guéret.

* Fils du ministre de la marine, mort il y a quelques années.

M. H. gardant un silence invincible, j'entamai, bien malgré moi, le sujet de nos instructions. Le préfet dit peu de choses; M. Gobillard, consulté, se retrancha dans l'ignorance des détails d'une administration tout récemment créée; M. Collaud, ancien moine, jaloux d'étaler sa domination, voulut trancher du supérieur dans toutes mes objections. J'ignorais ses liens de parenté avec M. Lasalcette, et le prenais pour un simple commis de ses bureaux. Son physique très-désagréable avait commencé en moi une prévention fâcheuse. J'étais loin d'imaginer que, par une extrême influence sur l'esprit de son neveu, il avait pris en main les rênes de la préfecture; de sorte que ma jeunesse, ma vivacité, ma complète inexpérience des affaires administratives, me firent de cet homme un violent ennemi, et qu'au commencement de la course, par un zèle trop complaisant, j'allai fourrer ma tête dans un guêpier.

Mon directeur, qui par ce moyen se mettait fort à l'aise, en recueillant le fruit de mes observations si le succès les couronnait, ou laissant peser sur mes pas le résultat de l'entrevue si le désagrément les suivait, vanta mon courage quand nous eûmes quitté l'hôtel; mais son approbation ne put m'ôter le regret d'avoir paru dans une assemblée où je devais passer pour un jeune ambitieux dont le coup d'essai était un visible empiétement sur l'autorité de mon supérieur, puisque ces messieurs n'entraient point dans la confidence de ma démarche. Malgré ce qu'il en pouvait penser, le préfet nous envoya le lendemain une invitation à dîner, où la discussion de la veille parut entièrement hors de mémoire.

M. H., ainsi que moi, séparé de sa famille, prenait ses repas à table d'hôte. Les autres convives habituels étaient MM. Augier, procureur impérial, titre qui lui fut donné peu de tems après; Grand, conseiller de préfecture; Lajaumont, capitaine de gendarmerie; Joulin, capitaine de recrutement; Faure, son sous-lieutenant: Thiveau, garde-magasin du timbre, et le premier commis de M. Castelli, directeur de l'enregistrement, ancien intendant du roi de Sardaigne. La conversation roulait presque toujours sur les matières politiques, et le procès du général Moreau, qu'on instruisait alors, fournissait un beau champ au développement des opinions. La mienne suivait la marche de mes idées; je lui donnais l'éclat qu'une profonde conviction jetait dans ma conscience. La chaleur du sentiment, qui m'inspirait, tirait de mon ame une imprudente énergie, trop capable de me submerger en arrivant. J'étais secondé par deux ou trois pensionnaires, pénétrés de l'innocence de Moreau; mais le procureur Augier et le capitaine Lajaumont, se renfermant dans un silence absolu, se contentaient de laisser échapper divers soupirs d'oppression, qui révélaient un besoin de parler, contenu par un besoin plus grand de se taire.

M. H., passant naturellement de ce procès à ceux de la révolution, nous peignit les horreurs dont il avait été quelques instans témoin à Saint-Denis. Il vit exhumer les rois de France. On mit Louis XIV debout contre la muraille; une femme lui donna un soufflet et le renversa par terre avec ces mots : « C'est ainsi que l'on doit traiter tous les tyrans ! » Henri IV, arraché du cercueil, semblait endormi; mais l'impression de l'air le rendit tout noir en peu de minutes. Un homme lui sépara le petit doigt de la main gauche pour enlever sa bague. Mon directeur essaya vainement de lui ôter une dent. Un militaire coupa ses moustaches et se les appliqua sous le nez, en s'écriant : « Je tiens les moustaches de Henri IV; avec cette noble parure, qui si souvent a vu le feu des combats, je deviendrai sûrement invincible ! »

Avant mon départ de Paris, j'avais écrit à Mercier une lettre de remercîment de sa complaisance, en lui apprenant ma nomination. Dans une visite qui suivit de fort près cette lettre, nous parlâmes de l'astronomie, et surtout du mouvement de la terre, qu'il imaginait contraire au sentiment des gens éclairés. Je m'aperçus, dès les premiers mots, que ses connaissances dans cette science n'enfermaient rien de clair, rien de précis, rien de sain. Son hypothèse, qui n'avait aucun fondement, péchait même par les règles de la raison commune. Je lui présentai quelques objections, en évitant avec soin de le contrarier. Il me pria de les renouveler par écrit, afin de lui procurer l'occasion d'y répondre. Je m'en étais abstenu pendant plusieurs semaines; mais enfin, curieux de savoir comment il repousserait une simple plaisanterie, je lui adressai de Guéret, dans le *Journal de Paris* du 28 prairial an XII (17 juin 1804), ce qui suit :

« *Aux rédacteurs du Journal.*

» Je faisais dernièrement quelques réflexions
» sur l'anti-newtonisme de M. Mercier. Je me
» rappelais une partie de ce qu'on avait écrit
» contre lui dans plusieurs feuilles périodiques,
» et notamment, messieurs, dans la vôtre. M. Mer-
» cier manifestait son opinion sur le mouvement
» de la terre. Il disait que notre globe ne tourne
» point sur son axe, mais bien sur son centre.
» Pour appuyer de quelque autorité son raison-
» nement, il invoquait les lois physiques et re-
» jetait les apparences. « Je vois, disait-il, que le
» soleil part tous les jours d'un point donné pour
» arriver à un autre déterminé. Je vois qu'il se
» lève à l'est et se couche à l'ouest; mais je ne vois
» pas de nécessité que, pour accomplir ces mou-
» vemens, la terre aille sens dessus dessous. Il suf-
» fit à cette planète de tourner comme un toton,
» en avançant vers le soleil d'un degré toutes les
» vingt-quatre heures. » On lui répondait : « Mon-
» sieur Mercier, vous êtes dans l'erreur. » Il ré-

» pliquait : « Messieurs, expliquez-moi, je vous
» prie, comment les maisons ne tombent point
» avec fracas lorsque nous passons du zénith au
» nadir. — Comment ? parce que les lois de la
» gravitation s'y opposent. — Mais il me semble
» pourtant que le soleil s'avance majestueusement
» dans l'espace, que la terre ne bouge point, et
» que le lendemain ma cuisine se trouve au même
» lieu que le jour précédent. — Ah! vous voulez
» rire, monsieur; vous ignorez donc ou semblez
» ignorer que : *decipimur specie recti*. Quand je
» suis dans un bateau et que le courant m'em-
» porte, le rivage semble fuir; les personnes qui
» sont à mes côtés voyagent comme moi ; elles
» croyent ne pas avancer, et se persuadent diffi-
» cilement que les arbres et les coteaux soient
» immobiles. Ainsi la terre.... — Fort bien, mes-
» sieurs, je vous arrête; mais si le bateau chavi-
» rait, où en seriez-vous, vous et vos voyageurs ?
» L'attraction aurait-elle assez de vertu pour vous
» empêcher de vous noyer tous? De même, si la
» terre chavirait, je doute que nos maisons tins-
» sent bon. Vous me diriez : Monsieur, il n'y a pas
» de danger ; la force centripète est là qui les
» retient. Je vous répondrais : Messieurs, il y a
» du péril; l'attraction est ici qui les fait graviter
» au nadir. — Monsieur Mercier, pourrez-vous
» de bonne foi soutenir un système aussi erroné?
» Le grand Newton s'est formellement expliqué
» sur cet article. Ce génie qui, d'un coup d'œil,

» embrassait les mondes, a découvert les ressorts
» de la machine terrestre. — Vous parlez sur la
» foi de Newton, soit; moi je parle d'après l'ex-
» périence. En continuant sur le même ton, nous
» pourrions très-bien cesser de nous entendre;
» ainsi ne trouvez pas mauvais que nous nous tai-
» sions. »

» Voici, Messieurs, ce que disait M. Mercier,
» excepté ce qui concerne la culbute du bateau
» que je mets gratuitement sur son compte. Si
» vous pensez que cette idée puisse jeter quelque
» jour sur le mouvement de notre pauvre planète,
» je me croirai assez heureux de vous avoir écrit
» ces lignes.

» Quesné,
» *Inspecteur des droits réunis.* »

La réponse de Mercier ne se fit pas attendre; elle parut dans le même journal, le 24 juin. On y remarque un ton fort singulier, une confiance extrême en ses lumières, avec un choix bizarre d'expressions qui, pour être sans doute originales, n'offrent pas toujours les vestiges d'un jugement droit. S'il a voulu briller par un style décousu, c'est un succès que la raison ne saurait lui envier; mais s'il a cru sincèrement renverser Newton par plusieurs traits d'audace, une pareille idée va se loger bien rarement dans la tête d'un homme sensé. Au reste, quel que soit son but, écoutons cet écrivain.

Réponse à M. Quesné.

« Je suis parfaitement convaincu que les contes
» de ma *Mère l'Oie* ne sont pas plus absurdes que
» la *Mécanique céleste* de Newton ; qu'elle marque
» et marquera, pour le divertissement des siècles
» futurs, le dernier terme de l'extravagance scien-
» tifique, pire que la folie humaine; mais il ne
» suffit pas d'être convaincu, il faut convaincre
» le public, et, pour le convaincre, il faut s'en
» faire écouter; il y a des noms qui mystifient l'u-
» nivers. Qui sera juge entre mon simple bon
» sens et ce torrent académique d'opinions folles,
» mais accréditées? Le public! Il n'entend rien
» au grimoire du calcul différentiel et intégral,
» derrière lequel les newtoniens sont retranchés.
» Les géomètres! Ils défendent les opinions reçues
» pour arriver à des places. Les grands faiseurs!
» Ils sont tous auteurs, tous intéressés à défendre
» les formules qu'ils ont imaginées. Attraction,
» disent-ils, et *voilà pourquoi votre fille est muette!*
» Le public ignorant est toujours prêt à rendre
» hommage à ce qu'il ne comprend pas. Que cela
» est magnifique, je n'y conçois rien! et ces longs
» télescopes! il faut bien qu'ils y voient clair!
» Puis Voltaire a chanté Newton, donc Newton
» est un *archange;* il est vrai qu'il l'a persiflé en-
» suite, n'ayant plus besoin de plaire à certains
» chiffreurs. Voltaire a chanté aussi ce Locke, le

» plus mauvais, le plus dangereux des métaphy-
» siciens ; lui qui a empoisonné toutes les sources
» de la morale, comme les rêveries newtoniennes
» ont outragé le bon sens et toutes les lois physi-
» ques : voilà deux cruels Anglais! et d'abord cé-
» lébrés, par qui?

« . . . . Le léger Arouet
» Dans l'univers entier ne vit que son rouet. »

» L'ignorance pencha toujours vers les syllabes
» des noms qui ont aujourd'hui le plus d'éclat; joi-
» gnez à cela les suffrages de cinquante acadé-
» mies, lycées qui font écho sur parole, et tous
» intrépides chanteurs au lutrin algébrique. Il
» faut quelque courage pour dire à tous ces gens-
» là : Le pygmée David a abattu avec sa fronde
» le géant Goliath, ainsi Newton tombera, ou
» plutôt il est déjà tombé. La saine raison, la
» physique le condamnaient également. Ecoutez;
» pesez nos objections; cessez de calculer l'ab-
» surde et l'impossible ; vos chiffres obéissent à
» tous les contraires. C'est une *règle de plomb*
» qui se fausse incessamment dans la main qui la
» conduit. De là vos énormes calculs en énorme
» contradiction avec vos propres principes.

» Voulez-vous faire une religion de votre hy-
» pothèse et établir un papisme sur votre trigo-
» nométrie? Je vous le jure, Newton a encore
» plus mal rencontré que Descartes ; il s'est
» trompé lourdement en fait de chronologie, il

» a déliré en commentant l'Apocalypse ; et l'on
» doit être toujours surpris de l'obstination qu'on
» met à soutenir son système astronomique,
» d'autant plus que *l'archange* lui-même s'étant
» repenti de l'avoir fait, en a fait un autre dans
» son optique. Si ses partisans l'ont suivi dans ses
» inconcevables chimères, pourquoi ne l'imitent-
» ils pas dans ses derniers aveux, non en embras-
» sant sa seconde théorie, condamnée par ses
» propres admirateurs, mais en rejetant, avec la
» première, encore celle-ci? Or, ce point, assez
» important, sera développé en tems et lieu.

» Mon *livre* est fait, il a rassemblé toutes les
» objections, et surabonde de preuves ; mais déjà
» le libraire pâlit ; l'imprimeur frissonne ; que dira
» le *Journal de Trévoux?* Moi-même, satisfait d'a-
» voir vu à nu le mensonge et le charlatanisme,
» j'ai beaucoup moins d'empressement à vouloir
» en convaincre autrui. Hélas! triste et froide et
» inutile victoire dans la région de ces hautes
» fadaises ; j'avais d'autres erreurs à terrasser ici
» bas ; puis il n'est au fond que *plaisant*, rien
» que plaisant d'attaquer les tours de l'observa-
» toire, cette bastille scientifique ; or, l'on sait
» très-bien que ce ne sont pas les ingénieurs titrés
» ou en chef qui font les plus grands miracles en
» ce genre ; une ferme résolution, une petite issue
» ouverte, et le despotisme qui régit les planètes,
» les astres, est humilié.

» On m'a fait dire souvent ce que je n'avais pas

» dit ; vous êtes vous-même inexact dans vos ci-
» tations : attendez donc la publication de mon
» livre pour le juger. Je souris de toutes ces pe-
» tites suppositions frauduleuses, qui sont la plus
» maladroite de toutes les vengeances. Mais l'ex-
» trême insensibilité aux injures est la plus forte
» preuve de la fermeté avec laquelle on marche
» dans la voie des vérités. Que la vérité est con-
» solante! que je me réjouis du moins d'avoir
» pris l'erreur sur le fait! Oh! combien elle est
» tout à la fois plaisante et grossière! Ne rions
» plus tant des Iroquois, lorsque nous croyons
» avec imbécillité, avec une niaise assurance,
» que la terre tourne sur son axe et se promène
» tout autour du soleil.

» MERCIER,
» *Membre de l'Institut national.* »

Je ne crus point devoir répliquer à cet écrit, ni ramener aux lois du mouvement général du ciel un homme qui s'en écartait si fort en soutenant que la terre tourne sur son centre, sans songer aux singulières conséquences d'un système qui n'a pas même la moindre apparence pour appui [*]. J'aimai bien mieux annoncer au *Journal de Paris* un fait nouveau par les lignes suivantes.

---

[*] La position de la petite ourse, et l'obliquité de l'ombre, suffiraient seules au plus mince écolier pour lui faire comprendre la rotation de la terre autour de son axe d'occident en orient. Si ce globe tournait sur son centre, au lieu de voir la nuit tout l'espace du ciel en une année, nous ne pourrions jamais en observer que la moitié. L'étoile polaire, à notre égard, varierait à chaque instant.

« Guéret, 24 thermidor an XII.

» Le sieur Foucaud, tailleur de pierres, avait
» une maison à Guéret, hypothéquée au profit
» de sa tante pour une somme de douze cents
» francs. La créancière obtient judiciairement
» que la maison sera vendue à sa requête, par
» licitation. En conséquence du jugement, on si-
» gnifie au débiteur les affiches de l'expropriation
» forcée. Le jour même, Foucaud se lève de grand
» matin, réfléchit un moment, prend un parti
» brusque, et se met aussitôt en devoir de raser
» la maison. Il commence à creuser les fonda-
» tions, afin d'ôter toute reprise aux créanciers ;
» il monte ensuite sur le toit, abat lui seul la cou-
» verture, descend comme il peut les matériaux,
» tels que poutres, chevrons, pierres, tuiles,
» portes, etc., et les vend publiquement en dé-
» tail à différens particuliers.

» Le défenseur de la partie adverse, instruit
» de ce risible événement, se hâte d'envoyer un
» huissier pour arrêter les progrès de la démo-
» lition. Foucaud l'attend de pied ferme ; et, per-
» ché sur son toit, il écoute tranquillement la
» lecture de l'acte signifié par l'huissier, qui
» néanmoins, pour toute réponse, voit tomber à
» ses pieds une pierre vigoureusement lancée par
» le délinquant. Comme l'avoué s'avisait de faire
» des représentations, il remarque un geste éner-
» gique du démolisseur qui lui annonce qu'une

» plus grosse pierre va menacer sa vie, s'il ne se
» retire, et ce geste est accompagné des mots
» suivans : *Voilà pour l'avoué!* Celui-ci s'en va,
» l'autre continue l'opération, et vend presque
» le reste des matériaux.

» Le soir, vers la fin de ses travaux, notre
» homme a été forcé de se livrer aux douceurs du
» sommeil ; mais où s'est-il procuré cette jouis-
» sance? sur les débris de sa maison, à la belle
» étoile. Ce petit amusement a duré cinq nuits de
» suite. Plusieurs voisins charitables lui ayant fait
» observer ses torts, il leur a très-honnêtement
» répondu, le premier jour, que son intention
» était de construire un édifice plus commode et
» moins aéré; mais, en attendant, son domicile
» est à l'auberge. On ne peut élever aucun doute
» sur les détails de cette lettre; tout Guéret en
» garantira l'authenticité. J'ai parlé à cet homme,
» et rien n'annonce qu'il ait la cervelle dérangée.

» Q..... »

Mes fonctions, dans un département rocailleux et peu productif, se bornèrent cette année à l'exercice des tabacs et d'une seule brasserie à Aubusson. J'eus donc tout le loisir de revoir et corriger mon *Eloge de Boileau.* J'en fis encore une copie, que j'envoyai de suite au concours par l'intermédiaire de M. H., chef de division, qui la garda six semaines avant de la déposer au bureau de l'Institut. Comme je demeurais inquiet sur le sort de ma production, j'écrivis à Paris pour en recevoir de promptes nouvelles, en ce que le terme de la clôture approchait. La personne que j'adressais à M. Sicard, lut *Suard*, et se rendit chez ce dernier, qui ne put la satisfaire. Il me fut aisé de croire que les deux H. s'entendaient pour laisser passer le délai fatal. Je me fâchai contre le directeur, à qui je déclarai que j'allais transcrire mon mémoire une cinquième fois, et le faire parvenir à sa destination par une main sûre. Cette déclaration produisit de l'effet, car il manda sur l'heure à son cousin ma résolution, et le retour du courrier m'apprit la remise du mémoire au secrétariat de l'Institut; mais la nouvelle venant par la voie du chef de division, je pensai qu'il était prudent, essentiel, urgent même, d'en voir la confirmation sous la plume de l'abbé Sicard, à qui je montrai mes craintes. L'abbé garda le silence. Je ne connus plus qu'un moyen d'éclaircir ce point, celui de savoir la vérité par moi-même en allant à Paris. Ma femme et ma fille vinrent à Guéret sur ces entrefaites.

Durant notre séjour à l'auberge, nous cherchions, le directeur et moi, un logement convenable pour nous recevoir. Au milieu d'une petite ville de deux mille quatre cents ames *intrà muros*, cela n'était pas facile à rencontrer. Plus heureux que M. H., je trouvai dans mademoiselle de Nesmond une propriétaire aimable, qui me céda une jolie maison, fort commode, avec un jardin, auprès de la préfecture. A l'arrivée de mes meubles, je les plaçai selon mon goût. M. H., qui n'en possédait aucun, souhaita mon logement, et me conjura de le lui céder. Il ne pouvait assurément, dans ce vœu, me causer une plus grande contrariété. Toutefois j'y consentis, ainsi qu'à lui donner ma table, tant que durerait l'absence de sa femme; mais je refusai de recevoir le prix de sa dépense, qu'il me proposait.

Madame H., encore au dessous de la première condition de son mari, arriva mécontente, avec son fils, six semaines après notre arrangement. Je les reçus cordialement chez moi. Avant la fin du premier repas, les époux prirent querelle en ma présence, et se prodiguèrent sans façon les douceurs que l'on entend prononcer aux femmes en colère de la place Maubert. Ce langage était tout nouveau pour moi dans une réunion de gens que j'imaginais un peu savoir leur monde. Je me rappelle que le directeur s'écria dans la chaleur de la dispute : « Hé bien, hé bien, ma femme! est-ce que le torchon brûle? » De telles paroles donnent la mesure de l'intelligence de l'homme, sans que je sois contraint de souiller les yeux du lecteur, en reproduisant d'autres expressions ignobles et même des ordures.

En cédant mon appartement, j'en avais pris un autre contigu à celui que je quittais; la cuisine du directeur et la mienne avaient une entrée par la même cour : ma fille allait souvent de l'une à l'autre. Un jour, me promenant seul avec M. H., il me demanda un morceau de papier que je tirai de ma poche; c'était le fragment de l'original d'une lettre envoyée par moi à M. Vimar, dans laquelle je lui exprimais le regret que le sort ne m'eût pas mieux servi en me donnant M. H. pour directeur. Sans pouvoir deviner le contenu de la pièce, on lisait quelques passages qui parfois en indiquaient le sens. Le directeur garda ce chiffon pour me le montrer dans un voyage que nous fîmes à Aubusson. Je restai fort surpris en voyant ce témoignage de mon imprudence, mais je trouvai sur-le-champ des raisons pour la justifier, et je lui rendis le papier : il l'adressa de suite à son cousin avec des plaintes contre moi. Peu de jours après, ma fille, tournant dans sa cuisine, m'apporte un papier dont la couleur et la forme prouvaient qu'il avait servi d'enveloppe au manche d'un gigot. A travers la sauce qui le couvrait, je déchiffre un coin du brouillon d'une lettre assez amère, transmise au chef de division par le directeur, qui lui disait : « L'inspecteur cherche à tirer parti des services journaliers qu'il me rend. » Pour comprendre cette phrase, il faut savoir qu'un jour, en entrant dans la chambre de M. H., je le trouvai dans son lit, tenant une lettre de son parent, qu'il me pria de lire jusqu'au bout. Celui-ci lui marquait que le style de sa correspondance péchait par trop d'incorrections; qu'il devait le soigner, ou plutôt en charger l'inspecteur; que, sans cette précaution, jamais il ne parviendrait à une direction plus importante, etc.

M. H., quand j'eus fini ma lecture, me dit : « Mon cher ami, vous voyez que j'avais grand tort d'accepter une direction. Mon père, simple commis des aides, n'a pu me fournir les moyens d'entrer dans une pension. Mon éducation a été fort négligée. Je sais trop bien que mon style est extrêmement vicieux, puisque je ne connais pas même l'orthographe. Pensez-vous qu'il existe encore pour moi quelque moyen de l'apprendre? La connaissance du style sera sans doute après moins difficile. — Quel est votre âge? — Quarante-quatre ans. — C'est un peu tard pour commencer une pareille étude. — J'ai de la bonne volonté. — Aimez-vous la lecture? — Pas trop. — Il faudrait pourtant étudier, copier, réfléchir, composer des essais en tâtant vos forces. — Si vous vouliez rédiger ma correspondance, j'augmenterais vos émolumens. — Vous devez me connaître assez pour ne pas croire que l'intérêt conduise ma plume, et ce serait me faire injure que de mettre, à mon égard, l'argent au bout d'un service. — Il est cependant juste que votre peine soit suivie d'un dédommagement. — Tout ce que je puis promettre, sans accepter même de reconnaissance d'aucune manière, c'est de rédiger seulement vos plus importantes lettres à l'administration; car, outre mes tournées, mes tableaux et mes journaux, vous n'ignorez point que mes diverses relations, quand tous nos employés seront nommés, deviendront fort actives. » Nous en restâmes là ; il prit un secrétaire un peu plus tard.

Ces défiances de part et d'autre s'accrurent avec le tems, et semèrent entre nous des germes d'inimitié qui n'ont cessé qu'à notre séparation. Je le prévins en octobre que, mes affaires m'appelant à Paris, j'avais l'intention de partir sans congé pour revenir dans dix jours. Il me représenta l'inconvénient de m'absenter sans une permission du directeur général ; je le sentais comme lui, mais rien ne put m'empêcher d'en braver les conséquences, et c'est assurément une grande faute contre la subordination. La veille de mon voyage, il me pria de lui acheter différens objets, me laissant même une note de sa main qui les mentionnait.

Dès que j'eus mis le pied dans Paris, j'allai chez l'abbé Sicard qui, en m'apercevant, me dit : « Vous voyez que je tenais la plume pour vous écrire. Votre mémoire est à l'Institut. On en a lu plusieurs passages qui ont fait grand plaisir. Il y a vingt-deux concurrens. L'affaire est en délibération. Passez demain chez moi, vous en apprendrez le résultat. » Le lendemain, l'abbé m'annonça que cinq mémoires disputaient le prix, et me renvoya au jour suivant. Je me présente encore une fois inutilement. Enfin il m'apprend le triomphe de M. Auger, en ajoutant : « L'auteur couronné a concouru trois fois ; à la seconde, on lui indiqua des corrections qu'il devait faire à son mémoire, et le prix lui fut promis s'il tenait compte des observations de ses juges. M. Auger est chef de bureau dans le ministère de l'intérieur; vous savez que les membres de l'Institut ont des ménagemens à garder avec les employés de ce grade, à cause des fréquens rapports qui lient les intérêts des premiers à la bienveillance du ministre. — Monsieur l'abbé, vous m'étonnez grandement; j'ai toujours pensé, d'après l'assurance du programme, que les billets joints aux mémoires n'étaient ouverts qu'en faveur du vainqueur. — Cela devrait être observé. — Comment peut-on se jouer ainsi de la crédulité des lecteurs, en les trompant avec un si misérable artifice? — Je vous en ai dit la raison. — Indiquer des corrections ! mais ce procédé me semble digne de blâme. — Oui, je partage votre sentiment. — Monsieur Sicard, c'est la première et la dernière fois que je composerai des mémoires pour l'Institut. — Vous avez tort de parler de la sorte, et s'attacher à cette résolution est un acte léger, répréhensible en soi; surmontez le découragement, puisque, je vous le répète, votre *Eloge* a provoqué les applaudissemens ; vous possédez certes tout ce qu'il faut pour remporter plusieurs couronnes. Je vous prie de me garder le secret de cette affaire. » Je l'ai tenu tant que M. Sicard a vécu : aujourd'hui je me crois en droit de le divulguer pour l'instruction des nouveaux aspirans.

J'imprimai l'*Eloge de Boileau* chez Tiger, à frais communs ; il me demanda dix-huit francs, et me remit cent exemplaires. Quand l'ouvrage couronné parut, je pris plaisir à le comparer avec le mien. Je trouvai celui de M. Auger assez médiocre, froid, et presque sans couleur, mais plus exact, mieux approprié au sujet que ma pièce, et l'emportant d'ailleurs par la méthode sur mon œuvre, que j'avais tâché d'élever et de vivifier dans la chaleur, parce que le concours était ouvert pour un prix d'éloquence. Tous ceux à qui je l'ai communiqué, dont plusieurs étaient hommes de lettres, ont accordé sur l'autre éloge la préférence au mien. Néanmoins, je crois toujours celui de M. Auger mieux construit. Ayant une douzaine d'années plus que moi, l'habitude d'écrire et son expérience lui donnaient un immense avantage. S'il est vrai, comme j'en ai reçu l'avis, que Geoffroi ait été compté parmi nos rivaux, je ne m'étonne plus de sa grande colère contre le discours de M. Auger, qu'il traitait « d'ombre de discours, et qui passerait comme une ombre. »

Je vais prendre la liberté de rapporter ici deux morceaux de mon *Eloge de Boileau*, afin d'en fournir une faible idée au lecteur.

«.... Mais, si de mauvais écrivains excitaient
» son indignation, que croyez-vous, Messieurs,
» qu'il pensât de ces malheureux auteurs dont le
» moindre vice est de dévorer en pure perte la

» substance de l'état? de ces dangereux lettrés
» qui salissent leurs ouvrages d'obscénités, cor-
» rompent les mœurs à l'aide d'artificieux poi-
» sons, anéantissent toute vertu, et savent même
» en dérober les apparences? de ces infortunés
» trop coupables qui, d'une main sacrilége, sa-
» pant les fondemens des religions, se font un
» jeu cruel de l'athéisme, et un odieux badinage
» de l'immortalité? de ces êtres enfin qui, tour-
» mentés du désir d'un honteux renom, aiment
» mieux semer les erreurs que de pratiquer les
» vertus, fomenter des divisions que d'apaiser
» leurs cris, et insulter jusqu'à Dieu même plutôt
» que de rester inconnus? »

» .... Boileau avait une profonde vénération
» pour le culte sacré de ses pères. Il ne s'est pas
» contenté seulement de la marquer d'une ma-
» nière éclatante dans son épître sur l'*Amour de*
» *Dieu*, il l'a portée encore jusque dans ses sa-
» tires; et lors même que, dans les livres, il atta-
» quait hardiment le galimathias, l'affectation,
» l'enflure et la bassesse du style poétique, on le
» voyait s'élever avec autant de succès que de
» courage contre la malice des impies, le langage
» des libertins décidés et l'affreux débordement
» du matérialisme. Quelle était alors son ardeur
» à défendre la vérité, tantôt contre l'hypocrisie,
» tantôt contre l'imprudence mensongère! Avec
» quels feux il foudroyait ces bras de chair qui
» servent d'appuis à l'erreur et de remparts au

» crime ! Avec quelle chaleur, quelle féconde élo-
» quence il terrassait tous ces dangereux enne-
» mis du genre humain, qui, sans respect pour
» l'amitié, ni pour la vérité même, déchirent in-
» différemment tout ce qui s'offre au délire de
» leur imagination, et qui, du fond des ténèbres
» qui les dérobent à la rigueur des lois, ne se
» complaisent pas moins à révéler les fautes les
» plus cachées, qu'à noircir les plus innocentes
» actions ! Avec quelle sainte indignation il pré-
» cipitait dans la fange cette foule d'audacieux
» dont le venin subtil coule au cœur des jeunes
» vierges, et dont la bouche impure souffle inso-
» lemment des grossièretés à l'oreille des fem-
» mes ! Comme il pulvérisait encore ces êtres dé-
» gradés par d'odieux sentimens, qui vantent avec
» orgueil les progrès de leur corruption, et font
» éclater hautement le triomphe de leur bassesse;
» qui, fiers du ravage de leurs principes, contem-
» plent avec une joie perfide, comme les con-
» quérans debout sur des ruines, les malheureuses
» victimes qu'ils ont arrachées à la vertu, en les
» dépouillant de leur plus bel ornement, les
» mœurs ! Comme il vengeait l'Eternel de ces pe-
» tits impies qui s'imaginent, dans leur étroite
» sphère, que le hasard a mis en accord unique-
» ment pour leur plaisir ces milliards de globes,
» roulant avec majesté dans l'immensité des espa-
» ces ! Il le vengeait encore de ces nains trop com-
» muns d'intempérance d'esprit, assez aveugles

» pour ne voir que dans des combinaisons sans
» règle le pouvoir de former des ames, de régler
» des pensées, de produire des êtres intellec-
» tuels, et assez téméraires pour oser refuser au
» père des hommes l'existence qu'ils ne tiennent
» que de sa bonté! Ainsi, le mérite de ce grand
» critique fut d'épurer la morale, quand tout,
» autour de lui, concourait à pervertir les mœurs.
» D'un côté soutenant les autels, de l'autre étouf-
» fant les préjugés nuisibles, il portait à la fois
» dans ses productions l'amour des vertus avec
» la haine des vices, la défense de la religion
» avec le zèle de la piété, le joug de la raison
» avec le goût exquis de ces beautés qui ont fait
» de ses sublimes écrits les élémens de notre lit-
» térature. »

On peut remarquer, dans ces passages, qu'il y règne plus de pompe que de vérité; que de grands mots ne constituent pas l'éloquence; mais aussi l'on y sent une certaine chaleur qui n'est peut-être point dépourvue de mérite, et que le seul talent ne trouve pas toujours.

En touchant le pavé de la capitale, je présentai mes hommages à M. Vimar, qui m'apprit que j'étais bien *noté* au ministère des finances. Je revis M. H., le chef de division, que je priai de taire mon absence; ce qu'il me promit. Je ne sais par quelle fatalité je fus poussé à solliciter une audience du directeur général. M. Français, avant de me recevoir, m'écrivit de justifier mon voyage par un congé signé de sa main, ou d'une lettre close de l'empereur pour me rendre à Paris. N'ayant ni l'un ni l'autre, je tombai dans l'embarras de m'expliquer. Cependant, enfermé dans le piége, je ne pouvais en sortir par le silence. Il fallut me résoudre à parler. Ma lettre était rédigée avec assez d'art ; elle m'aurait peut être sauvé, si, à Guéret, on n'eût pas tout tenté pour me perdre à mon insu.

Je me préparais à retourner à mon poste, quand plusieurs membres de la députation de la Creuse au couronnement de Napoléon me prièrent d'en faire partie, en ce que, sur vingt hommes, il leur en manquait quatre. Je leur représentai qu'à la veille de reprendre le chemin de ma résidence, il était plus qu'imprudent de prolonger, sans permission, mon séjour à Paris. « Au contraire, me dirent-ils, en paraissant au milieu de notre corps, et dans une circonstance si mémorable, la qualité de garde national fera votre justification. — Mais je ne suis pas nommé. — Vous le serez ; le colonel va de suite prévenir de cette nouvelle mesure le préfet de la Creuse, qui souhaite fort que la députation soit complète. — Très-bien ; cependant vos désirs n'ôtent pas mes craintes. — Demeurez donc tranquille ; nous prenons tout sur notre responsabilité. » Je me défendis encore de cette prière ; mais enfin, pensant découvrir dans l'occurrence une lueur de salut, je fléchis à leur vœu.

Je m'habillai promptement en garde national de

pied en cap, et me présentai dans ce costume devant M. Amabert, secrétaire général du ministère des finances. Il me reçut bien, mais il ajouta que j'aurais montré plus de sagesse en restant à mon poste; c'était déjà prêcher un converti.

Les gardes nationaux allaient presque tous les jours à la manœuvre, et quelquefois à Versailles passer des revues. Je n'y manquais jamais, quoiqu'il fît bien froid *. Mon directeur fut prévenu par moi-même de la cause qui retardait mon départ. Il porta ma lettre au préfet, qui, malheureusement, n'ayant point reçu celle du colonel, me traita d'imposteur; car, comptant bien que celui-ci m'avait présenté depuis plusieurs jours à la nomination du préfet, je ne doutais point du succès, et l'annonçais même dans ma confiance comme un fait certain. La lettre du colonel ne parvint à Guéret que deux ou trois jours après la mienne, et n'eut point, contre toute attente, l'approbation du magistrat.

M. H., observant ces dispositions, appela, dans un grand dîner chez lui, MM. Lasalcette, Collaud, Malouet, Bourdon, sous-préfet de Boussac, etc. Tous les vrais ou faux griefs du directeur furent exposés en sablant le Champagne. Le moine Collaud, vindicatif comme ses pareils, n'oublia point l'entrevue à la préfecture; il se mit à la roue

---

* On nous donnait cinq francs par jour. En quittant Paris, tous les membres des députations reçurent une médaille d'or valant environ huit francs.

du char pour le faire avancer : le généreux Bourdon, qui m'avait écrit, après mon installation, que *le jour où il me verrait serait le plus beau de sa vie*, conclut honnêtement à mon renvoi, pour me donner un remplaçant dans son beau-frère Leclerc, à qui j'avais rendu service.

Le préfet et le sous-préfet, appelés par lettres closes à Paris, y vinrent ensemble dans la même voiture. M. Lasalcette, compatriote de M. Français, alla le voir, et me peignit sans doute à ce fonctionnaire sous des couleurs bien noires; car, peu de jours après, je reçus pour réponse à ma dernière lettre textuellement ces mots : « Je ne
» vous trouve pas, monsieur, suffisamment jus-
» tifié. J'écris à votre directeur de ne plus vous
» reconnaître comme inspecteur des droits réu-
» nis du département de la Creuse.

» Français. »

L'envoi de ce message avait été combiné de manière à m'être envoyé le lendemain de mon départ; mais, par bonheur, une circonstance qui m'échappe me le fit reculer d'un jour ou deux. Comme, dans les plus difficiles instants de ma vie, le sang-froid vient à mon secours, je subis avec calme cette épreuve. Montant à ma chambre, je commençai de suivre clairement le cours de mes réflexions. Je savais que beaucoup d'inspecteurs, s'étant absentés ainsi que moi sans congé, n'avaient point été frappés d'un coup pareil; ce n'était donc pas le motif de l'absence qui m'atteignait. Il en existait un autre tendant à m'éloigner de la Creuse ; mais pourquoi me destituer, moi, père de famille, dont la femme et l'enfant sont à cent lieues de mon domicile actuel? Si j'ai commis une faute, ne saurait-on m'en punir par un changement de résidence pire que la mienne, ou par un grade inférieur? Est-elle, cette faute, d'une nature assez grave pour mériter une destitution? D'ailleurs le directeur général a-t-il le droit de révoquer un fonctionnaire nommé par le ministre? Ici, l'ordre de la hiérarchie est évidemment troublé. Voyons M. Vimar.

Le sénateur était à Saint-Cloud. J'allai chez M. Cornudet, qui sembla prendre part à mon malheur, sans pouvoir y porter remède. Néanmoins il me promit de solliciter un rendez-vous avec le conseiller d'état, qui ne lui répondit point. Je vis M. Lasalcette, logeant avec son frère le général. A peine celui-ci, dans l'ignorance du complot, m'eut-il entendu, qu'il prit chaudement mon parti devant l'autre baissant les yeux. J'emmenai la députation vers le préfet; elle déclara que, loin de provoquer ma nomination de garde national, j'avais plusieurs fois refusé d'y prêter mon consentement, et que les vives instances de divers membres l'avaient en quelque sorte arraché. Le préfet, homme plus faible que haineux, écoutant ces paroles avec embarras, parut sentir le regret de s'être mêlé d'une affaire si désagréable.

Le lendemain, de bonne heure, je montrai la lettre de M. Français à M. Vimar. Le sénateur en écrivit une sur-le-champ, que je portai à M. Amabert, son ami. Elle était ouverte, je la lus. Après un court éloge de ma personne, M. Vimar priait le secrétaire général de « faire en ma faveur tout ce qu'il pourrait. » A la vue de ces deux lettres, M. Amabert bondit et s'écrie : « Depuis quand M. Français se croit-il en droit de révoquer les inspecteurs ? Ecrivez de suite au ministre, et je tâcherai de terminer cette affaire à votre avantage. »

Quelques jours après je reçus ce billet de M. Vimar : « Grâce à l'indulgence de votre directeur
» général et à la bienveillance du ministre des
» finances, vous conservez votre emploi. Je vous
» conseille de partir le plus tôt que vous pourrez :
» je vous souhaite un bon voyage.

» VIMAR. »

Je cite le billet de mémoire, et je me rappelle que ce bon sénateur m'y disait avoir écrit la veille à ma femme, qu'il ne connaissait point, pour lui annoncer ma réintégration, et dissiper ainsi ses inquiétudes. Dans l'intervalle de ma suspension, j'eus lieu de m'apercevoir que je comptais des amis à Guéret. M. Grellet, mon collègue des contributions directes, m'entoura de la faveur de son cousin le sénateur Cornudet; M. Lasablière, ingénieur en chef des ponts et chaussées de la Creuse, homme instruit, ami de M. Frignet, administrateur de la régie et beau-frère du maréchal Mortier, le pria d'employer tout son crédit pour me relever de ce mauvais pas; la députation de la garde nationale montra le même zèle; d'autres ne me cachèrent point leur joie de ce que j'avais triomphé d'une cabale ouverte : il y en eut même qui se donnèrent l'amusement d'apprendre cette victoire à M. Collaud, dans sa loge au spectacle, lequel n'y répondit que par une vilaine grimace et des murmures.

Le jour que le billet de M. Vimar me parvint, je mis de l'empressement à le déplier sous les yeux de M. Lasalcette. Il était avec M. Bourdon. Je les vis tous deux dans une extrême surprise; à peine si le préfet put articuler quelques mots de félicitation, où perçaient divers sentimens de déplaisir d'avoir été l'instrument de ma disgrâce, en ce qu'il pouvait s'attirer l'aversion de personnes d'un grand crédit qui m'honoraient de leur estime. M. Bourdon essaya de donner le change à ses pensées par quelques remontrances que je relevai doucement, en lui faisant apercevoir qu'elles étaient au moins déplacées dans cette occasion, et particulièrement sur ses lèvres. Je lui dis : « Mon-
» sieur, rien ne me fait mieux connaître le far-
» deau de la dépendance que ce qui m'arrive au-
» jourd'hui. Certainement, si je n'avais point une
» famille dont, avant tout, je dois prendre soin,
» je n'aurais jamais élevé la voix avec le dessein
» de reprendre mon emploi. Transporté à Paris,

» je n'aurais plus abandonné cette ville, où je
» vivais, libre de mon tems et selon mes goûts,
» de la paisible culture des lettres. J'aurais laissé
» le dur apprentissage d'un métier où, pour com-
» plaire à ses chefs, il faut plier son humeur sous
» l'empire des dégoûts. Au lieu de tirer des mal-
» heureux l'argent qui ne sort de leur bourse
» qu'avec des larmes, j'eusse imprimé quelques
» consolations pour les sécher. Je me serais ef-
» forcé de rendre mes faibles talens utiles ; et, si
» j'avais su porter la joie dans un seul cœur affligé,
» mes veilles auraient été suffisamment récom-
» pensées par l'image de son bonheur, doux fruit
» de mes soins persévérans. »

« Vous êtes bien philosophe, dit aussitôt
» M. Bourdon. — Philosophe, non, mais je suis
» raisonnable. La roue de la fortune tourne sans
» cesse. J'étais inspecteur il y a quinze jours ; la
» semaine suivante, des personnes que vous pou-
» vez connaître souhaitèrent de me voir tomber,
» moins pour me punir d'une faute qui leur était
» parfaitement indifférente, qu'en vue d'élever
» un parent ou un ami sur ma ruine. Hier j'ai re-
» trouvé ce que j'avais perdu ; j'en suis flatté sans
» en être plus vain. Cette même roue, Monsieur,
» qui, presque au sortir du couvent, vous porta
» subitement au sous-préfectorat, et semble à
» l'heure même vous ouvrir la voie d'une préfec-
» ture, peut vous ébranler dans un seul quart de
» tour, et, par suite de ce mouvement, vous rap-

» porter au même lieu qui fut témoin de votre
» élévation. »

Hélas! ma prédiction contingente s'accomplit dix ans plus tard. La main de l'adversité pesa sur la tête du sous-préfet, qui, victime d'une ruse fort singulière, fut renvoyé sans pouvoir jamais parvenir à reprendre son grade. Le malheureux moine, ballotté pendant deux ans, passa constamment pour mort dans les bureaux du ministère de l'intérieur, quand une fleur de santé chaque jour y attestait son existence. C'est lui que j'ai peint en 1820, dans *les Intrigues du jour,* sous le nom de Léon.

Pendant mon discours, le préfet agitait le bout de son pied sans proférer une parole. M. Bourdon tournait et retournait avec la pincette les tisons du feu, en fronçant le sourcil. Je les examinais tour à tour et croyais voir le fond de leur ame fort peu tranquille. Je leur annonçai mon départ pour le jour suivant, après quoi je me retirai.

Toutes les diligences étant remplies, je n'eus de place dans celle de Moulins que sur l'impériale. Un voyageur en occupait deux, ou plutôt il les payait; sa canne était pour lui comme un camarade de voyage. A table, il se faisait apporter deux couverts, dont un réservé pour la canne. Au coucher, la même précaution s'observait; il prenait une chambre à deux lits, et la canne s'y reposait comme son maître. Il acquittait partout le coucher avec le repas, bien qu'elle ne mangeât point, ainsi que le pour-boire des postillons et du conducteur, dont pourtant les soins ne s'étendaient guère à la conservation du précieux roseau. Si le personnage, qui en formait l'objet de sa sollicitude, faisait chaque année de fréquens et longs voyages, cette incomparable canne, si chère à son cœur, devait alléger doublement le poids de sa bourse. Pour ma commodité j'aurais vivement désiré que la badine m'eût dispensé de passer les jours et les nuits, par le froid et la pluie, sous la vache, au mois de décembre.

Le directeur, à mon retour, me reçut bien. De mon côté, j'oubliai le passé. Il me lut la copie d'une lettre écrite en ma faveur au directeur général trois jours auparavant, où il rappelait à M. Français sa *juste justice*. Mais il faut savoir que celui qui s'exprimait ainsi n'omettait jamais de dire dans un repas : *J'aime la légume, moi.* Les quolibets dont il parsemait sa conversation passaient dans son esprit pour des traits piquans; la particule *oui* ne sortait pas une seule fois de ses lèvres sans être accompagnée d'une *s* ou d'un *t* par euphonie. Cela semblera peut-être singulier dans un chef de direction; l'étonnement pourra s'y joindre : ceux, du reste, qui l'ont entendu parler savent très-bien qu'à l'instar de Sancho, il puisait tous ses proverbes parmi les plus indécentes trivialités, sans montrer le gros bon sens du bon écuyer.

Tiger m'ayant envoyé mes exemplaires de l'*E*-

loge de Boileau, j'en adressai plusieurs à Paris, notamment à MM. Français, Amabert, et au ministre des finances. Le directeur général ne m'accusa point réception du sien; mais le secrétaire général et le ministre me répondirent en agréant mon envoi. Peut-être y trouvèrent-ils la preuve que je n'étais pas indigne de leur protection.

Mes appointemens, qui d'abord avaient été fixés à deux mille quatre cents francs, reçurent une augmentation de cinq cents francs pour l'entretien d'un cheval : ils furent élevés en 1806 à quatre mille francs, sans y comprendre les taxations, et deux parts aux amendes et confiscations dans l'étendue de la direction. L'année suivante, ce dernier avantage ne s'appliqua plus qu'à la suite des procès-verbaux rédigés par les inspecteurs en personne.

Madame H., curieuse jusqu'à l'impudence, cherchait à recueillir quelques-unes de mes paroles par l'intermédiaire de ma domestique, à qui même, dans cette vue, elle donnait de l'argent, lui en promettant davantage si cette fille la contentait. J'appris avec colère un pareil genre de séduction : j'abandonnai de suite mon logement, et mis la servante à la porte. Elle entra chez le commissaire des guerres, dont la femme était en liaison intime avec celle de mon directeur.

Dans le cours de mes exercices, j'avais remarqué aux environs de la Souterraine une tour ancienne qui peut-être défendait jadis les approches de la ville. Cette vue m'inspira la lettre que l'on va lire, et que publia le *Journal de Paris.*

« *Aux rédacteurs du Journal.*

» Messieurs, tout près de la *Souterraine*, petite
» ville du département de la Creuse, est une tour
» d'environ cent vingt pieds de haut, au bas de
» laquelle demeure un fameux thaumaturge. Ce
» grand homme a fait beaucoup de petits mira-
» cles qui ne méritent pas d'être mentionnés ho-
» norablement; mais en voici un qu'il annonce
» publiquement, et qui mérite toute votre atten-
» tion. Il se propose de partir le 18 vendémiaire
» courant, et d'aller voir ce qui se passe dans la
» lune. Oui, messieurs, dans la lune. Ecoutez bien.

» Pour accomplir ce généreux dessein, il a fait
» construire un aérostat de trois cent vingt-sept
» pieds de circonférence, auquel est suspendue
» une pirogue plus grande que celle des sauvages;
» quatre rames de bois blanc, très-légères et
» très-larges, lui fourniront, dit-il, un moyen
» aussi sûr que facile d'accélérer son mouvement,
» et de maîtriser sa direction. Il emporte avec
» lui des instrumens propres à mesurer la pesan-
» teur de l'atmosphère, la distance des lieux,
» la force centrifuge et la force centripète, la
» lumière, les courans d'air, les gaz oxigènes,
» hydrogènes, azotes, etc., et de plus, des pro-
» visions pour cinq mois, telles que bœuf salé de

» Hambourg, pâtés d'Amiens, biscuits de Brest,
» cent cinquante bouteilles de Madère sec, quel-
» ques flacons d'alkali pour ne pas tomber en
» syncope, et une bouteille d'eau des carmes pour
» dissiper la migraine à laquelle il est sujet.

» La difficulté de passer de l'air atmosphéri-
» que dans la haute région, et de celle-ci dans
» l'atmosphère de la lune, ne l'arrête point. Il
» dit que Cassini, Fontenelle et Newton, ne sa-
» vaient ce qu'ils disaient en parlant de la lune,
» puisqu'ils n'y sont jamais allés. Comment peut-
» on parler de ce que l'on ne connaît pas?

» C'est donc le 18 vendémiaire, à dix heures
» quinze minutes du matin, que, plein de cou-
» rage et d'espérance, notre aéronaute doit quit-
» ter la terre, et s'élever vers la lune où, suivant
» son calcul, il n'arrivera qu'au bout de quatre
» mois. Il y séjournera quatre mois, et il mettra
» quatre autres mois à son retour; en tout, son
» voyage doit durer un an. S'il en revient, Mes-
» sieurs, j'aurai l'honneur de vous faire part de
» ses découvertes, car il a la bonté de ne me rien
» cacher. Quel bonheur pour vous et pour moi
» de savoir au juste à quoi nous en tenir sur les
» montagnes de la lune, sur ses volcans, sur ses
» cavernes, ses forêts, ses rivières, sur la source
» des pierres qui nous en arrivent, sur les petits
» pois qu'elle nous envoie, sur le grand fleuve
» qu'a vu Cassini, qui va, vient, se perd, repa-
» raît et disparaît pour toujours; sur les tant jo-

» lies choses que le gentil Astolphe, conduit par
» saint Jean, a vues et racontées à ses amis, et
» sur les *grandes vues perspectives* dont ce spa-
» dassin de Cyrano de Bergerac a égayé son his-
» toire des états et empires de la lune!

» Ah! Messieurs, quand j'y pense, je me pâme
» de plaisir, et je dis : Combien ce voyage doit
» agrandir le domaine des sciences, et quelles
» obligations nous aurons au fameux thaumaturge
» de la *Souterraine*, petite ville du département
» de la Creuse! J'ai l'honneur de vous saluer.

» Verax (de Guéret). »

Je fis connaissance vers ce tems avec un parent de M. le sénateur Cornudet, qui me raconta dans toutes ses circonstances un trait propre à jeter bien des gens dans la surprise. Comme les cinq personnages que ce fait intéresse n'existent plus, je me crois en droit de le rapporter sans craindre le blâme d'indiscrétion. « Savez-vous, me dit
» M. G., à quelle occasion nous devons la signa-
» ture du dernier concordat *? — Non. — Vous
» allez l'apprendre, et croyez surtout que ma
» nouvelle sort de bon lieu.

» Le cardinal légat, Caprara, s'obstinant à re-
» pousser le concordat, blessait les intérêts du
» premier consul, qui fondait son espoir sur ce
» grand acte pour la tranquillité de l'Eglise en
» France. Fouché, dans le but de favoriser les

* En 1801.

» vues de son maître, ne négligeait aucun moyen
» de suivre les démarches du cardinal. Un jour,
» il apprend que le ministre de sa sainteté voit
» mystérieusement une jeune et jolie veuve de
» vingt-six ans, à qui le légat rend des soins dif-
» férens de ceux de sa profession. Le chef de la
» police envoie aussitôt un agent, chargé de pré-
» venir la veuve de quelques mesures secrètes.
» Dès le soir même, le cardinal étant entré vers
» les dix heures, on frappe à la porte de sa maî-
» tresse, à l'instant où il prenait place au lit.
» Celle-ci, qui se déshabillait trop lentement au
» gré du légat, feint la plus vive émotion, et re-
» fuse d'ouvrir. On heurte de nouveau, et l'on
» fait entendre les mots terribles : *Au nom de la*
» *loi!* « Au nom de Dieu, n'ouvrez pas, disait
» tout bas Caprara. » Mais, sur les menaces réi-
» térées de la police, l'entrée est incontinent per-
» mise. Une calotte rouge déposée sur la chemi-
» née, et des vêtemens qui sont loin de servir à
» l'usage d'une veuve, décèlent assez la présence
» du cardinal entièrement caché sous le drap. Les
» agens, satisfaits, font semblant de regarder
» quelques meubles, et se retirent ; mais, afin de
» prêter une grande importance à leur mission,
» ils visitent toute la maison ; puis ils reviennent
» au domicile de la veuve. L'un d'eux, cette fois,
» va droit au lit, et, découvrant le drap, met à nu
» son éminence, en lui disant avec un étonnement
» contrefait : « Vous, ici, monseigneur! ah! mille

» pardons ! — Oh, mon Dieu, je suis perdu ! De
» grâce, Messieurs, que le Saint Père ne le sache
» pas ! »

» A cette nouvelle, Fouché triomphant court
» chez Bonaparte, et lui met sous les yeux le fruit
» de son zèle avec l'espoir de voir au plus tôt
» couronner tous ses efforts. Le lendemain il se
» transporte de bonne heure chez le légat, qui,
» sur le rapport de l'affaire, promet l'exécution
» de tout ce que l'on exige, pourvu que le pape
» ignore ce qui s'est passé. Dès ce moment, le
» concordat n'essuya plus la moindre objec-
» tion. »

Ceux qui ont lu l'*Histoire d'Angleterre* de Hume savent qu'en 1128, le cardinal de Crema, légat en Angleterre, fut surpris à Londres, par les officiers de police, dans les bras d'une courtisane, en un lieu de débauche ; lui qui convoquait un concile où l'on prononça des peines très-sévères contre le mariage du clergé ; lui qui déclarait dans une harangue publique qu'il était criminel aux prêtres d'oser toucher et consacrer le corps du Sauveur des hommes immédiatement après avoir quitté la couche d'une prostituée, nom que ce cardinal appliquait à l'épouse d'un ecclésiastique. On doit remarquer que, depuis dix siècles, le mariage des prêtres était autorisé.

Le cardinal Consalvi était premier ministre du pape ; il vint à Paris en 1800, accompagné de Caprara et de plusieurs autres conseillers pour conclure le concordat. Quand cet acte reçut la signature des parties, Consalvi en marqua tant de joie que, sur une question qui s'éleva touchant le mariage des prêtres, il dit que, si le gouvernement français en formait la demande, à coup sûr la cour de Rome y consentirait, vu que ce n'était qu'un point de discipline. Bonaparte, à qui l'on en parla de suite, répondit qu'il ne doutait point que cette proposition ne fût agréée, s'il la faisait, mais qu'il ne voulait point heurter trop ouvertement les opinions enracinées du beau monde.

Plusieurs personnes assurent que le concordat de 1815, signé par ce même cardinal, Hercule Consalvi, fut rédigé dans le boudoir de la princesse P. B.

Les droits de détail et d'entrée sur les boissons commencèrent à se percevoir, avec d'autres contributions indirectes, au commencement de 1806. L'administration, pour établir un mode uniforme d'exercice et de recouvrement, envoya par toute la France des inspecteurs généraux. M. Vayron, ancien grand vicaire du diocèse de Saint-Flour, fut choisi pour la Creuse et d'autres départemens du Midi. Il ne s'arrêta que deux ou trois jours à Guéret. Il ne lui en fallait pas tant pour mesurer la portée de l'intelligence du pauvre directeur qui, sur la proposition d'une simple vérification, refusa de la faire et me la renvoya. M. Vayron insista vainement ; cette vérification me revint, et je l'accomplis en quelques minutes. J'avais inventorié un demi-million de kilogrammes de sel dans plusieurs arrondissemens, et cela depuis cinq mois; la quantité approximative fut demandée à M. H., qui, pour répondre aussitôt, considérait le plafond de son cabinet, et semblait tomber du ciel. Ma mémoire était si fidèle, que je rappelai vivement les poids précis, sans me tromper d'un seul kilogramme. M. Vayron, tout étonné du soin que j'apportais à mes travaux, me pria de le rejoindre à Bourganeuf dans sa tournée.

Le jour suivant, je me rendis à Aubusson, où je vérifiai la comptabilité du receveur principal et les états de son chef, puis je poussai jusqu'à Bourganeuf; faisant, à cheval, vingt-deux lieues de poste dans la même journée. L'inspecteur général, qui probablement n'était pas accoutumé à voir tant d'activité parmi mes confrères, m'en félicita hautement, et n'eut aucun égard à la froideur qui régnait entre mon directeur et moi, car il me pria de contribuer au travail sur le personnel de la direction que lui demandait la régie.

M. H. protégeait un certain Dubouys, receveur à cheval à la résidence de la Souterraine, ancien maire de Clermont-Ferrand, m'a-t-on dit, sous le règne de la convention. Cet employé, trouvant de l'appui dans le directeur, songeait bien plutôt à sa bourse qu'aux intérêts du Trésor. Il rédigeait dans sa chambre une vingtaine de procès-verbaux pour tous les cas prévus de contravention, laissant seulement en blanc les noms et professions des délinquans; ensuite il courait à la piste de ceux auxquels ces procès-verbaux pouvaient s'appliquer. Les produits de sa recette, au lieu d'augmenter, diminuaient visiblement, et cette perte tournait encore à son profit. Comme les inspecteurs remplissaient, au chef-lieu de département, les fonctions de contrôleur principal, je ne pouvais guère vérifier les opérations des receveurs à cheval dans leurs communes; ce soin était principalement confié au contrôleur ambulant, qui, selon les apparences, n'y apportait pas toute son attention.

Je me plaignis plusieurs fois inutilement de ce Dubouys au directeur, assez aveugle pour considérer cet individu comme le meilleur de ses employés. Quand je lui donnais un ordre, il s'en moquait avec l'assurance d'en tirer un contraire du directeur. Un tel état ne pouvait durer sans compromettre mon autorité envers tous mes subordonnés, et sans nuire au service qui m'était confié. Bien que je n'eusse pas la correspondance directe pour le personnel avec le directeur général, je lui marquais confidentiellement de tems en tems les plus graves abus, mais sans me plaindre de M. H., n'oubliant jamais qu'il était mon chef. M. Français goûtait sans doute mes confidences, puisque jamais il ne m'en adressa des reproches. Je reviendrai sur ce Dubouys.

J'allais souvent chez M. Tixier de la Chapelle dont le frère, député de la Creuse en 1815, l'est encore aujourd'hui. Il suivait sans avantage la voie du commerce. Je lui fournis l'idée de solliciter un emploi supérieur à Guéret. On l'y nomma receveur principal. Comme il ne passait pas pour un très-habile homme en comptabilité, il se défiait de ses forces. En le rassurant sur ce point, je lui ouvris la marche qu'il devait tenir envers l'administration : je rédigeai son mémoire; et par les soins de M. Daudignac, chef de division à la comptabilité, il triompha des efforts de M. H., qui tâchait de fixer le choix du directeur général sur un autre sujet. Dès que l'on me sut en liaison avec M. Tixier, le voyant receveur principal malgré le directeur, on mesura l'étendue de mon crédit sur cette nomination ; j'acquis, sans le vouloir, un peu d'importance ; on me crut puissant quand je n'étais qu'officieux. Le produit de cette erreur fut de l'encens qui me valut pendant deux mois l'honneur insigne d'une petite cour. J'avais beau déclarer, affirmer, protester que mon pouvoir ne s'élevait point jusqu'à l'oreille de M. Français, on prit constamment pour un effet de la modestie les purs accens de la vérité : l'on aima mieux attribuer mes refus à la mauvaise volonté, que d'admettre une impuissance dont les résultats contraires sautaient aux yeux. Il y avait même peu de mois que M. Français avait écrit au directeur de retenir mes appointemens durant mon séjour à Paris. Ce trait s'accordait mal avec l'indulgence dont le billet de M. Vimar faisait mention, et blessait en secret ma fierté, qui trouve une belle action gâtée si l'on y mêle un incident qui sente le reproche.

M. H., extrêmement piqué de voir le succès de M. Tixier, qu'il m'attribuait comme le public, nous prit tous deux en haine, et chercha tous les moyens de nous nuire et nous inquiéter. Heureusement que j'avais, comme inspecteur, la surveillance immédiate de la comptabilité du receveur principal, et que ses fautes étaient aussitôt redressées qu'aperçues ; de sorte que les plaintes journalières du directeur, envoyées à l'administration par le secrétaire qui versait le fiel à plaisir sous la signature de son chef, venaient échouer contre mon zèle, mon activité, surtout contre l'étude, la connaissance, l'application des lois et des circulaires que je possédais à fond sur la matière ; car la régie rappelait souvent à M. H. ses erreurs, dont mon devoir m'obligeait à signaler le fréquent retour. Cette disposition des esprits n'était guère propre à ramener parmi nous la concorde, prêchée dans plusieurs lettres de l'administration : le directeur et moi la trouvant si loin de nos cœurs, demandions par tous les courriers notre séparation, mais le directeur général n'y voulait jamais consentir. Beaucoup de directions offraient le même tableau, avec aussi peu de succès, en ce que M. Français tenait pour maxime que lorsque les deux premiers chefs, frottant leur ressentiment, l'auraient usé, la paix s'établirait sur la ruine de leurs débats.

Il arriva dans ce tems un accident terrible à Guéret. Un nommé Basile, assez grand buveur, tomba dans une léthargie complète, qui fit croire à sa mort. On l'enterra. Le soir, une jeune fille, longeant le cimetière, entend de sourds gémissemens. Elle prête une oreille attentive, et ne peut se méprendre sur le lieu d'où ils sortent. Elle court avertir la femme du défunt présumé. Celle-ci, qui n'avait pas beaucoup de raison de l'aimer, en ce qu'il aimait trop le vin, fait peu de cas de l'avertissement, et le néglige. La nuit s'écoule sans qu'on en tire parti; mais le matin, la rumeur devenant générale, le curé donne l'ordre au fossoyeur d'exhumer Basile. On le trouve bien mort cette fois, ayant le bras droit rongé, avec tous les signes du désespoir sur la face. On doit penser que si, dans l'instant des plaintes recueillies par la jeune fille, on eût découvert la fosse de Basile, cet homme aurait vécu. Sa veuve, très-peu chagrine, vint chez moi quinze jours après cet événement, et me le rapporta tel qu'on le voit ici.

Mû par le projet de faire une tournée dans l'arrondissement de Boussac, j'emmenai le contrôleur de la garantie, Bayard, afin de m'assurer si les matières d'or et d'argent se vendaient avec l'empreinte du poinçon. Nous allâmes au sommet de la montagne de Sainte-Croix-de-Toul, d'où l'on découvre neuf départemens et près de cent quatre-vingts lieues d'horizon. La foudre venait de tomber sur le clocher, et de tuer le malheureux sonneur qui voulait conjurer l'orage. En arrivant à Boussac, le contrôleur m'offrit à déjeuner chez le curé, son cousin; j'acceptai. L'ecclésiastique fit les honneurs du repas avec autant de cordialité que de gaîté. Je me disposais à sortir, lorsqu'il me retint quelques momens pour considérer un ostensoir d'argent, de la valeur de six cents francs, qu'il avait reçu comme un présent de la ville de Lyon. En le prenant, je mis le pouce à dessein sur la marque du poinçon, et m'écriai d'un ton douloureux : « Ah! monsieur le curé, que vois-je? qu'avez-vous fait? vous avez placé dans mes mains un objet que mes fonctions me contraignent à saisir. — Comment! dit le prêtre en pâlissant, vous allez saisir mon superbe ostensoir! — Hélas! monsieur le curé, plaignez ma cruelle position; la loi met au rang de nos plus rigoureux devoirs celui de faire disparaître, par la confiscation, les objets d'or et d'argent dont la forme n'a point reçu la marque exigée par le législateur comme une garantie de sa valeur intrinsèque. Je vous suppose inspecteur d'une administration qui comprend ces objets dans sa surveillance; en les voyant privés du signe impérieusement commandé, dites-moi sans hésiter, pour répondre à la confiance dont vous demeurez investi, que feriez-vous? — Mais, Monsieur, songez-y donc, un si bel ostensoir! — J'avoue que ce travail est fort beau — Six cents francs! — Sans doute il les vaut. — Un présent fourni par la reconnaissance. — Mon Dieu! je veux le croire. — Moi, qui vous ai donné de si bon cœur à déjeuner! — Surtout d'excellent vin! — Hé! oui. — Mais de quelle manière agir? — Avez-vous bien examiné l'objet? — Attendez. Oh, je songe... je découvre... oui, je ne me trompe pas... que de bonheur! vous êtes sauvé, monsieur le curé; voici les véritables traits du poinçon. — En vérité, vous m'avez fait peur. Présentement je respire. Mais pourtant, si par malheur je tenais à la procession un ostensoir non contrôlé, pensez-vous avoir le droit, toujours d'après la loi, de le saisir? — La question que vous élevez est infiniment délicate, et mérite, par son importance, d'être soumise aux lumières de l'administration. » Le bon prêtre ignorait que, bien même que son présent n'eût pas reçu le poinçon, l'on ne pouvait s'en emparer chez lui, ni dans aucune cérémonie du culte.

Après ma sortie, je dis au contrôleur de requérir le maire afin d'opérer des visites; ensuite je me dirigeai vers notre auberge. Dans cet intervalle, M. Bayard vit quelques marchands de bagues d'argent, et les engagea poliment à lui remettre, sur son récépissé, celles qui n'étaient pas contrôlées, en vue de remplir cette formalité qui n'entraînait qu'un droit de quelques centimes par pièce; car je ne voulais point user de rigueur envers eux pour la première fois. Tous y consentirent, hors un seul; c'était un huissier qui, joignant à son état ce très-faible commerce, passait pour avoir la plus mauvaise tête du département. Bayard mit de l'ardeur à m'avertir que, parmi plus de cent bagues, il venait d'en remarquer chez ce marchand vingt-cinq dénuées de contrôle, et que l'huissier, les arrachant de ses mains, les avait aussitôt cachées.

Je vais au domicile de cet homme ; le maire s'y trouvait, et le public assiégeait déjà sa porte. Je sentais la difficulté de ma position ; je ne désespérai pas de la vaincre pour mon propre honneur, celui de la régie et le triomphe de la loi. « Vous avez, dis-je au commerçant, un grand nombre de bagues d'argent. — Oui, voilà le paquet. — C'est bien ; vous en possédez vingt-cinq autres qui n'ont point été soumises au contrôle. — Il n'y en a pas d'autres chez moi. — Vous les avez montrées au contrôleur de la garantie, qui les a toutes examinées. Je ne puis, en ma qualité d'inspecteur de la régie des droits réunis, laisser ces objets en vos mains tant qu'ils seront dépourvus de la marque du poinçon. Je vais vous donner lecture de la loi. Vous avez sans doute un bordereau de l'orfèvre qui vous les a vendues? — Non. — Votre déclaration de vendre des matières d'argent a probablement été faite à la municipalité de Boussac en tems utile? — Non. — Vous allez m'obliger à dresser un procès-verbal de contravention, si vous persistez à garder vos vingt-cinq bagues. — Je m'en moque, faites ce que vous voudrez. »

Cet individu commence à s'étendre en gros jurons ; je lui impose silence : il continue d'élever la voix ; je prie le maire d'appeler la gendarmerie ; l'huissier baisse le ton. Je rédige le protocole du procès-verbal. La foule grossit ; on est curieux de savoir comment cela finira. Un homme dit à demi-voix au marchand : « Monsieur ne saurait faire un procès-verbal sur les bagues qu'il n'a point vues, mais il en doit rédiger un sur le défaut de bordereau d'orfèvre ; sous cet aspect, tu es en pleine contravention et tu seras condamné. » Alors, prenant la parole en feignant de ne pas écouter celles de son ami, je dis à l'huissier : « N'abusez point de ma patience ; il est encore tems de réparer votre faute. Je vous déclare que, si vous m'apportez vos bagues à l'instant même, elles seront reçues, contrôlées et remises, moyennant le simple droit de marque ; le procès-verbal commencé sera déchiré sur l'heure, sans autres frais que ceux du papier timbré. » Mon homme ne répond rien, il perce la foule et disparaît. Au bout de plusieurs minutes je le vois revenir, mettant le paquet devant moi en s'écriant avec un jurement : « Les voilà ces bagues pour lesquelles on fait tant de bruit ! » Tout se termina de cette manière, ainsi que je l'avais désiré.

Lorsque je fus rentré à Guéret, j'y appris la mort de deux hommes qui, venus d'Ajain au

marché de cette ville, avalèrent tant d'eau-de-vie que, saisis par le froid en chemin, on les trouva gelés à l'entrée de leur village. Le curé, pour jeter l'épouvante dans l'ame de ses ouailles, les fit venir à l'église au moment du double enterrement. Ayant ordonné de placer les cercueils aux deux côtés de la chaire, il y monte, et s'exprime en peu de mots : « Insensés habitans
» d'Ajain, malheureux que vous êtes! Qu'allez-
» vous faire au marché de Guéret? je vous le de-
» mande, qu'allez-vous y faire? Au lieu de songer
» à rapporter à la maison le prix de vos denrées,
» vous buvez de l'eau-de-vie; vous en buvez,
» buvez, buvez encore!... Il faut partir. On chan-
» celle. On passe comme on peut le Pont-à-la-
» Dauge. Le mal de tête vous prend; l'un fait
» ceci; l'autre fait cela *. Qu'arrive-t-il? On
» tombe dans un fossé; l'on s'y endort; le sang
» se glace, et l'on ne se réveille plus. Habitans
» d'Ajain, vous les voyez, Pierre et Mathieu; les
» voici tels que l'eau-de-vie de Guéret les a faits.
» Profiterez-vous une bonne fois de leur terrible
» exemple? *De profundis.* »

Un soir, vers minuit, en rentrant chez moi, j'entends dans la rue un bruit sourd, semblable au mouvement d'un balancier au fond d'une cave. J'étais avec un receveur, à qui je dis : « On croirait que l'on fabrique ici de la fausse monnaie. »

* Le prêtre, en se tournant vers les cadavres, imitait les mouvemens d'une personne qui vomit avec de grands efforts.

Il me répondit : « C'est vrai. » J'eus la fantaisie de vérifier le registre de l'essayeur de la garantie, qui était orfèvre. Je frappe à la porte. Le bruit sourd cesse aussitôt. L'orfèvre semble hésiter à m'ouvrir. Je me nomme. Il sort du lit, s'avance avec une lampe à la main, dont le tremblement extraordinaire excite en moi de vagues soupçons. Je mets un *visa* sur son registre et me retire. Plus tard, quatre ou cinq ans après, on m'écrivit de Guéret à Aix-la-Chapelle que son beau-frère, qui travaillait chez lui dans ce moment, fut surpris distribuant de fausses pièces de quarante sous à Paris. Des agens de police l'arrêtèrent. On trouva dans ses poches, et dans son domicile, des instrumens de fabrication de fausse monnaie. Il fut jugé, convaincu, et condamné à la peine de mort, qu'il subit en place de Grève. Par cette observation, je dois me garder de blesser la probité de l'orfèvre, qui, je pense, n'a jamais subi d'atteintes. D'un autre côté, si l'on supposait mes soupçons convertis en certitude, que la cave fût alors un atelier du crime, et l'orfèvre complice du faux monnoyeur, quelle plus grande imprudence de ma part de pénétrer seul et si tard dans cette maison, où une mort prompte pouvait ajouter au forfait que l'on avait tant d'intérêt à cacher!

Je me promenais souvent le long des prairies, voisines de Guéret, où l'on trouve une multitude de couleuvres peu dangereuses. Quelquefois j'en voyais s'élancer de terre sur les arbres, à deux pieds de distance de mon cheval. D'autres fois j'en rencontrais de la longueur d'un mètre, dormant au soleil sur les fossés, à la hauteur de ma tête, et je finissais par accoutumer mes yeux à leur aspect. Mais, si la crainte faisait place à l'indifférence devant ces reptiles, il en était tout autrement de l'aspic, dont l'atteinte cause bientôt la mort, quand le remède n'arrive point à tems; on en peut juger par le trait suivant.

Deux hommes coupaient l'herbe d'un pré dépendant de Glénye, village à cinq quarts de lieue de Guéret; ils furent piqués d'un aspic au même instant. L'un d'eux se hâta de venir chercher du secours à la ville; mais le venin agit d'une manière si prompte, que les vomissemens et l'enflure l'ayant pris dans le chemin, il rendit l'ame en arrivant. L'autre, mieux inspiré, s'approcha de la rivière qui n'était qu'à deux pas, serra fortement son bras avec un mouchoir, prit une poignée de sable, en frotta la piqûre, fit long-tems couler son sang, et n'éprouva d'autre inconvénient que la douleur.

Ce petit serpent, moins gros et moins long que la vipère, est essentiellement irritable. Madame Bayard, femme du contrôleur de la garantie, m'a raconté qu'étant à cheval avec son amie, madame Tixier de la Chapelle, à trois lieues de Guéret, elle commit l'imprudence de frapper un aspic à coups de cravache. L'animal, furieux, s'élance, et la poursuit en sifflant. Le cheval allait au grand trot. L'aspic, toujours près de l'atteindre, fit ainsi plus d'une demi-lieue, et ne s'arrêta qu'au passage d'une large rivière, laissant une frayeur mortelle à la personne qui l'avait attaqué, avec l'exemple d'une rare persévérance dans la fureur du reptile.

Convaincu qu'en restant dans la Creuse, je n'obtiendrais aucun avancement sous un directeur qui s'imaginait très-faussement que je portais sur sa place des vues ambitieuses, quand je la considérais comme une des plus petites directions de France, je sollicitai cette fois un congé pour Paris. Il me fut envoyé sans retard; mais M. H., que cette faveur contrariait fort, crut devoir le garder quatre ou cinq jours dans son bureau avant de m'en donner avis. Il appréhendait sans doute l'étendue de mes plaintes; le pauvre homme tombait dans une erreur bien grossière; j'avais encore assez de prudence pour ne pas longer cet écueil.

M. le comte Vimar me témoigna, comme à l'ordinaire, les plus grandes bontés. Connaissant par différens fonctionnaires l'étrange personnage auquel le destin m'avait associé, il me plaignit, mais releva mon courage en montrant l'espérance à côté de mes efforts. M. Français m'accorda de suite un rendez-vous. Dès qu'il me vit, il prit un tableau contenant le montant des produits recouvrés dans la Creuse l'année précédente, et celui des droits que l'on pouvait atteindre par approximation l'année courante, dont trois mois étaient à peine expirés. Bien que je fusse loin de prévoir toutes ses questions, ma tête enfermait des renseignemens si exacts, que j'y répondis avec une étonnante précision qui fit sourire, de contentement, le conseiller d'état, dont les yeux demeuraient fixés au tableau; car il se doutait bien que, n'ayant point vu les états du directeur à Guéret, ni ceux des contrôleurs principaux qui lui adressaient les leurs, je devais remplir parfaitement mes devoirs pour connaître, avec leur quantité, la nature de tant de produits.

Cette observation le conduisit à m'ouvrir un piége, que je sus éviter, mais dans lequel se sont laissés prendre plusieurs de mes confrères. « Vous avez, me dit-il avec un air de bonhomie où perçait une sorte de dédain, un triste homme pour directeur; c'est M. H..., un ignorant..., un sot..., une bête..., qui mène fort mal sa direction... J'ai envie de le destituer. — Monsieur le comte, si je partageais cette opinion, mon devoir aurait assez d'empire sur ma raison pour l'envelopper du silence. — D'où êtes-vous? — De Normandie. — Les Normands sont mous; ils ont du lait dans les veines. — Si le salpêtre était liquide, je pourrais croire qu'il coule dans les miennes. — Bah! — Oui, monsieur le comte; deux chevaux crevés, tous les procès-verbaux dressés de ma main, sont des témoignages d'une activité que vous ne devez point récuser, car les pièces existent en vos bureaux. — On ne m'avait pas dit cela. — Je sais que, dans votre élévation, ainsi que les rois, la vérité ne parvient pas toujours jusqu'à vos oreilles, mais je vous respecte trop pour vous la taire. — Comment! que dites-vous? — Vous avez nommé un receveur à cheval à la Souterraine, dont la conduite est fort répréhensible. — Quel est son nom? — Dubouys. — Dubouys? je l'ai destitué. — C'est donc depuis huit jours, puisqu'il exerçait encore ses fonctions à mon départ. — J'ai reçu contre lui des plaintes nombreuses, qui me l'ont fait révoquer. — Si cet ordre est parti de vos mains, monsieur le comte, il attend encore son exécution. — Je vais m'informer de ce fait. — Voulez-vous avoir la complaisance de me donner une autre inspection; car celle de la Creuse, étant fort limitée sous le rapport des produits, présente au zèle des difficultés presque insurmontables, en ce que les communes y sont partout aussi stériles que d'un difficile accès? — J'avais dessein de faire de vous un receveur principal. — Je ne crois point avoir trompé votre confiance pour mériter une telle disgrâce. — Allez, suivez votre congé, j'examinerai si je dois prendre vos désirs en considération. »

Je montai dans les bureaux du personnel; j'y fus très-bien reçu. M. Tessier était alors à la tête de cette division, quoiqu'il n'eût que le grade de chef de bureau. Je lui demandai s'il n'y avait point d'inspection vacante : il me nomma celle de

Perpignan. « Donnez-la moi, lui dis-je. — Elle est trop éloignée ; vous y seriez presque Espagnol. — Français, Maure ou Tartare, j'irais aux extrémités du monde pour fuir M. H. — Je sais que chaque courrier ne manque pas de nous apporter une dénonciation contre vous ; mais l'effet en est nul ; nous connaissons trop bien le pèlerin pour attacher quelque faveur à ses prières. Néanmoins vous ne devriez pas garder le silence, attendu que, si l'on se trouve sous le coup d'une injuste accusation, il faut élever la voix de manière à la repousser. — Jusqu'ici, me renfermant dans l'opinion que celui qui remplit fidèlement ses devoirs n'a rien à craindre des supérieurs qui les imposent, j'ai souverainement méprisé toutes les secrètes attaques du directeur comme autant de faussetés que le tems doit détruire ; mais si, pour vous convaincre de mon innocence, il faut parler, vous la verrez bientôt briller entière dans mes rapports, car le mensonge est aussi loin de ma plume que de mes lèvres. — Prenez patience, nous vous changerons bientôt. »

Je vis ensuite MM. Roger, aujourd'hui secrétaire général des postes et député, Vayron, Dorimont, et surtout M. Daudignac, avec lequel je formai dès lors une liaison d'estime et d'amitié, qui n'a fini qu'avec sa vie. J'eus le bonheur d'obliger M. le sénateur Cornudet qui, depuis neuf mois, tâchait en vain de faire nommer commis à pied un surnuméraire, son cousin. Ce fut à M. Vayron, auquel j'en parlai deux fois, que je dus cette faveur. M. Cornudet m'en remercia, mais son parent évita de marquer la même attention, encore qu'il m'eût prié d'employer mes soins à son avancement. Au reste, ce défaut de politesse lui fut commun avec presque tous les employés à qui j'ai pu rendre de semblables services.

En retournant à ma résidence, je trouvai, dans la voiture, un marchand de Picardie, dont le voyage aboutissait à Marseille, où l'attendait une succession. Cet homme raconta le bonheur qu'il avait eu d'échapper au couteau de l'aubergiste Renaud, que j'ai vu périr avec son domestique sur l'échafaud de Rouen. Quinze jours avant l'arrestation de ce grand scélérat, le marchand vint loger, comme de coutume, à son auberge, rue Cauchoise. Il donne à garder à l'hôtesse une valise qu'il annonce contenir mille écus. Vers minuit, le Picard entend ouvrir bien doucement sa porte. Quelle surprise! il aperçoit Renaud, précédé d'un énorme chien et suivi de son domestique, tenant, avec une petite lanterne, un coutelas à la main, et dont la lame jetait beaucoup d'éclat. Grandement effrayé, le marchand s'informe du motif qui amène l'hôte ainsi armé dans sa chambre. Celui-ci, troublé, met sa démarche au rang des erreurs, et s'en va. L'autre ferme la porte sur son inquiétude; il ne confie plus sa sûreté aux douceurs du sommeil. Dès le point du jour, il se lève, s'habille, sort, termine quelques affaires, revient, reprend sa valise intacte, et s'en retourne dans son pays.

Cependant des hommes ont disparu. La fidélité d'un chien le porte dans la cour de Renaud sur les traces de son maître : on veut le chasser. L'animal, rempli de tristesse, pousse des hurlemens plaintifs en grattant le fumier. Des voisins l'examinent. On se rend sur la place; trois cadavres sont découverts. Les monstres, auteurs du triple meurtre, arrêtés subitement, marchent aux fers: ils confessent avoir égorgé neuf individus, dont les dépouilles ont passé dans leurs mains. Ainsi nul doute que le Picard n'eût suivi les victimes, si le sommeil avait plus fortement enchaîné ses sens. Puisse un pareil exemple servir aux hommes indiscrets ou imprévoyans! Je ne le publie qu'au profit de leur sécurité.

M. Français, qui m'affirmait la destitution de l'employé Dubouys, le nomma plus tard contrôleur de ville à Niort. Par cet avancement je compris l'influence des bureaux sur l'esprit du directeur général. Peut-être aussi que M. de Tournon, protégeant cet homme sans connaître ses défauts, le poussait dans la carrière avec l'ardeur que l'on met à faire triompher le zèle qui se montre sous la couleur du dévouement. On connaîtra bientôt le juste fondement de mes plaintes, lorsque les yeux qui s'y fermaient seront dessillés.

Le sénateur Morard de Galles, ancien contre-amiral, vint à cette époque avec sa famille prendre possession de sa sénatorerie, dont Limoges était le chef-lieu. Il établit son séjour à Guéret. Je le voyais souvent, et j'observais qu'il avait un certain plaisir à causer avec moi, surtout quand l'entretien roulait sur la marine. M. Morard de Galles comptait quarante-trois ans de service de mer. Il fut arrêté en 1793 et conduit à Brest. En route, le premier jour, les gendarmes s'étonnaient de ce qu'il ne prenait point de nourriture: « Comment, leur dit-il avec tranquillité, voulez-vous que je mange, vous m'avez ôté mon couteau? vous pouvez cependant observer à mon air que je suis peu tenté de m'en servir pour abréger mes jours. » Touchés de ces paroles qu'il prononçait avec une extrême douceur, ses gardiens lui rendirent le couteau jusqu'au dernier lieu de sa détention. Ce respectable marin estimait beaucoup les talens de l'amiral Bruix, et particulièrement sa prodigieuse activité. Il me faisait quelquefois l'honneur de m'inviter à dîner. Ses manières étaient douces, simples, affectueuses. Un jour de fête, le voyant allumer lui-même un cordon de lampions, j'eus peine à retenir mes larmes à ce tableau des mœurs antiques. La dernière fois que je lui ai parlé, c'était à Paris; il embrassa tendrement sa fille partant pour Guéret. Ses pleurs coulèrent avec abondance sur cette séparation. A peine put-il me dire quelques mots. Sans doute il prévoyait que ses adieux ne pourraient plus se renouveler; car trois mois après, la France avait perdu un de ses courageux défenseurs, le sénat un collègue très-honnête homme, sa femme, un tendre époux, sa fille, le meilleur des pères, et l'amitié, son modèle.

Dans ce tems il vint à Guéret une troupe d'enfans, qui s'y arrêtèrent six semaines afin de jouer la comédie, sous la conduite d'un directeur, dont le pressant besoin d'argent les menait de cités en cités. Ils connaissaient assez bien la scène pour leur âge, et brillaient par une mémoire imperturbable. Ils amusaient plus que les acteurs ordinaires qui sortaient de Bourges tous les ans, et que l'on nomme communément *cabotins*. J'eus la fantaisie de composer une petite pièce pour ces enfans. Ayant lu dans un dictionnaire historique plusieurs traits divertissans de la vie de Poinsinet, je pris ce personnage pour mon sujet. Ma pièce fut faite en trois jours. Elle reçut pour titre: *Poinsinet, ou la Mystification*, comédie anecdotique en un acte, en prose. Je me disposais à la présenter au théâtre, quand on m'apprit le départ des jeunes acteurs pour Limoges. Je gardai ma comédie pendant un mois, c'est-à-dire jusqu'à l'arrivée d'une autre troupe, dirigée par le nommé Potus. Ce dernier la lut, l'accepta, la mit en répétition. Je ne demandai d'autre rétribution que la faveur de mes entrées. Je la soumis au préfet qui, l'ayant examinée, me la rendit avec une lettre fort honnête. Madame Garau, la plus opulente personne de la ville, à qui, malgré de vives instances, je n'avais point voulu faire une visite à mon arrivée, me pria, par l'entremise de M. Lasablière, d'en donner une lecture chez elle en présence du général Petitot, des principaux fonctionnaires et d'autres personnes de considération. Comme, après deux années de résidence, il était trop tard pour commencer mes visites chez elle, et que faire cette démarche eût été manquer à mes principes, je refusai la lecture en personne; mais je consentis à déposer le manuscrit de ma pièce dans les mains de l'ingénieur en chef : elle fut récitée par M. Malouet, l'un des habitués de la maison Garau. M. Lasablière me la rapporta dès le lendemain, en m'indiquant une ou deux corrections que j'adoptai. Potus mit du zèle à la monter. J'assistai trois ou quatre fois aux répétitions. Les acteurs maniaient cette comédie comme un catéchisme, et jamais perroquet instruit ne tira mieux sa leçon du bec. Je ne leur adressai pas une seule observation, pensant bien qu'en public, ils useraient de leur ressource ordinaire. Je me trompais ; ils jouèrent tout comme ils avaient répété.

Dans ces entrefaites, sans haine, sans humeur, sans motif, je cherche en riant, mais la tête échauffée, une sorte de querelle à M. Thonnelier, frère du payeur qui, depuis, lui a cédé sa place. Nos esprits s'irritent, et nous voilà sur le terrain, frappant l'un contre l'autre d'estoc et de taille avec des fleurets que j'essayai vainement de déboutonner. On avait par bonheur soustrait d'autres armes à nos mains, car le combat eût été sanglant. En ferraillant, des étincelles perçaient l'obscurité ; le bruit, bien qu'à minuit, attirait la foule autour de nous. Je fus arraché de force aux coups portés de part et d'autre, et j'allai dans mon lit me rafraîchir le sang, d'ailleurs fort agité d'une estocade reçue au bras gauche.

Le lendemain j'étais si honteux de mon action que, pour la réparer dignement, j'aurais affronté la mort au poste le plus périlleux, pour peu que ma présence y eût été nécessaire. Quand on voulut blâmer devant moi mon adversaire, je pris hautement sa défense, m'accusant de toute la faute qui l'avait provoqué. On fut étonné d'un aveu si rare, et qui suppose un vrai courage dans son auteur. Par ma franchise je retrouvai ma propre estime que venait de m'enlever un instant d'égarement.

Le 16 février 1806, jour de la représentation de *Poinsinet*, j'envoyai deux billets à M. H., ainsi qu'une douzaine à d'autres personnes de ma connaissance. Comme nous étions aux jours gras, les comédiens commencèrent par *le Mercure galant*. La salle se remplit au milieu de cette pièce ; mais mon directeur n'y vint pas. Le préfet, le général, madame Garau, ne purent ou ne voulurent s'y trouver. Avant de me rendre au théâtre, je crus devoir me fortifier, par quelques verres d'un généreux champagne, contre l'appréhension d'une cabale que M. Thonnelier et ses amis pouvaient former à la suite de mon duel. Au début même, les acteurs m'estropièrent. Si le grand Molière se donnait des coups à la tête dans sa loge, en voyant mutiler ses vers, moi, je frappais du pied en criant assez fort derrière la toile du fond : « Mais, bon Dieu, je n'ai pas dit cela! » Les bourreaux de comédiens, comme s'ils avaient eu de la joie à me tenir les pieds sur des charbons ardens, sans écouter le souffleur, ou plutôt la souffleuse, arrangeaient mes phrases à leur manière, et les récitaient avec une telle effronterie qu'on pouvait imaginer qu'elles faisaient partie de la pièce. Potus, qui jouait Poinsinet, mettait dans son rôle la tranquillité, le calme, le flegme de Bobèche sur ses tréteaux. La marquise, femme énorme, mal propre, grêlée, passée sans jamais avoir été passable, était bien la plus vilaine créature qu'aient une seule fois portée les planches au théâtre du sixième ordre. Il fallait la voir, quand Poinsinet meurt d'amour à ses pieds. O célèbres marchandes de fruits à la grande halle de Paris, quelle dignité vous avez dans les regards, lorsque vous portez un poing rempli d'énergie sur vos hanches! Quelle majesté vous environne, comparée au maintien de mon hommasse et colossale marquise! Toutefois on battit des mains à vingt reprises dans toute la salle. *Poinsinet* réussit. L'auteur fut demandé à grands cris. Je gardai l'anonyme au théâtre comme sur l'affiche, tandis qu'il ne se rencontrait pas un seul spectateur pour qui mon nom fut un secret. Pas un coup de sifflet ne vint troubler mon succès. Au reste, je conserve pour tous ces jeux d'esprit si peu d'affection, que le bruit des clés m'eût étourdi sans m'affliger.

Après le spectacle, le bal masqué s'ouvrit. Un jeune homme, M. Perronneau, qui avait recueilli une immense provision de dents attachées au bout d'une perche, accourut à moi pour me féliciter de mon triomphe. Et tout le monde de s'écrier : « Voilà le dentiste de Poinsinet! » Je ne pus m'empêcher de rire à l'à-propos. Dans la pièce, un dentiste, examinant la bouche de l'auteur du *Cercle*, lui tire adroitement une dent sans son aveu. C'est le trait réel dont Palissot eut la barbare invention, et sur laquelle, avec un peu de sensibilité, il aurait dû gémir toute sa vie.

Le lendemain, une députation des comédiens, enchantés de leur recette, me supplia de jouer à la seconde représentation de ma pièce. « Cela, leur dis-je, passe les bornes de la civilité. Je veux bien vous abandonner le fruit de mon travail; mais n'exigez pas d'un fonctionnaire public qu'il aille doublement se donner en spectacle pour grossir vos recettes. » Ils se turent; la pièce ne reparut point : ils quittèrent Guéret peu de jours après cette visite. *Poinsinet* est une comédie composée sans la connaissance des règles, où l'on rencontre plusieurs scènes assez bien écrites. J'y avais joint deux couplets chantés par la marquise dans la coulisse, avec un accompagnement du maître de musique de la ville ; mais, quand Poinsinet, reconnaissant la voix de sa maîtresse, voulut ajouter maladroitement quelques mots qui ne devaient être prononcés qu'après le chant, le public lui imposa silence afin d'écouter la musique.

Ayant imprimé ma pièce, qui, si mal jouée, ne perdit rien à la lecture, je publiai vers ce tems, sous le nom de *Papyrus*, un quart de feuille in-4° intitulée : *Aux amateurs de la comédie de la ville de Guéret* *. L'imprimeur Betoulle me garda le secret. J'y fis une réponse de quatre pages in-8°, signée d'un *comédien de Rochechouart*. Le premier morceau avait été vivement critiqué devant moi sous le rapport du style, dont le défaut capital, disait-on, se marquait dans la longueur des périodes. Quand la réponse parut, on la porta jusqu'aux nues. C'était, selon les premiers censeurs, l'œuvre d'un homme d'esprit et d'un habile écrivain ; ses petites phrases écrasaient de leur incontestable supériorité la lettre mal digérée de Papyrus. Mais quels sont les auteurs de ces pièces ? Le secret les couvrait. M. Lasalcette prétendit les connaître. L'imprimeur, mandé chez ce magistrat, tint la conduite d'un honnête homme. Le maire le menaça de lui retirer le brevet d'im-

---

* Je retrouve parmi mes papiers un exemplaire de cette lettre, sous la date du 26 janvier 1806, c'est-à-dire vingt-un jours avant la représentation de la pièce ; mais je n'ai point conservé la réponse du *comédien*.

primeur de la mairie, s'il s'obstinait dans son refus de parler. « Pourquoi, dit M. Betoulle au fonctionnaire, voulez-vous me contraindre à violer ma promesse, sans laquelle l'auteur n'eût point publié ses deux écrits? Vous savez très-bien qu'ils ne contiennent pas un seul mot que l'autorité soit en droit de reprendre. Souffrez donc un silence qui n'est préjudiciable ni aux lois ni aux bonnes mœurs, et qui doit m'honorer à vos yeux, puisqu'il est le fruit de la foi jurée. » Ses représentations devinrent inutiles; il fut contraint de déclarer, sur mon consentement, mon nom pour conserver ses droits. Aussitôt que l'on me sut auteur des deux lettres, on s'amusa beaucoup du jugement des censeurs; et j'appris, par cette leçon, sur quel fondement certains capricieux Zoïles établissent d'ordinaire la règle de leurs décisions.

Ces distractions de jeunesse n'arrêtaient aucunement le cours de mes devoirs. Je me souviens qu'une femme, que j'avais saisie pour m'avoir vendu, sans me connaître, du tabac sans licence, vint à Guéret dans l'intention de transiger sur son procès-verbal. J'étais chargé de ce travail par mes fonctions de contrôleur principal, jointes à celles d'inspecteur. Elle feignit d'être fort affligée de la contravention qui l'amenait à mon bureau. Je lui fis payer une amende de soixante francs, au lieu de deux cents, somme à laquelle l'aurait condamnée la loi, si elle eût succombé devant les tribunaux. J'avais dessein de lui remettre en secret mes deux parts d'inspecteur; mais la bonne femme, qui, avant la transaction, s'avouait très-pauvre, changea de ton, et m'invita, sous l'œil même du directeur, à dîner chez elle, ajoutant que je m'étais comporté en homme délicat qui mérite d'être bien traité. Je trouvai l'offre un peu trop plaisante pour l'accepter, et je ne songeai plus à ma résolution, qui peut-être n'aurait été pour la marchande qu'un autre moyen de contrebande.

Dans mes tournées je voyageais souvent seul. En 1807, un jour d'hiver très-froid, je partis à cheval de Guéret pour aller à Bourganeuf. Le bois de la première ville sur cette route est fort long; il faut trois quarts d'heure pour le traverser au pas. Il m'arrivait quelquefois de le franchir au milieu de la nuit. Jamais je n'étais armé; mais on pouvait croire que les arçons de la selle contenaient des pistolets. Ma coutume en voyage était de réciter tout haut des vers ou de la prose, afin de me désennuyer.

A dix heures du matin, ce jour-là, j'avais passé la forêt. Je déclamais un morceau de la tragédie de *la Mort de César*, qui commence ainsi par l'organe de Brutus (acte II, scène 4):

« Pour venger la patrie, il suffit de nous-mêmes.
» Dolabella, Lépide, Emile, Bibulus,
» Ou tremblent sous César, ou bien lui sont vendus.
» Cicéron, qui d'un traître a puni l'insolence,
» Ne sert la liberté que par son éloquence.
» Hardi dans le sénat, faible dans le danger,
» Fait pour haranguer Rome, et non pour la venger.

» Laissons à l'orateur qui charme sa patrie
» Le soin de nous louer, quand nous l'aurons servie.
» Non, ce n'est qu'avec vous que je veux partager
» Cet immortel honneur et ce pressant danger.
» Dans une heure au sénat le tyran doit se rendre.
» Là, je le punirai; là, je le veux surprendre;
» Là, je veux que ce fer, enfoncé dans son sein,
» Venge Caton, Pompée et le peuple romain, etc. »

A la sortie du bois, je découvre devant moi, au milieu de la grande route, sur l'endroit le plus élevé, un homme qui semblait immobile. En approchant, je distingue un très-beau fusil double dans ses mains. La terre, couverte de neiges durcies, m'obligeait de marcher doucement. Je pris d'abord cet homme pour un chasseur; mais, voyant qu'au lieu de longer ou quitter la route, il venait droit à moi, je le soupçonne agité d'une intention coupable. Je continue ma déclamation d'un ton très-animé, en lui lançant des regards effrayans. Il pâlit, met son arme en travers, hésite à porter la main sur la bride de mon cheval, dont la tête touche la sienne. C'est dans ce moment décisif pour ma sûreté que je prononce de toutes les forces de mes poumons ces trois vers :

« Là, je le punirai; là, je le veux surprendre;
» Là, je veux que ce fer, enfoncé dans son sein,
» Venge Caton, Pompée et le peuple romain. »

Il me laisse passer; mais, en détournant la tête à gauche, je vois, sur le côté de la route, un autre homme armé, prêt à tirer, sortant d'un épais buisson qui me l'avait caché jusque là. Dans cet imminent péril, je veux presser mon cheval; malheureusement j'arrivais au pied d'une montée, et ses glissades continuelles m'empêchaient de le pousser au trot. J'entends les individus causer en délibérant s'ils doivent tirer sur moi. Je me baisse un peu; j'attends avec la plus vive anxiété les coups que me destinent ces brigands. Ignorant le but de mon action, cette contenance achève de les intimider; ils me regardent, et n'osent commencer le feu; mon bonheur me sauve de leurs mains.

En m'arrêtant à Bourganeuf, je m'empresse de produire ma déclaration au brigadier de la gendarmerie, qui, sur leur signalement, me dit que, depuis six semaines, il était à la recherche de ces deux misérables; que leurs armes étaient des fusils volés, et qu'ils avaient assassiné un voyageur le mois précédent. « O Voltaire! m'écriai-je, que je te remercie! c'est sans doute à toi que je dois la vie! sans ta vigoureuse tirade, je succombais sous les balles de ces monstres *. »

Mon changement n'arrivant point assez vite à mon gré, je pensai qu'on pouvait l'avoir oublié. Afin de rafraîchir la mémoire aux prometteurs, je redemandai une permission de m'absenter pour affaires de famille. Elle me parvint de suite, et me voilà de rechef en route vers la capitale, avec

* J'ai publié ce fait dans le tome II du *Moissonneur*.

l'épouse du receveur principal, qui connaissait M. Daudignac. A Moulins, j'appris la cause de la destitution du préfet Guillemardet, ancien ambassadeur en Espagne sous le directoire, et qui déjà donnait des marques d'une tête peu saine, puisque, dans une lettre aux directeurs, annonçant que la reine d'Espagne le regardait d'un œil extrêmement favorable, il demandait « la permission de *pousser sa pointe* pour l'intérêt de la république. » Voici ce que me rapporta l'aubergiste Lebœuf à son sujet.

« Le préfet de Moulins a la jambe parfaite-
» ment belle. Jaloux de la montrer, on le voit sou-
» vent aux promenades publiques. Dernièrement
» madame N. est venue de Paris avec le dessein
» d'exempter son fils de la conscription. Elle a
» logé chez moi. Guillemardet l'a vue, entendue,
» a soupiré pour ses appas. Un soir, à onze heu-
» res, il est entré dans mon auberge, n'y a trouvé
» que la domestique dormant au coin du feu, à
» laquelle il a demandé brusquement à voir la
» chambre de madame N. Sans attendre la ré-
» ponse de cette fille, qui sans doute se réveillait
» avec lenteur, il s'empare d'un flambeau, monte
» l'escalier, s'introduit dans une chambre où re-
» posaient trois voyageurs, visite les lits, et re-
» çoit une bordée d'injures, accompagnées de
» menaces, pour cette indiscrétion. En se reti-
» rant, il veut pénétrer dans un autre apparte-
» ment; mais le bruit m'ayant lestement attiré

» sur ses pas, sans le reconnaître, je l'oblige à
» descendre. Une lutte s'engage entre nous deux
» sur l'escalier. La chandelle s'éteint. Il se nomme,
» en me donnant une volée de coups de poing
» dans l'obscurité. Je les lui rends avec usure,
» en tâtonnant sa croix d'honneur afin de la lui
» enlever. Il m'applique sur le visage ses ongles,
» dont il se sert comme autant de griffes pour me
» déchirer. J'entends qu'il me dit : « Va, je te
» ferai mettre demain dans un endroit où tu ne
» verras point le bout de tes pieds ! » Je lui ré-
» ponds qu'étant maître chez moi, je prétendais
» ne pas souffrir qu'il y vînt insulter une femme,
» troubler le repos des voyageurs, et que je me
» moquais du préfet et de sa prison. Il se dégage
» de mes mains, s'en va ; je ferme avec fracas la
» porte sur ses talons.

» Le matin, je me lève dès quatre heures. Je
» forme aussitôt ma plainte, qui reçoit une écla-
» tante couleur de mon visage en sang. Guille-
» mardet, plein de sa folie brutale, en quittant
» l'auberge, était allé dans une maison religieuse,
» où, malgré ses menaces, les sœurs refusèrent
» de lui ouvrir. Ma plainte, mise sous les yeux de
» l'empereur à Fontainebleau, l'a jeté dans une
» grande colère ; il a demandé au ministre de
» l'intérieur à quelle recommandation Guillemar-
» det devait sa nomination ; il s'est même écrié :
« Voilà comment on me présente, pour être pré-
» fets, des hommes qui ne sont pas dignes de

» nettoyer les roues de ma voiture *! » Le retour
» du courrier nous a rapporté la destitution de
» Guillemardet, qui ne l'avait pas attendue pour
» prendre la fuite. Il a passé la Loire à la nage
» sur un cheval, qu'il a tué d'un coup de pistolet,
» non loin de l'autre bord. Ensuite il est allé à
» pied, à travers les champs, n'ayant plus pour
» direction que le désordre de sa tête. Mainte-
» nant l'ex-ambassadeur-préfet s'agite à Charen-
» ton **. »

En arrivant à Paris, je reçus la nouvelle que Parfait Daussy, lieutenant-colonel, avait perdu la vie à la bataille d'Eylau. Il servait dans le corps du maréchal Augereau. Souhaitant avec une extrême ardeur le grade de colonel, il tenta tous les moyens de se distinguer dans cette affaire. Sa témérité le fit charger l'ennemi sans ordres; il fut enveloppé, et dégagé presque en même tems; mais ayant une seconde fois chargé avec plus d'audace que de succès, il tomba dans un ravin couvert de neige, dont il ne put sortir. Attaqué sur tous les points, il se défendit vaillamment, sans pouvoir échapper au fer des ennemis. Il mourut percé de vingt-deux coups de lance à côté de ses officiers qui périrent tous pour le défen-

* Cette expression était assez ordinaire à Napoléon. Il en a usé envers une tête couronnée après la victoire.

** Il y mourut, je crois, un an ou deux après cet événement. M. Riou, préfet du Cantal, m'a fait, sur son collègue de l'Allier, d'étranges confidences, qui ne sont point de nature à passer sous les yeux du public.

dre. Une pierre blanche fut posée sur sa tombe. La nouvelle de cette mort me tira des larmes.*

Ayant sollicité une audience du directeur général, il me fit annoncer, par le garçon du cabinet particulier, qu'il me recevrait le soir à son cercle. Je m'y présentai vers les neuf heures. Il y avait une dizaine de personnes. Je pris place au milieu. Au bout d'une heure, je m'avançai près du conseiller d'état, en lui renouvelant ma demande d'un changement de résidence. Il me répondit à demi-voix qu'il allait m'envoyer dans le Cantal, parce que le directeur étant extrêmement faible, il fallait à ce département un bon inspecteur pour remonter la direction. « Allez, ajouta-t-il, et soyez sage. »

* M. Blondon, officier, présent à cette bataille, m'a raconté le trait différemment. Il dit que le 14e régiment fut écrasé, parce que les dragons blancs, à la faveur d'une neige épaisse, poussée par un grand vent, tombèrent à l'improviste sur ce corps, qui n'était pas encore formé pour se mettre en bataille : on avait posé les armes en faisceau. Le colonel et les officiers étaient alors rassemblés sur un seul point. Dans la surprise, ils n'eurent pas le tems de voler à leur poste et moururent au lieu même, criblés de blessures. On les enterra tous le soir dans la même fosse. Une pierre la couvrit avec leurs noms dans cette inscription : « Ici moururent glorieusement vingt-sept officiers » français du 14e régiment de ligne. »
Puisque je cite M. Blondon, voici un fait singulier qu'il m'a rapporté. A la bataille de Leipsick, en 1813, il s'entretenait avec son camarade Contré, capitaine dans la garde impériale. Celui-ci, un peu pris d'eau-de-vie, entendant soudain une effroyable canonnade qui faisait trembler la terre, tire l'épée, se fend sur l'ennemi en jurant, et défiant les boulets par ces mots : « Viens donc, boulet! viens donc, coquin! » Un boulet l'entendit, qui vint le frapper juste au milieu de la poitrine, et le perça de part en part.

Ces deux derniers mots m'apprirent que mon duel avec M. Thonnelier lui était connu ; cela ne pouvait être autrement ; car, bien même que la police du préfet eût gardé le silence sur cet événement, celle de la gendarmerie devait agir envers le ministre, et le rapport de ce grand fonctionnaire aboutir aux bureaux de M. Français. Quoique le Cantal fût un avancement dans ma situation, puisque je trouvais aux émolumens un bénéfice annuel de douze cents francs, ce pays montagneux, aride, escarpé, plus difficile encore que la Creuse à parcourir, en m'éloignant de Paris, m'aurait peu convenu, s'il ne m'eût fourni l'inappréciable avantage de me séparer de M. H. Je parlai du projet de M. Français à M. Amabert, qui me dit de suite : « N'allez pas à Aurillac, sollicitez l'inspection de Tours, elle est vacante. »

Le département d'Indre-et-Loire s'accordait très-bien avec mon goût ; mais comment obtenir la résidence de Tours ? Je retournai vers M. Vayron ; sa conversation me révéla que c'était lui qui m'envoyait à Aurillac, son pays. Une mésintelligence ayant éclaté entre le préfet du Cantal et l'inspecteur des droits réunis, M. de Fontanges, M. Riou crut pouvoir déplacer celui-ci pour frayer au contrôleur ambulant, son gendre, la voie de l'inspection. Il se trompa dans les mouvemens d'emploi, j'eus l'honneur de fixer les regards de l'inspecteur général touchant une mutation qui ne serait pas tombée sous mon agrément, si ma position m'eût laissé la liberté du choix. M. Vayron me conseilla fort de ne faire aucune démarche pour aller ailleurs.; il ne me cacha point l'incapacité du directeur, bien plus marquée encore que celle de M. H.; mais il me donna lieu de comprendre que M. Français ne m'y retiendrait qu'un an. Je m'en tins à cette explication, et je retournai à Guéret, dans la paisible attente de ma commission.

La diligence que nous prîmes à Paris, le 7 avril 1807, madame Tixier et moi, se trouvait mal composée. Deux individus s'y comportèrent si grossièrement, que nous l'abandonnâmes à Fontainebleau. Je crus vraiment que nous serions en chemin victimes d'une bande de voleurs, dont les chefs se trouvaient parmi nous. Cette crainte fut également commune aux autres voyageurs. Nous couchâmes à Fontainebleau, et le lendemain un cabriolet nous conduisit à Montargis, puis une autre voiture à Moulins. J'ai rendu compte de ce voyage dans une feuille d'impression, qui parut à Aurillac, le premier janvier 1809. J'en parlerai selon l'ordre de mon récit.

Je demeurai six semaines à Guéret sans recevoir aucun ordre de changement. Je ne savais que penser de ce retard. Voulait-on me laisser nourrir encore mon aversion contre M. H., ou bien M. Amabert tâchait-il de me faire obtenir une inspection plus importante que celle du Cantal? Cette incertitude me précipitait dans une sorte de découragement qui aurait influé sur ma santé, si ma commission pour Aurillac ne me fût enfin parvenue. Elle était datée du jour même que j'avais quitté Paris. Comment était-elle restée si long-tems dans les bureaux? C'est à quoi je n'ai pu trouver d'explication satisfaisante.

Empressé de me rendre à mon nouveau poste, je vendis ma bibliothèque et presque tous mes meubles, ne voulant pas cette fois charger ma bourse de frais de transport par les montagnes, surtout quand je trouvais dans la vente un assez grand avantage. Mon successeur, fils de M. Cadet de Vaux, étant arrivé, je fixai mon départ aux derniers jours de mai. Un voiturier, nommé Barré, se chargea de me conduire avec ma femme et ma fille à ma destination; une sœur de madame Tixier devait nous accompagner à Clermont, et rester en cette ville.

Nous quittâmes Guéret, par une belle matinée, pour aller coucher à Mont-Luçon. Le lendemain nous visitâmes, en passant, les bains de Néris, connus des Romains. Un peu plus loin je vis des femmes laver des porcs, et les nettoyer, à l'aide de brosses, avec plus de soin qu'elles n'en paraissaient mettre à leur toilette. Ces pourceaux, si favorablement traités, logeaient au premier étage. J'ignore si la maîtresse de la maison les honorait de sa couche; mais il est certain qu'une tendre mère ne montre guère plus de sollicitude, et ne semble pas mieux aimer le doux fruit de l'amour conjugal.

Barré ne m'avait point dit que son cheval était borgne. Parvenus au sommet d'une montagne très-élevée, j'observai que, du côté gauche, la pente devenait excessivement rapide ; c'était précisément le côté du mauvais œil de notre cheval. La voiture s'approchait sensiblement du bord. La roue le touchait quand j'appelai Barré, qui jouait tranquillement avec l'enfant. Le tems pressait, car deux minutes plus tard nous aurions roulé d'une hauteur de mille pieds dans la prairie. Le soir, on nous apprit que trois semaines auparavant, au même endroit, une femme, dans une patache, était tombée ; qu'elle avait fait plus de cent tours avant d'atteindre la plaine ; que la voiture fut mise en éclats, le cheval tué sur la place, et que la femme, par une espèce de prodige, ne reçut que des contusions. Nous échappâmes fort heureusement à cette situation périlleuse.

En posant le pied dans Clermont, à peine étais-je au seuil de l'auberge, qu'une agile personne, ayant l'œil dirigé sur ma barbe, tenait en main les instrumens de sa profession ; elle m'offre ses services avec un flux de paroles que n'acquit jamais le plus intrépide barbier au cours de ses beaux ans. Ce Figaro femelle remplit si bien son ministère que, soit distraction de ma part ou légèreté de sa main, moi, qui suis si sensible au rasoir, je crus plutôt mon menton caressé qu'offensé. C'est l'unique fois de ma vie; j'en garderai long-tems le souvenir.

Voilà que le jour suivant, au moment de monter en voiture, M. Barré vient m'annoncer d'un air piteux et déconfit que son cheval, harassé, se trouve réduit à l'impossibilité d'escalader les montagnes de la Haute-Auvergne. « J'en suis fâché, mon cher Barré; la convention subsiste, il faut partir. — Je n'ai jamais fait ce voyage; on assure que les monts touchent au ciel. — Tant mieux, nous serons plus tôt en paradis. — Mais tous les voituriers attestent que mon borgne sera crevé avant d'arriver au Puy-de-Dôme. — Le borgne est bon, il peut aller, et moi je ne puis rester ici. — Comment faire? — J'ai payé pour être transporté à Aurillac, et je n'entends point qu'on me laisse à moitié route, en vue de contenter un caprice; allons, marchons. — Je vais vous donner une bonne voiture, un excellent cheval, un meilleur conducteur, et je le paierai. — C'est autre chose, voyons ce rare équipage. » En effet, un homme vint avec une charrette propre aux montagnes, c'est-à-dire aux cahots, tirée par un cheval qui, non-seulement avait deux yeux, mais semblait même pouvoir s'en servir pour son usage et notre espoir. Nous partons.

Le premier jour nous fîmes huit lieues. Le soir, le voiturier, au lieu de nous conduire dans une bonne auberge, ainsi que je l'en avais prié, nous mena dans le plus sale taudis qu'il y ait dans le

dernier faubourg de la dernière ville du monde.
Je me récriai contre ce lieu d'horreur; c'étaient
autant de plaintes adressées à la lune : il fallut y
dévorer l'affront d'un refus jusqu'à trois ou quatre
heures du matin. Ayant quitté ce cloaque, nous
prîmes la voie de Bort, petite ville sur la Dordogne, où naquit Marmontel. Cruelles aspérités,
ô trop durs rocs, que d'effrayans et douloureux
cahots ne causiez-vous point quand le bourreau
de charretier, allant au pas dans le beau chemin,
nous menait au trot sur vos sommets dans une
charrette non suspendue! Ah! quelles douleurs de
tête, de bras, d'entrailles! Il faut, d'honneur, avoir
commis les sept péchés capitaux pour devoir les
expier dans ces tourmens; c'est une véritable porte
d'enfer ouverte aux réprouvés; cependant je n'a-
vais point mérité la damnation en quittant M. H.

A Bort, je demandai des nouvelles de la famille
de Marmontel; on m'apprit qu'un de ses neveux,
tailleur, habitait cette ville, dont il avait gagné
l'estime par sa conduite et sa probité. Un autre
neveu, notaire à Aurillac, jouissait aussi d'une
réputation honorable, et digne, par ses vertus, de
celui qui avait rendu leur nom célèbre. De là, nous
poussâmes jusqu'à Mauriac, où l'auteur de *Béli-
saire* fit ses études, lieu qui, s'il est justement
vanté pour l'excellence de ses chevaux, n'est point
du tout recommandable par la propreté.

Enfin, à force de monter dans les airs et de descendre au fond des précipices, en suivant des

douzaines de zigzags à chaque montagne, nous découvrîmes la cité d'Aurillac, quatre fois aussi grande que celle de Guéret, et plus jolie, encore qu'enfermée par les monts, mais ayant au moins une rivière, la Jordanne, qui coule le long de ses murs. Je logeai dans l'auberge de Vissec aîné. A mon réveil j'eus la visite de M. Esquirou, receveur principal, qui me chagrina par le récit du désordre depuis long-tems établi dans la direction du Cantal.

FIN DU SIXIÈME LIVRE.

LIVRE SEPTIÈME.

Sur l'invitation pressante de M. Esquirou, je sortis de l'auberge où j'étais fort mal, pour habiter l'appartement de M. Demetz, inspecteur divisionnaire des ponts et chaussées, absent avec son épouse par congé. Il était à Paris, et ne devait en revenir qu'au bout de six semaines. J'eus ainsi le tems de chercher un logement, que je trouvai bientôt dans la même rue, chez M. Deconcan, où mon prédécesseur, ainsi qu'un vieux général, avait logé.

Le directeur des droits réunis se nommait Q. P. J'allai, le second jour de mon arrivée, lui rendre mes devoirs. Je ne trouvai que Madame, dont le gracieux accueil me retint jusqu'au retour de son mari. M. P. entre. Je vois un petit vieillard de soixante-six ans, haut de quatre pieds six pouces, avec une large bouche entièrement démeublée, la tête bien poudrée, et, dans le goût de sa toilette, le rival d'un Adonis. A peine a-t-il reçu mon salut, que le voilà commençant un air de vaudeville d'une voix tremblante et cassée; dansant, sautant, battant des entrechats à quatre et même à six; interrompant la danse pour tirer avec sa canne brusquement à la muraille sous dix ha ! ha ! et tombant hors d'haleine, après cette rude et volontaire corvée, à côté de moi, sur un canapé, dans les bras de sa femme qui lui caresse les joues, imbibe soudain un morceau de sucre d'eau de fleur d'orange, le lui glisse légèrement dans la bouche, et le rappelle au jour qu'il ne voyait déjà plus.

M. P., encore tout pâle de son exercice, se tourne vers moi, pour m'assurer que, bien que son extrait de naissance fût inscrit dans ses yeux, son tempérament était fort solide, ses membres musculeux, et ses jarrets pleins de souplesse. J'en savais déjà certainement assez pour apprécier les qualités physiques de mon directeur, chanteur, danseur et tireur : l'induction naturelle me conduisit à juger quel trésor de qualités morales devait résider dans une pareille cervelle. Dans ce moment se montre monsieur son secrétaire. A l'air important dont il s'avance, au pincement de ses lèvres, au sourire moitié patelin, moitié sardonique, où la gravité cherchait à se fondre, je m'aperçus que la direction tout entière était dans ses mains ; que M. Q., chétif pasquin, ne pouvait tenir la plume que pour écrire son nom ; que j'allais être appelé à travailler avec monsieur le commis, et que je recevrais ses ordres sous la signature d'un directeur-mannequin. Cette idée affligeante me fit abréger ma visite.

Quand je fus dans la rue, je me dis tout bas : Ah ! monsieur Vayron, qu'avez-vous entrepris ?

sortant de Carybde pour tomber en Scylla, comment échapperai-je à ce dernier gouffre? C'était bien la peine de faire tant de fois le voyage de Paris pour arriver, par une longue file de rochers, sous la conduite d'un vieux fou! Qui m'arrachera de ses mains? le travail et la patience. Allons, du courage.

Avec ce court soliloque, je dirigeais mes pas vers la préfecture. Je trouvai M. Riou sortant de table, et prenant le café avec plusieurs officiers de la garde départementale ; il portait l'uniforme de colonel de cette troupe. C'était un bel homme, fort gai, dans la vigueur de l'âge, mais aimant trop les plaisirs de la bonne chère. Je ne restai près de lui que cinq minutes, malgré ses instances pour me retenir. Je retournai de suite à mon appartement où m'attendait le receveur principal. Dès que M. Esquirou connut les plaisans détails de ma visite au directeur : « Ceci n'est rien, ou fort peu de chose, me dit-il, en voici d'autres, parmi cent faits semblables.

« M. Demetz invitant une fois un grand nombre de personnes à passer la soirée chez lui, M. et Mme P. y vinrent ensemble. Au milieu du jeu, l'on est tout étonné d'apercevoir le directeur des droits réunis, monté sur une table, chantant des couplets et faisant des gambades pour accompagnement. Vite, on quitte le jeu, on s'approche du turlupin, on l'entoure, on le félicite sur son joli goût de chant, on applaudit aux gentillesses de ses jambes. Madame P., à travers ces louanges produites par l'ironie, en démêle aisément le faux or, et souffle à bas bruit ces mots à son époux : « Descends, mon bon ami, l'on se moque de toi, sortons d'ici; l'air de la salle ne vaut rien pour ta gaîté. »

» Une autre fois, M. Riou, qui connaît son homme, lui donnant à dîner, fit retirer au dessert tous les domestiques : « Allons, dit-il, à M. P., en présence d'une douzaine de convives, nous sommes seuls; on assure que vous mariez fort agréablement le chant avec la danse; donnez-nous, je vous prie, un échantillon de vos rares talens; nous sommes tout prêts à les applaudir. Silence, Messieurs! M. P. va commencer. »

» Soudain le directeur prend huit flambeaux qu'il pose en deux rangs sur le parquet, porte les doigts aux basques de son habit, commence gravement, en chantant, le menuet d'Exaudet, tandis que les auditeurs, la main sur la bouche, pouffaient de rire. « Qu'entends-je ? s'écrie tout à coup le préfet. Quelle sorte de chant lugubre vous nous donnez là ! mais savez-vous bien que c'est une vraie musique d'enterrement? Allons, allons, M. P., exécutez-nous quelque chose de plus gai, de plus sautillant, de plus vif, de plus piquant aux oreilles délicates. » Alors, le directeur doublant la mesure, multiplie comiquement ses révérences avec ses pas et ses fredons, et donne, après le champagne, la meilleure comédie que l'on puisse voir à huis clos.

» Le sénateur Garran de Coulon, titulaire de la sénatorerie de Riom, vint dernièrement à Aurillac. M. Perret *, riche propriétaire de cette ville, voulut lui préparer une fête à sa campagne, éloignée d'une demi-lieue. M. P. s'y trouva. L'on se mit à table l'épée au côté. La table était fort large. Un plat d'écrevisses tenta le directeur. Les bras du pygmée ne sauraient y atteindre. Il prie ses voisins d'approcher le plat ; chacun, lassé de ses quolibets, feint de ne point l'entendre. Tirant alors son épée à la barbe du sénateur qui fit un mouvement de surprise, comme si l'on avait eu dessein d'attenter à ses jours, M. Q. enfile une écrevisse, chante victoire le glaive en main, criant trois fois : *La voilà !* M. Garran de Coulon se tourne vers le préfet et lui dit : « Avez-vous beaucoup d'originaux de cette force dans votre département ? — Peu, répondit M. Riou ; vous devez croire que celui-ci partage les honneurs du premier rang. »

M. Esquirou terminait à peine son récit, quand M. Deribié, surnuméraire du contrôle principal,

* Sa femme a jadis offert à la médecine un phénomène bien étrange. On la saignait depuis quinze ans, tous les deux jours, sans qu'on la vît prendre aucun aliment. Un célèbre médecin de la faculté de Montpellier, mettant au rang des fables l'existence d'un fait si merveilleux, est venu tout exprès à Aurillac, où la certitude a prévalu sur sa première opinion, après un long examen du traitement suivi par la malade.

vint me prévenir qu'un individu, pris en contravention aux lois sur le débit des boissons, souhaitait d'accommoder son procès par l'entremise d'un curé; je le fis entrer. Cet homme avait un panier contenant du beurre, des œufs et des truites. Il croyait, par son présent, diminuer l'amende qui l'attendait. Choqué qu'à mon début on eût voulu me séduire, je résolus de fournir un exemple qui, pour toujours, ôtât l'envie d'employer ces honteux moyens d'ébranler la fidélité des gens honnêtes. Je tins ce discours au délinquant : « J'avais l'intention de transiger avec vous moyennant soixante francs; mais vous n'avez pas craint de commettre une mauvaise action en tâchant de m'écarter du sentier de mes devoirs, vous paierez cent vingt francs ou nous plaiderons. — Eh! Monsieur, les employés des administrations ne sont pas si difficiles que vous ; c'est l'usage en ce pays de donner et de recevoir : les avocats le savent; vous pouvez les consulter. — Cela peut être ; chacun a sur la probité des idées qui lui sont propres ; les miennes consistent à ne jamais rien recevoir, soit de faibles, soit de grands dons. — A la bonne heure; mais j'ignorais votre délicatesse. — Vous l'apprendrez par ce seul fait. — Au moins réduisez la somme. — J'ai prononcé ; je reste inflexible. Voyez du reste le directeur ; ma décision demeure soumise à son approbation. » L'homme versa les cent vingt francs dans la caisse du receveur principal. On pense bien que, depuis ce jour-là, nul ne s'avisa de m'offrir des présens. **M. P.** paraissait bien moins rigide que moi, car non-seulement les cadeaux d'inconnus arrivaient sur sa table, mais il les recevait même de ses propres employés.

Averti que le service de la garantie était fort négligé, je visitai les orfèvres d'Aurillac, accompagné du receveur principal, du contrôleur des monnaies et du commissaire de police. Le premier chez qui l'on se présenta disparut à notre arrivée ; sa porte, ouverte dix minutes auparavant, se trouva close. Je conçus des soupçons de fraude. Une autre porte nous permit d'entrer ; mais celle du magasin étant fermée, on nous dit que le propriétaire venait d'en emporter la clé. Je requiers le commissaire d'appeler un serrurier, qui l'ouvrit fort lentement. Le contrôleur de la garantie examina les principales pièces d'orfévrerie.

Pendant ce tems, la femme de l'orfèvre jetait les hauts cris, en se plaignant, devant la foule, que l'on exerçât tant de sévérité. Elle manda son parent, l'inspecteur des contributions directes du département, qui porta sans réflexion ma démarche au niveau des actes arbitraires. Afin de répondre à son étourderie, j'ouvre un recueil de lois sur la matière, que je lui mets sous les yeux ; « puis, ajoutai-je en m'adressant à la femme, avez-vous ici affichée cette même loi?—Non, Monsieur. — Vous voyez clairement, Madame, qu'éludant cette obligation, vous encourez une amende de deux cents francs. Vous avez donc un très-grand tort de remplir ainsi le voisinage de vos plaintes. Il ne tient qu'à moi de dresser procès-verbal de cette contravention; mon devoir me l'ordonne, mais je veux bien aujourd'hui le sacrifier à votre avantage. » Cette femme se tut soudain, reprit la parole afin de me remercier de mon procédé, s'excusa sur son ignorance des lois concernant son état, et devint en un tour de main aussi polie qu'une dame de cour.

Notre visite produisit un salutaire effet. La crainte amena tous les orfèvres au contrôle de la cité. Le droit, qui ne s'élevait qu'à douze cents francs, fut porté dans l'année à près de cinq mille; et le public, loin d'appuyer les clameurs de quelques fabricans enclins à la fraude, demeura satisfait de pouvoir désormais acheter avec confiance des objets dont la valeur n'était plus douteuse.

Le contrôleur de la garantie, en rendant compte de l'action du serrurier, désira savoir de l'administration des monnaies si j'avais opéré dans le cercle tracé par la loi. Les administrateurs lui répondirent, par une lettre qu'il me montra, que j'avais précisément fait tout ce qu'elle ordonne.

Les nouvelles reçues des arrondissemens me donnaient lieu de penser que l'ordre était loin d'y régner. Je souhaitai de m'en assurer plutôt par le témoignage de mes yeux que par les rapports, qui n'offrent jamais la même certitude. Je me hâtai de commencer une tournée générale au milieu du mois, époque où le service du contrôle principal m'accordait plus de liberté. Je trouvai dans celui de Mauriac d'assez grandes irrégularités que je fis aisément disparaître. Ensuite je poussai vers Murat. Je fus trompé sur la longueur du chemin; de sorte que, surpris par la nuit au bas du Liorant, voyageant seul à cheval, suivi d'un petit chien lion, je ne savais plus où me diriger. Mon cheval, soit qu'il eût peur des loups, des sangliers, des ours, dont les rochers et la forêt de sapins sont remplis, ou que la fatigue le retînt, insensible à la voix comme à l'éperon, refusait de marcher. Je descendis afin de le tirer par la bride, et le frappai du fouet inutilement. Le chien, à peine âgé d'un an, découvrant peut-être avec mon embarras mon intention, va sans commandement par derrière, aboie, mord les jarrets du cheval, et l'oblige enfin d'agiter ses jambes jusqu'à Murat, dont je n'étais plus éloigné, sans le savoir, que de trois quarts de lieue.

Le lendemain, je vais droit au contrôle principal; j'y trouve le conventionnel Lej...., qui en était le chef, et qui consacrait moins de tems aux travaux de la régie qu'à ceux du barreau. Je savais que, dans son proconsulat, il avait mis sous l'empire de sa volonté de nombreuses proscriptions dont le terme était l'échafaud; mais j'ignorais qu'au fort de sa puissance, il se donnât l'amusement cruel, barbare, féroce, en présence des convives, de l'exercice d'une petite guillotine dont il usait pour trancher en riant la tête des poulets servis sur sa table. Lej..., un peu au dessous de la moyenne taille, avait en 1807 quarante-quatre ans; ses traits, fortement marqués avant l'âge, semblaient être le résultat de grandes passions, dont la source ne vient pas d'une ame généreuse. On observait dans son regard une disposition prochaine à la fureur; sa bouche était prête à frémir. Quand il voulait rire, les muscles de sa face, en se contractant, formaient une sorte de grimace qui blessait la vue; et toute sa physionomie offrait des signes d'un trouble intérieur, non pas l'agitation du remords, mais peut-être celle de la méchanceté trompée dans son but.

En vérifiant ses opérations et les registres de son receveur principal, il me fut aisé de me convaincre que le mouvement de la direction du Cantal était mal imprimé; que chaque chef d'emploi dirigeait son contrôle à sa manière, et que, les abus suivant le cours de la routine, le Trésor perdait beaucoup de droits par une surveillance très-vicieusement établie. Je tâchai de remédier au désordre, en ramenant l'unité d'exercice et de comptabilité dans le département. J'eus soin de confier par écrit ce mode aux registres.

Après le travail de la matinée, Lej.... m'accompagna sur les bords de l'Alagnon; et là, désireux d'entamer un sujet politique, il se plaignit amèrement de Bonaparte, fit entendre ses regrets de voir la république éteinte sous la domination de ce conquérant; avouant sa propre correspondance avec d'anciens collègues de la convention, et me prouvant par la naïveté de ses aveux que, si le pouvoir revenait un jour en ses mains, ainsi qu'il en conservait encore l'espoir, beaucoup de grands personnages seraient enveloppés dans ses vengeances. Je le quittai pour me rendre à Saint-Flour, fort surpris d'une confidence si peu commune.

Je vis le contrôleur principal de cette ville, M. Prié, homme aimable, dont la bonté se peignait naturellement dans le regard. Compatriote de M. Français, il était arrivé sur ce rocher à la suite de fournitures faites à deux bataillons espagnols, qui l'avaient ruiné. Il semble que les ordres du directeur général n'étaient pas toujours exactement suivis; car, sans s'arrêter à l'exemple de Dubouys, dans une autre circonstance, après le dîner, se promenant avec M. Vayron et plusieurs personnes étrangères à l'administration, M. Français s'écria : « Mais que fait donc Prié à Saint-Flour? Je l'avais nommé dans la Drôme. » L'inspecteur général s'approcha de l'oreille du conseiller d'état, et lui dit quelques mots dont M. Français parut se contenter.

L'arrondissement de Saint-Flour offrant aussi des vices d'administration, j'exigeai l'uniformité des mesures que je venais de prescrire ailleurs : M. Prié s'y conforma de suite. J'étendis mon inspection jusqu'à Massillac. Le receveur à cheval de cette résidence était un homme âgé, boiteux, émigré, sans d'autres moyens que de la bonne volonté pour remplir ses devoirs. Il me confessa très-ingénument son peu d'aptitude au service, et qu'il n'avait jamais pu comprendre le sens des circulaires, nonobstant tous ses efforts pour les lire et relire sans cesse. Il était encore plus avancé que M. P., qui, de sa vie, n'acheva la lecture d'une seule. Ce receveur me conduisit chez son ami, M. Despinchal, propriétaire du château de Massillac, le seul homme de France peut-être en qui la mémoire des noms fût un prodige.

Dès que, après les premiers complimens ordinaires, j'eus pris un fauteuil : « D'où êtes-vous? me demanda M. Despinchal. — De Pavilly. — De Pavilly? La première maison de votre bourg est celle de Leroux, baron d'Esneval. — Vous citez juste, et je ne saurais qu'applaudir à l'organe de la vérité ; mais avoir incontinent sur les lèvres le nom d'un baron dans une bourgade du pays de Caux, située à cent quatre-vingts lieues de votre solitude, est un phénomène qui a droit de me plonger dans l'étonnement. — Vous seriez donc bien plus surpris encore si j'allais vous nommer, comme j'en ai le pouvoir, toutes les familles nobles et considérables de France, avec leur pays et leurs armoiries ! — J'avoue que tant de science me confondrait. » Il voulut me retenir à dîner, mais je n'acceptai point son invitation.

Voici une rencontre qui peint tout l'homme. M. Despinchal, étant un soir au théâtre de Molière, à Paris, vit un individu courant de loge en loge, et paraissant inquiet. Comme il s'approchait de M. Despinchal, celui-ci lui demanda ce qu'il voulait : « Je cherche ma femme. — Etes-vous bien assuré qu'elle soit en ce lieu? — Oui. — Attendez, je vais vous la montrer. » M. Despinchal se lève, examine avec attention chaque loge, et lui dit : « Monsieur, votre femme est dans la quatrième loge du second rang. — Comment? vous la connaissez donc? — Non, c'est la première fois qu'elle se montre à mes regards; mais de toutes les dames que j'aperçois, elle est précisément la seule qui me soit inconnue. »

En retournant à Aurillac par Murat, je reconnus que Lej.... n'avait suivi aucune de mes observations. Je ne lui dissimulai point mon mécontentement de cet écart, et je lui prescrivis cette fois l'exécution de la règle que l'avantage du service me faisait mettre en vigueur. Il feignit d'approuver l'ordre, bien résolu de l'enfreindre. Lej...., ainsi qu'à la convention, se croyait tout permis. Le commandement de ses chefs n'avait nulle prise sur sa volonté; il ne l'écoutait que lorsque la voix de l'administration demeurait d'accord avec le consentement de son esprit : autrement, rebelle à tout, il foulait aux pieds la plus importante remarque, dès qu'il se refusait à la goûter. Je trouvai bientôt le moyen, sans vouloir nuire à son emploi, de l'éloigner du Cantal, dans l'intérêt même du Trésor.

Arrivé à la direction, j'adressai, comme je le devais, le rapport de ma tournée à M. P., ou, si l'on veut, à son commis; car, pour le bonhomme, dont une circulaire imprimée ne pouvait jamais fixer l'attention, il est plus que douteux qu'il dût lire un rapport manuscrit auquel il n'aurait rien compris. Le paquet fut remis à ma domestique, afin qu'elle le déposât dans les mains du directeur. Cette femme ouvre les premières portes et ne rencontre personne. Entendant un bruit d'instrumens dans le salon, elle frappe; elle entre; elle voit M. et madame P. exécutant une valse au son d'un orgue de Barbarie, dont la manivelle était tournée par François, le domestique, en présence de la servante, qui, tenant lieu d'un public de goût facile, applaudissait de la tête et du pied le couple valseur, tandis que M. P., au bout du salon, sans ralentir le mouvement imprimé à ses jambes, fait un noble signe de la main, exprimant qu'il va recevoir le paquet quand l'ordre de ses petits sauts le ramènera vers l'autre extrémité de la pièce. En effet, sans interrompre ses jolis pas, il prend gravement des mains du porteur le rapport qu'il met dans sa poche, et continue sa danse avec un flegme tout-à-fait comique; appuyé sur le bras de sa tendre moitié, qui, pour l'honneur de la paix du ménage, est obligée de se prêter à la folie de son écervelé pasquin*.

Dubouys, receveur dans la Creuse, venait d'être nommé contrôleur de ville à Niort, peu de tems après que M. Français m'assura l'avoir destitué. Cet employé, se rendant à Paris, avait laissé un tel désordre dans sa caisse, que l'on y reconnut un déficit de huit mille francs. L'administration chargea de ce débet le directeur, qui fit arrêter la malle du receveur au roulage de Limoges. M. H., malgré tous les avis que je lui avais donnés sur la conduite de Dubouys qu'il s'opiniâtrait à considérer comme l'aigle de ses commis, forma l'honnête projet de porter le déficit sur mon compte : mais la régie répondit que l'inspecteur ne méritant aucun reproche en cela, lui directeur était entièrement responsable de la prévarication, pour avoir négligé les moyens de surveillance qui sont à la disposition des chefs de service, moyens capables de justifier la rigueur des devoirs qu'on leur impose.

Dubouys, à Paris, avait déjà vu M. de Tournon, dont le zèle pour les intérêts de son protégé pressait si fort son avancement, qu'un contrôle ambulant lui était promis avant un mois. Quand la nouvelle de son déficit parvint à M. Français,

---

* Si l'on pense qu'en parlant de mes directeurs, j'écris sous l'empire de la passion, je n'ai d'autre excuse à produire que mes véritables sentimens, nés de leur conduite envers moi, et qu'une franchise austère m'empêchera toujours de déguiser.

le conseiller d'état s'empressa d'en informer M. de Tournon, qui ferma soudain sa porte à Dubouys, en lui disant qu'il ne recevait jamais de fripons chez lui. Dubouys, attéré de ce coup de foudre, apprenant que sa malle était retenue, va dîner chez un restaurateur du Palais-Royal, lui vole un couvert d'argent, est arrêté sur l'heure et remis entre les mains des agens de police, qui le conduisent à la préfecture. En chemin, Dubouys tire, sans être aperçu, un pistolet de sa poche, et met fin à ses vols en s'ôtant la vie. Voilà le modèle des commis de M. H. ! Ce directeur a pu, je ne sais comment, se dérober au poids de sa responsabilité, en refusant d'acquitter la dette de son aigle ; mais le Trésor s'en est chargé. Il demeure évident, d'après le grossier détour de mon chef, que, sans mes rapports confidentiels précédemment transmis au directeur général, la conduite de ce Dubouys m'exposait au double danger de payer ses rapines avec ma bourse, et de répandre sur mes obligations la couleur d'une impardonnable incurie.

M. Demetz arriva de Paris dans ce tems. Je lui fis une visite pour le remercier de son logement, et pour avoir occasion de former une liaison avec un fonctionnaire aimable, dont l'inspection embrassait sept départemens. M. Demetz vraisemblablement n'existe plus aujourd'hui, car il avait alors près de soixante-huit ans. C'était un homme joyeux, dont les yeux, spirituels comme son langage, étaient fort animés. Il joignait au ton de la bonne compagnie une élocution si aisée, si claire, si brillante, si rare, que je ne pense point avoir rencontré son égal dans la conversation. Doué de divers talens, il se livrait avec autant de plaisir que de succès aux nombreux travaux exigés par sa profession. Madame Demetz ne possédait pas, comme son mari, le trait piquant, orné de la fleur des plus heureux souvenirs; mais, en revanche, unissant la politesse à la bonté, ses discours ne s'étendaient qu'en bienveillance. Je dînais quelquefois chez eux, et toujours avec contentement.

J'avais pour voisin un honnête homme, riche commerçant, nommé Bonnefond, qui jadis connut beaucoup le fameux Carrier. Il me dit un jour : « Je ne conçois pas comment cet être a pu commettre tant d'horribles excès. Je n'ignore point que la plupart furent le produit des ordres du comité de salut public, et que l'on a soustrait ces pièces au moment de son arrestation; mais enfin on doit admettre comme un fait certain que des atrocités sont aussi le résultat de sa conduite volontaire à Nantes. Il faut qu'il ait existé dans divers tems deux sortes d'ames en ce conventionnel. Je l'ai vu d'une humeur égale, douce, paisible, ayant une telle horreur du sang qu'il ne pouvait, sans pâlir, voir couler celui d'un poulet. Je ne lui connaissais d'autre défaut que d'être un peu taciturne*. Il m'est impossible de comprendre qu'un tranquille Auvergnat, dont personne n'eut à se plaindre dans sa jeunesse, ait été, par les circonstances orageuses de la révolution, transformé en un monstre sanguinaire, quand il pouvait semer, parmi nos montagnes, des vertus édifiantes sur ses vieux jours. Son frère, commissaire des guerres ici, que vous apercevez souvent aux promenades, a la stature et tous les traits du député ; mais son ame est totalement différente, puisque, au lieu d'écouter la voix du crime, elle a constamment suivi celle de l'honneur. »

Je reçus alors une nouvelle qui me fit un plaisir bien sensible ; c'était le passage de M. Daudignac à la division du personnel, dont il prit les rênes, à la grande satisfaction des employés en qui la probité réside. M. Daudignac, fils du directeur des aides de Lyon, jouissait de quinze mille francs de rente, doublés encore par ses nouveaux émolumens. Ceux qui l'ont fréquenté savent qu'avec une physionomie pleine de douceur, il joignait un jugement solide au goût du travail, et la droiture à la bonté. Nul n'a mieux mis en pratique les conseils de la prudence, ni mieux

---

* M. Esquirou m'a déclaré que Carrier, adolescent, fut chassé de l'étude de son oncle, procureur, pour avoir commis plusieurs faux de la valeur d'environ dix mille francs. Marat demandait deux cent mille têtes afin d'asseoir la république sur un fondement durable ; mais Carrier se contentait d'un contingent de cinq cents têtes pour son département.

connu les détours qu'il faut prendre pour arriver au but avoué par la raison. Délicat jusqu'au scrupule, l'ombre d'un présent qui ne lui serait point venu d'un ami, et sans vernis d'intérêt, l'eût offensé; mais alors une froide politesse aurait couvert son ressentiment, de peur de blesser encore celui qui l'eût causé. Il m'écrivait de tems en tems, et toujours je recevais de sa plume des avis paternels qui, mieux suivis, m'auraient épargné bien des soucis, que m'attiraient trop souvent, avec l'ardeur du bien, la pétulance et la franchise.

Un jour d'été, à quatre heures et demie du matin, je suis éveillé soudain par un mouvement dont l'effet, penchant mon lit presque entièrement de côté, allait me jeter à terre. Je m'écriai: « Hé, quoi ! la maison va-t-elle tomber ? » Au même instant mon lit se redresse, et semble rouler sur le dos d'une vague, ou sur celui d'un homme posé sur les mains et les genoux, essayant de le soulever, tandis que dans la cheminée j'entendais un grand bruit comme le fracas causé par une vingtaine de solives tombant l'une sur l'autre à la fois. C'était la suite d'un tremblement de terre, qu'à mon second réveil j'avais pris pour un songe. Il renversa dans la ville beaucoup de cheminées, plusieurs murs, dura huit ou dix secondes, et se fit sentir de l'est à l'ouest dans une direction de quatre-vingts lieues.

Un mois après, j'eus le désir de faire un voyage à Limoges. Partant assez tard d'Aurillac, je m'arrêtai dans une auberge de village, à cinq lieues de là. Au bout d'une demi-heure, je la quittai pour me diriger sur la petite ville d'Argentat : on m'en indiqua le chemin. La nuit approchait, il pleuvait : je m'égare ; je cours dans des sentiers, dans des creux, sur des monts, sans espoir de trouver un homme qui me remette sur la bonne voie. Surpris par l'obscurité, je passe dans un champ que bordait une haie, et qui semblait uni ; c'était une fondrière ; le cheval s'y enfonce : j'ai beaucoup de peine à l'en retirer. Il rompt sa croupière dans les efforts. Il était tremblant ; je le caresse de la main et de la voix : il n'osait avancer ; la crainte me retenait aussi. Je me serais déterminé à coucher là, malgré le froid d'automne, si un arbre eût pu me prêter quelque abri contre la pluie.

En tâtonnant du pied le terrain, je sens qu'il offre un peu de résistance dans un endroit voisin de ma chute. Une secousse de l'animal m'avait jeté sur le bourbier en me blessant légèrement. Je remonte à cheval et traverse la plaine. A l'extrémité de la haie, j'entends une toux d'homme. Bon Dieu ! me dis-je, quand celui-ci serait un voleur, que je serais heureux ! Il s'approche de moi, me parle, m'annonce qu'il croyait que nous étions deux personnes, en ce que j'encourageais mon cheval assez haut. Les ténèbres m'empêchaient de distinguer l'individu. Sur sa proposition, je le suis un quart de lieue. Durant le trajet, il m'entretient du peu de sûreté qu'offre le pays contre les voleurs ; il m'assure que les gendarmes n'osent y pénétrer ; il ajoute que, trois semaines auparavant, dix-sept misérables avaient expié leurs forfaits sur l'échafaud de Tulle.

Nous arrivons dans un bois au milieu duquel on voyait une maisonnette. Je descends de cheval. J'entre en ce lieu à la lueur d'une vieille lampe, éclairant un mouton fraîchement éventré. J'avoue que cet aspect ne me plut d'aucune façon ; mais il fallait passer la nuit quelque part : où aller ? Lorsque la tremblante lumière de la lampe m'eut permis de considérer mon conducteur, je demeurai très-peu rassuré. C'était un petit homme de quatre pieds dix pouces, dans la vigueur de l'âge, fort nerveux, ayant des yeux noirs, très-enfoncés et surmontés d'épais sourcils, des rides prononcées sur son visage, dont les traits, révélant une ame damnée, portaient autour de lui un juste effroi : je ne pus me défendre de cette impression.

Remarquant sur sa veste des boutons où figurait une ancre, je lui demande s'il a servi sur mer. — Oui. — Combien de tems ? — Seize ans. — Sur quel vaisseau ? Il balbutie, en montrant le désir de souper avec moi ; j'y consens. On nous sert une omelette, rien de plus. La physionomie de ce convive me parut si horrible, que je quittai la table aux premiers morceaux.

Cependant je rentre. Il renouvelle bientôt les craintes que ce lieu isolé inspire. Je fais alors le rodomont pour l'effrayer. Je parle de l'emploi terrible d'une paire de pistolets doubles, que je n'ai point, mais qu'il croit en ma possession. Il faut se coucher : une échelle mobile, au défaut d'escalier, m'aide à monter au premier étage, c'est-à-dire au grenier. La porte ne fermait point. Je commets la faute de me déshabiller, ayant toutefois l'attention de placer mon porte-manteau sous ma tête. A peine étais-je au lit, que le prétendu marin s'introduit dans mon bouge, sous prétexte d'allumer un bout de chandelle, mais dans le vrai but d'examiner ma position. Dieu sait avec quelle fureur je relevai cette incartade !

A trois heures du matin mon homme était debout. Je me levai presque aussitôt. Je monte à cheval ; il avait dessein de me servir de guide à quelques centaines de pas de là ; mais la vue des arçons qu'il imaginait garnis le fit changer de résolution. Je partis seul. Je m'égarai de nouveau dans les bois et la montagne. J'errai pendant un demi-jour au milieu de ce désert, ne rencontrant personne, bien que ce fût un dimanche. Enfin, je découvre Argentat. Je traverse la ville sans m'arrêter. La route jusqu'à Tulle est étroite ; elle longe d'un côté les rochers, de l'autre elle touche à la Dordogne en quelques endroits. Un vaste trou, profond, au niveau de l'eau, avançait alors sur le chemin, et laissait à peine un passage libre aux voitures. Cette observation me frappa.

A mon retour de Limoges, j'arrivai l'après-midi à Tulle ; j'aurais dû m'y reposer ; la prudence, autant que la fatigue, me le conseillait, avec d'autant plus de raison que la pluie, tombant en abondance, devait retarder ma course ; mais j'espérais me rendre avant la nuit fermée à la ville d'Argentat. Vain espoir ! A deux lieues de cette cité, les ténèbres devinrent si épaisses, que je n'ai jamais rien vu de semblable. Le bruit de la rivière, dont les eaux débordées baignaient les rochers, indiquait à mon oreille que j'étais près de son lit. Je fermais les yeux, essayant de toucher le mont avec ma cravache, pour m'assurer que je m'éloignais du fleuve. Quand le pas du cheval m'annonçait qu'il marchait dans l'eau, j'éprouvais la perplexité de savoir si ce bruit sortait du torrent ou des eaux pluviales. J'entre enfin dans Argentat, où je fus vertement tancé par une hôtesse inconnue, de ce que je voyageais si tard et par un tems aussi affreux. Alors je me souvins que mon cheval avait évité le précipice, dont le tour, au premier passage, fixa mon attention. Nouvelle preuve qu'il faut confier au cheval sa propre conduite en pareille occurrence.

Parvenu, le lendemain, à la même auberge où l'on m'avait indiqué le chemin d'Argentat, mon noir conducteur s'offre à mes yeux en s'informant de mes nouvelles. On pense bien que la froideur de mon accueil lui ôta l'envie de suivre l'intérêt qu'il semblait me porter. Ayant adressé à l'hôte diverses questions sur ce personnage, il me répondit : « On le nommé Genty : j'aimerais autant rencontrer un tigre dans une forêt que ce vilain homme. Il a passé seize ans aux galères pour ses hauts faits. En ce moment il sort des prisons d'Aurillac. S'il ne vous a point arrêté à la sortie du champ, c'est qu'il a pensé qu'un autre voyageur vous accompagnait. Ce misérable, la terreur de notre commune, finira bientôt par se faire trancher la tête. Si vous êtes prudent, partez de suite pour Aurillac, tandis qu'il est encore jour: » Je mis en exécution cet avis ; mon départ fut prompt. J'appris à ma résidence que l'aubergiste n'avait aucunement calomnié cet horrible Genty *.

Mon hôte, Deconcan, m'ayant fait, après ce voyage, une visite assez longue, me rapporta deux traits que je dois consigner ici. Suivant ma coutume d'apporter une extrême sobriété dans les réflexions, je dois laisser au lecteur le soin de s'y abandonner, selon la mesure de son goût. Le premier trait, il est vrai, n'en est guère susceptible; mais le second, par sa nature, en comporte beaucoup.

« Je vais souvent à la chasse ainsi qu'à la pêche,
» dit M. Deconcan. Un jour, à deux lieues de
» cette ville, j'entre dans une petite rivière, lais-
» sant mon fusil sur le bord. En mettant la main
» dans l'eau, je sens une truite que je caresse du

---

* J'ai publié le même passage au second volume du *Moissonneur*.

» doigt, pour lui pincer les ouïes. Tout à mon
» action, j'incline la tête sur un buisson d'où par-
» tent des sifflemens aigus. A l'instant une vipère
» s'en élance en fureur, me mord au-dessous du
» nez, m'y laisse trois blessures dont voici les
» cicatrices. J'arrache aussitôt le serpent attaché
» à ma lèvre supérieure, et le précipite au milieu
» de la rivière. Le reptile en courroux continue
» ses sifflemens ; j'y mets fin par sa mort, d'un
» coup de crosse de mon fusil. Je lave soudaine-
» ment les plaies ; j'y verse quelques gouttes d'al-
» kali volatil, que toujours j'emporte avec moi ;
» j'en avale un peu, puis je sors de l'eau, me
» chaussant lestement, et me dirigeant en hâte
» vers un château voisin. Dans la route je me sens
» incommodé ; l'enflure se déclare ; je bois en-
» core plusieurs gouttes d'alkali. On se met à
» table ; la moitié de ma tête grossit à vue d'œil.
» La nourriture que je prends est sans force et
» sans saveur ; elle me paraît transformée en une
» poignée de gravier sous le palais. Toute la partie
» gauche de la tête, depuis le cerveau jusqu'au
» menton, devient paralysée. Mes idées s'affai-
» blissent, elles manquent de liaison, je les perds
» entièrement ; je me sens tomber dans la stupi-
» dité. Cependant, vers le soir, l'enflure ayant
» atteint son *maximum* d'intensité, décroît sen-
» siblement : en peu d'heures elle se dissipe. Le
» lendemain j'étais guéri. Six mois s'écoulent. Je
» ressens une grande douleur au pied gauche ; une

» humeur noire en sort; c'était le venin de la
» vipère. »

Voici l'autre fait : « Vous occupez, continua
» l'hôte, la chambre et le lit du vieux général N.
» Le cabinet, où couche votre demoiselle, en-
» fermait un trésor dans une malle. Chaque jour
» le général y comptait ou pesait ses louis, dont
» la valeur montait à deux cent mille francs. Un
» domestique le servait depuis très-long-tems.
» L'officier tomba malade. Au bout de neuf jours
» il fut en grand danger de mourir. Son valet
» vint me trouver le soir, et me communiqua sa
» pensée de cette façon : « Monsieur Deconcan,
» il est sûr que mon maître ne passera point la
» nuit; vous savez qu'une somme énorme est dans
» son coffre. Si vous voulez me promettre de
» me faire une rente de cinq cents francs, je l'a-
» chèverai tantôt, en lui mettant le pouce sur le
» canal de la respiration, et tout son or coulera
» dans vos mains. Le secret, connu de nous deux
» seuls, sera bien gardé. Votre fortune deviendra
» complète, et ma petite rente me suffira pour
» vivre heureux. » Je rejetai cette infâme propo-
» sition, qui n'eut point d'effet, car le général
» recouvra la santé. Quand il fut entièrement ré-
» tabli, je lui dis : « Général, vous devriez ren-
» voyer votre domestique. — Pourquoi donc ? —
» C'est un brave homme, qui me sert avec fidé-
» lité depuis trente ans. — Je veux le croire; mais
» si vous suivez mon conseil, vous aurez lieu de

» vous en applaudir. — Expliquez-vous, sans quoi
» je ne saurais mettre à la porte un honnête ser-
» viteur qui me témoigne à toute heure l'affec-
» tion qu'un tendre fils montre à son père, et
» qui sacrifierait sa vie pour sauver mes jours;
» il jouit de toute ma confiance, et ne fait rien,
» selon moi, pour la perdre. — La discrétion doit
» retenir mes aveux; il suffit que je vous répète
» qu'il faut éloigner au plus tôt cet homme. —
» Non, votre silence, quand mes questions vous
» obligent à le rompre, conservera près de moi
» Joseph, le seul être au monde qui veille à mes
» besoins, et surtout à ma santé. — En ce cas,
» ma bouche est close, n'en parlons plus. »

» Le général partit d'Aurillac six semaines
» après, emmenant au fond du Midi son prétendu
» fidèle domestique, ce bon, cet humain, cet
» honnête Joseph, qui, trouvant trop longue l'a-
» gonie de son maître, voulait, d'une main douce,
» abréger ses douleurs en l'étouffant *. »

L'administration, se reposant sur moi du soin
d'établir l'ordre dans la direction du Cantal, me
félicitait de mon zèle en ses lettres, qui tombaient
quelquefois sous les yeux de M. P. Le directeur,
soit distraction, soit curiosité, les lisait, et me
les renvoyait avec de grandes excuses d'en avoir
rompu le cachet. Son commis ne manquait pas
l'occasion de lui faire observer que les compli-

* Le domestique de M. Decrès, qui fit périr ce ministre par l'effet
de la poudre, le servait aussi depuis trente ans.

mens qui m'étaient adressés quand lui, premier chef d'emploi, recevait des reproches, ne tendaient qu'à m'élever à sa place pour le ravaler à la mienne. Il est naturel de croire que la vanité de M. Q., qui se nommait sans façon l'*Empereur des droits réunis du Cantal*, devait se tenir grandement offensée de la rupture de l'équilibre entre nos deux pouvoirs. De là du mécontentement de sa part envers moi, déplaisir encore aggravé par le commis, dont l'esprit beaucoup trop jaloux de ses droits qu'il croyait usurpés, soufflait sans relâche le feu de la discorde, et lui déclarait hautement que son autorité directoriale étant avilie, son devoir et son honneur l'obligeaient d'aller à Paris réclamer le maintien de la puissance due à sa qualité. C'est précisément ce qui pouvait former l'objet de tous mes vœux; car, pour connaître l'homme public dans sa pureté d'intelligence, il fallait le voir *en corps et en ame*, dépouillé de cette vieille enveloppe dont le couvrait son cher aide-de-camp, M. le secrétaire. Une circonstance vint déterminer ce départ, qui pourtant n'eut lieu que quelques mois après.

Le directeur ayant donné au receveur principal un ordre contraire aux instructions, M. Esquirou s'y conforma. En vérifiant ses registres, je m'aperçus de cette erreur. Avant de la corriger, j'en prévins le directeur, qui voulut y persister, en affirmant qu'il avait suivi le vrai sens des circulaires. Comme, en maintenant cette faute dont les suites devaient nécessairement jeter le désordre dans les comptes de fin d'année, je me préparais de grands embarras, je me vis contraint d'en appeler à l'administrateur de la comptabilité, qui m'intima l'ordre de rectifier incontinent l'erreur du directeur, et de lui donner avis de cette décision. C'était assurément appliquer, bien malgré moi, deux beaux soufflets sur les joues de mon chef; mais comment faire? Il fallut obéir en lui adressant copie de la lettre de la seconde division. La colère de M. Q., excitée par le commis, ne peut se décrire que par une attaque de nerfs qui la suivit, et que la main de madame P. sut calmer avec un peu de sucre arrosé d'eau de fleur d'orange, selon sa coutume.

Dans ma dernière tournée, je m'étais aperçu que les produits de l'arrondissement de Murat, comparés aux dépenses, étaient beaucoup trop faibles pour y maintenir un personnel aussi nombreux. D'un autre côté, la ville de Murat n'est éloignée de Saint-Flour que de trois lieues. Il me parut tout simple de réunir les deux arrondissemens, et de fondre dans celui de Saint-Flour le contrôle principal de Murat. Par ce moyen, je supprimais plusieurs employés et les deux chefs. J'augmentais les produits par une surveillance mieux entendue, et j'éloignais des procès l'indocile Lej...., qui ne cessait d'agir en petit despote à Murat. L'administration m'écrivit qu'elle goûtait mon projet, mais qu'avant de l'exécuter, elle allait envoyer sur les lieux un inspecteur général dont le rapport fixerait sa détermination.

Cet employé supérieur vint en effet au Cantal ; c'était M. Lemaître, ancien directeur des aides, chef de division sous M. Frignet, et beau-frère du député M. Dumolard : M. Rivet, contrôleur extraordinaire, l'accompagnait. Aussitôt que je sus leur arrivée à Saint-Flour, j'allai jusqu'au Liorant au-devant d'eux. Nous entrâmes dans Aurillac, et soupâmes ensemble à l'auberge. M. P., le lendemain, voulut les recevoir à dîner, mais je fus, ainsi que le receveur principal, exclus de l'invitation. Je prédis à M. Lemaître qu'après le repas, M. Q. les régalerait de son joli filet de voix, et que, rival de Vestris, il danserait la gavotte. Ces messieurs prirent ma prophétie pour un trait de plaisanterie, se refusant à croire qu'un fonctionnaire presque septuagénaire, chef d'une grande administration dans tout un département, ferait, en leur présence, le baladin, à dessein de montrer que, si le cours de la nature lui avait enlevé la dernière de ses dents, cette même nature recueillait toutes les forces du vieillard pour les déposer dans les muscles de ses jarrets.

La prédiction s'accomplit ; l'homme commença par leur dire beaucoup de mal de moi ; et la plus terrible preuve qu'il pût leur offrir de l'extrême irrégularité de ma conduite en administration, car, pour mes mœurs, il daigna bien avouer qu'elles étaient irréprochables, se tira d'une de mes lettres, où je lui disais : « Monsieur le directeur, j'ai l'honneur de vous inviter, etc. » Il traduisait le mot *inviter* par celui d'*ordonner*, tandis que moi, je lui donnais le sens de *prier*. Ensuite il fredonna très-comiquement, en égarant sa pauvre tête dans un flux de paroles grivoises ; puis il termina la fête par un tir à la muraille, et quelques danses au son de son bel orgue.

Dès le soir même, M. Rivet m'accorda gain de cause en me racontant ces détails, qui nous amusèrent autant par le récit qu'ils avaient paru plaisans deux heures plus tôt. M. P., donnant un plein essor à sa gaîté devant l'inspecteur général, dépassa de beaucoup encore l'immense réputation que lui avaient acquise tant d'exploits domestiques marqués au coin de l'originalité la plus rare.

Le jour qui suivit cette petite fête, nous allâmes tous trois à Mauriac, où le contrôleur ambulant, M. Lachaussée, nous rejoignit. Cet employé, de même que beaucoup d'autres, ne partageait point les bonnes grâces de M. P., en ce que le commis l'en éloignait, comme s'il eût reçu quelque ombrage de la conduite de l'ambulant ; et c'était pour atténuer l'effet des discours du secrétaire qu'il désirait suivre M. Lemaître, afin que l'inspecteur pût le juger plus favorablement par sa présence.

Je posssédais un cheval alezan vigoureux, que j'aurais aimé sans plusieurs défauts qui lui ôtaient à mes yeux beaucoup de son prix. Quand il était attaché, soit à l'écurie, soit ailleurs, il tirait son licou par derrière et le rompait ; il m'en a peut-être ainsi cassé deux douzaines, demeurant exposé à se tuer dans les efforts, en tombant à la renverse. Lorsque, descendu de cheval, j'oubliais de le tenir par la bride, il partait quelquefois devant moi, et me laissait ainsi faire deux ou trois lieues. En revenant de Mauriac, nous dînâmes à moitié chemin de cette ville. Le valet d'auberge, sans m'en prévenir, ayant attaché mon cheval au contrevent du rez-de-chaussée, l'animal goûta son amusement ordinaire, arracha le contrevent, prit la fuite au galop, traînant à son cou le volet avec la rapidité de l'éclair : il ne fut arrêté dans le chemin que par une voiture mise en travers à propos. « Voici, s'écria l'inspecteur général en apprenant ce fait, un cheval qui certainement un jour fera pendre son maître ! » M. Rivet, monté sur une belle jument limousine, sans craindre la pendaison, me proposa l'échange des deux coursiers, moyennant quatre-vingts francs que je recevrais.

Continuant notre voyage jusqu'à Murat*, M. Lemaître manda Lej...., qu'il accueillit froidement.

* Il faisait une telle chaleur dans les gorges, au pied du Cantal, que je redoutais de porter la main sur ma poche d'en tirer mon mouchoir pour m'essuyer le visage, et cependant la neige couvrait le revers du Plomb. L'hiver précédent, les neiges entourèrent si bien en cet endroit une maison, que je marchais dessus, n'apercevant à mes pieds que la seule ouverture de la cheminée. Les habitans du village, dans la rigueur de la saison, pratiquent des galeries de neige, et vont faire la veillée sous cet abri.

L'opinion du conventionnel et celle du parent de M. Dumolard offraient des nuances trop disparates pour que la bienveillance du supérieur s'étendît à l'inférieur. La conversation demeura courte et sèche ; les adieux et le bon jour se ressemblèrent. La réunion de Murat à Saint-Flour fut décidée, en ce qu'elle entrait dans les convenances de l'ordre, et parce que la conduite du chef de l'arrondissement pesait dans la balance de cette disposition.

Arrivés à Saint-Flour, le marché de M. Rivet me convint. Nous examinâmes à minuit, avec une lanterne, nos bêtes dans l'écurie. Le jour suivant, à quatre heures du matin, M. Lemaître prit le chemin de la Lozère. Mon cheval fut attaché derrière la voiture, attelée de deux petits mauvais chevaux, déjà harassés depuis deux mois dans les montagnes. Comme je l'ai su plus tard de M. Rivet, mon cheval suivit pendant trois heures son allure accoutumée, il rendit presque nuls les efforts des rosses, en tirant la voiture et marchant à la manière des homards ; de sorte que les voyageurs et le postillon s'étant endormis après le lever du soleil, furent frappés d'étonnement, en ouvrant les yeux, de se trouver encore aux environs de Saint-Flour, car ils imaginaient voyager en poste, quand ils allaient souvent à reculons. M. Rivet, singulièrement confus d'avoir dans son quadrupède une grosse écrevisse à longs crins, résolut de s'en défaire à tout prix ; il le vendit au receveur général de l'une de ces contrées, qui le perdit dans les coliques presqu'à la prise de possession. Telle fut la fin de mon cheval. Voyons l'autre.

Après le départ de ces messieurs, j'allai visiter ma belle jument limousine, et la montai pour me rendre de suite à ma résidence. Voilà qu'en sortant de Saint-Flour, au lieu de membres flexibles, je ne rencontre que des articulations de la plus grande roideur. La bête ne sait qu'aller au pas, et semble marcher à ressort comme un mannequin mis en action. Je serre l'éperon : toujours le vilain pas. Je frappe en vain pour essayer le trot. Je descends, je considère, j'examine, et n'observe rien qui rende la marche si difficile. Je remonte en jouant des talons, afin de rappeler aux flancs la sensibilité qu'ils ont perdue. Les coups portés sur le quadrupède paraissent tous inoffensifs. Une heure auparavant, mon marché m'enchantait ; présentement, je m'en trouve si dupe, qu'au lieu de quatre pièces d'or reçues pour le conclure, j'en donnerais volontiers huit autres pour le rompre. Au bout de trois ou quatre mortelles heures écoulées dans une extrême impatience mêlée de lassitude, j'arrive à Murat, les reins brisés d'un pas dont je ne connais point d'exemple dans l'histoire des coursiers. Non, jamais haridelle de fiacre n'en offrit de semblable, même à l'heure de laisser tomber sa peau dans les mains de l'écorcheur. Quiconque m'aurait donné trois louis de ma belle jument, m'eût débarrassé du fardeau de la monter le jour suivant.

Cependant je couche à Murat; on prend soin du cheval; la mesure de l'avoine est doublée sous mes yeux. J'espère que le repos durant la nuit, et l'abondance de nourriture, lui rendront un peu de vigueur : point. Toujours le fatal pas jusqu'à Vic. Je m'arrête en ce lieu; j'y dîne avec un inspecteur général des postes et M. de Gasc, contrôleur de cette administration à Aurillac. Nous partons; il pleuvait. J'étais désolé de rester en arrière, quand je tente pour la millième fois le moyen de l'éperon. O surprise ! ô merveille ! Le pas s'alonge, le trot suit, mais un tel trot qu'il surpasse le galop des autres chevaux. Ravi de joie, je pousse encore la limousine; elle fend l'air comme un oiseau, laissant les deux voyageurs bien loin derrière moi dans la carrière. Alors, passant tout d'un coup de la tristesse à l'espérance, je considère mon marché comme un des meilleurs que j'aie faits en ma vie. Faibles mortels, c'est ainsi que le destin mêle ses jeux à nos plus courts momens !

Je laissai reposer dix jours mon cheval, dont une blessure au pied, sans être apparente, avait causé d'abord mon étonnement. Quand il fut totalement guéri, j'en fis une épreuve nouvelle dans un voyage à Guéret. Je revis MM. Tixier, H., qui me redevait quelque argent; le sénateur Morard de Galles, dont la bonté constante eut pour effet de m'inviter à dîner. Je rendis aussi visite à M. Maurice, préfet de la Creuse et successeur de M. Lasalcette, nommé député; à M. Alexandre, chef de division des droits réunis, inspecteur général, qui vint à Guéret deux jours après mon arrivée. Comme j'étais absent sans congé, ne voulant pas en demander pour si peu de tems et pour me rendre dans un département voisin, je le priai de me garder le secret, qu'il me promit, et que sans doute il m'a tenu. Quant à M. H., en dévot bien charitable qui communie souvent, il s'empressa d'annoncer, par un message particulier, mon absence du Cantal à M. P., dont le cœur nagea dans la joie d'ajouter, avec un document, ce léger grief à tous mes gros péchés, déjà dignes, selon lui, d'une éternelle réprobation. Quel homme que le bon M. H., qui me contraignit à mesurer contre les siennes mes forces au billard, en arrivant pour la première fois dans la Creuse ; à le mener toujours battant jusqu'à me crier merci ; me priant de tirer de ma poche quatre francs de frais, qu'il ne m'a jamais rendus, que je n'ai jamais réclamés, et qui me dénonça pour avoir eu la faiblesse de suivre malgré moi son goût! Mais aussi, pourquoi me suis-je avisé de perdre le respect en obtenant sur lui ce triomphe! Mauvais insubordonné que j'étais! J'aurais bien dû, selon l'étiquette des emplois, vider ma bourse en feignant de me défendre avec la plus grande adresse, et ne pas laisser croire au directeur que je l'emportais sur sa dextérité, même au noble jeu de billard *.

La lettre de M. H. était charmante, bien que privée de la politesse académique : il disait tout uniment à M. P. que j'étais *un pilier de café*, quand celui-ci savait que jamais je n'entrais dans ce lieu ; que M. Q. devait fulminer contre moi devant la régie ; que j'étais *une brebis* ** *qu'il fallait chasser du troupeau*, et que surtout, dans son projet d'excommunication, il ne devait pas *employer de demi-mesures*. M. P., après quelques entrechats, écrivit également une jolie lettre à peu près aussi acrimonieuse, la joignit à celle de l'aimable confrère, puis expédia le paquet confidentiel pour Paris, où j'eus l'honneur un peu plus tard de m'en régaler aux bureaux mêmes de l'administration. Je reconnus encore, dans ce double tour des directeurs, l'influence de leurs secrétaires ; car M. H. aimait autant jouer aux quolibets qu'une dénonciation qui n'avait plus pour lui que le faible charme d'une petite vengeance à satisfaire, tandis que le vieux père Q. préférait aux plaintes graves la délicatesse d'un pas moelleux.

La proximité des départemens de la Creuse et du Cantal me permit de revenir en deux jours à Mauriac, passant par Ussel, où j'aperçus un homme vers le soir qui, caché dans un fossé, en

---

* Juges sévères, prêts à blâmer ces détails, rappelez-vous les paroles de Thomas, citées dans mon Avertissement.
** Je supprime l'épithète.

sortit soudain avec une gaule, et traversa la route devant mon cheval en poussant de grands cris, comme pour m'effrayer ou m'interdire le passage; mais, piquant des deux, je fus bientôt hors de sa vue, sans trop pouvoir m'expliquer son dessein.

Déjà bien las d'exercer mes fonctions dans les rochers, au milieu des neiges, au bord des précipices, et surtout sous l'œil curieux de mon éternel danseur, je sollicitai pour Paris un congé, qui m'arriva promptement. Dans l'intervalle de la demande et la réponse, je m'avisai de publier une feuille d'impression in-8°, intitulée: *Mon aventure dans la diligence de Paris à Fontainebleau*, par J. S. Q***, inspecteur de la régie des droits réunis. Cette petite pièce, dont j'ai rappelé la date au livre précédent, écrite d'un style assez gai, tirée seulement à deux cents exemplaires, ne fut point mise en vente : j'en distribuai environ la moitié. Le préfet en reçut un qui l'amusa. J'en adressai deux, avec une lettre, au ministre de la police. Son excellence prit mal mon envoi. M. Riou me pria de passer dans son cabinet. « Voyez, me dit-il avec humeur, ce que vous avez fait. Le ministre m'écrit, lisez ses plaintes. » « J'ai reçu, annonce le chef de la po-
» lice, une lettre de M. Quesné, avec deux exem-
» plaires de *Mon aventure*, etc., dont il se dé-
» clare l'auteur. Vous n'auriez pas dû permettre
» l'impression de cet ouvrage. Vous manderez

» près de vous cet inspecteur, en exigeant qu'il
» apporte l'édition à la préfecture, et vous en
» brûlerez tous les exemplaires, etc. »

« Quoi ! m'écriai-je, ce n'est que cela ! Ne conservez aucune inquiétude, monsieur Riou ; je pars demain pour Paris, je verrai M. Pelet de la Lozère, et je vous réponds que toutes les difficultés s'évanouiront en sa présence *. — Comment ? vous allez à Paris ? vous avez donc un congé ? — Sans doute, et le voici. » A l'instant le front du préfet se déride ; un air de contentement succède au nuage qui le couvrait, puis il ajoute : « Vous êtes bien heureux d'obtenir ainsi des congés ! pour moi, j'ai rarement cette faveur. Allons, puisque vous devez voir M. Pelet, je conçois que cela s'arrangera selon vos vœux. » J'envoyai de suite à la préfecture les exemplaires qui me restaient, hors une demi-douzaine dont un seul est dans mes mains, et le préfet en fit ce qu'il voulut.

Dès le lendemain, je me mis en route avec ma femme et ma fille ; c'était le 25 février 1808, jour le plus terrible de cet hiver **. Nous prîmes la diligence à deux heures du matin ; le commandant Vigier nous accompagnait à cheval ; son fils âgé de douze ans, destiné au collége de Clermont,

---

* M. Pelet, conseiller-d'état, était chargé du deuxième arrondissement de la police, comprenant cinquante-six départemens, dont le Cantal faisait partie. Il travaillait sous les ordres du ministre.

** Je m'aperçois, par cette date, que *Mon aventure* fut publiée l'année suivante.

était avec nous dans la voiture. Il faisait un froid indicible au sommet des monts. Nous employâmes toute une journée à faire trois lieues. Des voituriers nous suivaient. L'un d'eux m'ayant déclaré qu'il avait les pieds gelés, je lui dis que la prudence devait le retenir à l'auberge. « Ah ! bien, oui, me répond-il, si l'on écoutait tous ces b..-..es-là, on n'en finirait jamais. » Le surlendemain nous versâmes sur la neige à l'entrée de Mauriac. Ce jour, nous fîmes cinq quarts de lieue. Le troisième jour, on alla coucher à Bort. Le quatrième, la diligence versa cinq ou six fois, toujours dans la neige, sans accident, mais non pas sans danger. On voyait sur la route des malheureux morts de froid ; on entendait les cloches des villages voisins, annonçant la sépulture de ceux que la main glacée du trépas avait saisis la veille. Au milieu de ce désastre, je rencontrai dans la montagne de Saint-Sauve, au moment où la diligence, couchée sur le côté, était inutilement tirée depuis plusieurs heures par vingt-deux chevaux que fournirent cinq ou six rouliers, dont les charrettes faisaient aussi de tems en tems la culbute : je rencontrai, dis-je, un boulanger portant du pain dans des paniers sur son cheval tout près de là. Je lui promis vingt-quatre francs s'il voulait conduire ma femme et ma fille jusqu'à Clermont. Il accepta.

Aussitôt qu'il eut déposé ses pains, on mit au fond d'un panier ma malle, et mon porte-manteau dans l'autre. Je plaçai ma femme ainsi qu'Augustine sur le cheval; je les attachai solidement avec des cordes, et j'allai toujours à pied. La nuit noire nous surprit à la cime d'une montagne très-élevée; la rigueur du froid était incomparable. Je chantais par désespoir : ma fille, gelée, pleurait; sa mère, ne pouvant plus tenir à sa position, descendit de cheval pour me suivre dans les traces profondes des pas de mulet, qui ajoutaient encore aux difficultés de la marche. A une heure du matin, on entra dans un cabaret ouvert aux vents, et l'on s'y coucha comme dans la rue. Enfin le dernier jour, ayant franchi le Mont-d'Or, le Trador, et le Puy-de-Dôme, où régnaient, sur quelques points, des couches de neige de soixante pieds d'épaisseur, nous descendîmes dans Clermont, qui nous offrit, par la douceur de sa température, l'image du printems. M. Vigier nous avait quittés avec son fils à Bort; nous les retrouvâmes à Clermont : le commandant, dont une oreille en chemin s'était glacée, souffrait de grandes douleurs en la sentant revenir à son état naturel.

Nous passâmes une journée à Clermont. Le boulanger, recevant son argent, s'en alla sans me rien dire, et me laissa payer, nonobstant nos conventions, sa dépense et celle de son cheval à l'auberge. La diligence de Paris ne devant partir que dans deux jours, je pris la voie des pataches. Une femme enceinte s'y trouva placée le dos contre le mien. Près d'accoucher, elle en voyait l'instant au bout de trois jours, selon le calcul de sa sœur, qui, dans la voiture, au lieu de ménager son état, insultait encore à ses cruelles douleurs en la taxant durement d'imprudence. Une patache voiturant une femme en mal d'enfant est tout propre à presser le terme, et les fréquens et durs cahots font assez bien l'office de l'homme de l'art aidant la nature. A Riom, les cris de cette malheureuse me firent appréhender la catastrophe; je l'engageai, par de vives exhortations, à quitter la patache pour éviter les accidens : ce fut inutilement, elle voulut faire encore une quinzaine de lieues, espérant déposer le fruit de ses souffrances dans le sein de sa grand'mère.

Néanmoins les coliques redoublaient; elle s'appuyait sur mon dos, que, dans l'emploi de toutes mes forces, je rendais ferme comme un mur, par le motif de lui prêter quelque soulagement. Je dis à mon épouse : « Nous allons tomber in-
» failliblement dans une position critique ; cette
» femme va laisser ici son fardeau ; prépare tes
» ciseaux et du fil. Tandis que tu couperas et
» noueras le cordon ombilical, je recevrai l'en-
» fant dans le pan de ma redingote marron, et
» nous verrons ce qu'il faudra faire ensuite au
» premier relais. » Tout s'arrange comme je le désire, lorsque, après trois ou quatre violens soubresauts, je me sens brusquement pousser les reins sous le triple cri : « Hélas! mon Dieu! j'ac-

couche! j'accouche! j'accouche! » Je n'ose regarder, je frémis. Mon émotion passant tout entière dans mon cœur, je prends un côté de ma redingote en tremblant : les yeux à moitié voilés et le visage couvert de pâleur, j'attends la minute fatale qui doit annoncer l'arrivée d'un nouvel être au monde; mais le ciel n'avait point encore décidé cette délivrance; et la malade, accompagnée de sa sœur, nous abandonna vers Saint-Pourçain pour traverser la Sioule, où la fraîcheur de l'air mit fin peut-être à ses douleurs dans un bateau.

La patache, allégée de deux personnes, n'en sautait que mieux. Nous arrivâmes à Moulins le corps tout moulu. La diligence de cette ville nous transporta beaucoup plus commodément jusqu'à Montargis, d'où, laissant chez ses parens ma femme avec Augustine, je repartis de suite pour la capitale.

Mon premier soin fut d'aller trouver M. Pelet de la Lozère, qui, sur l'objet de ma démarche, répondit en riant : « Nous avons pensé que votre écrit pouvait intimider les voyageurs, car il s'en trouve toujours qui sont disposés à croire les grandes routes infestées de voleurs. A présent que l'ordre du ministre est exécuté, vous ne devez plus en prendre aucun souci. » Je profitai de cette audience pour lui recommander un de nos employés à Murat, qu'il connaissait, et qui m'avait prié de le rappeler à son souvenir. Le conseiller d'état promit. Tint-il sa parole ; c'est ce que j'ignore.

Je retrouvai dans M. Vimar la même bonté, la même bienveillance, la même disposition à m'obliger. Le sénateur connaissait tous les désagrémens attachés à l'inspection du Cantal ; il avouait avec raison que le choix des directeurs n'avait pas été généralement heureux, et me consolait par une meilleure expectative. La nomination de M. P., comme celle de M. H., n'était due qu'au hasard. Le premier consul, passant un matin, à quatre lieues de Paris, devant une maison de belle apparence, désira savoir quel en était le propriétaire ; on lui répondit : « Madame de Varenne, veuve du fermier général. — Allons lui demander à déjeuner. » On entre, on est fort bien reçu, quoiqu'à la hâte. Le repas terminé, Bonaparte ne voulut point se séparer de madame de Varenne sans la servir. A la première question tendante à connaître ses vœux, elle déclare qu'un beau-frère, nommé Q. P., imprimeur, souhaite une direction des droits-réunis. « *Bon pour une direction*, etc. Puis-je faire encore quelque chose qui vous soit agréable ? — Général, depuis longtems une liquidation de quatre-vingt mille francs, qui m'intéresse, traîne dans les bureaux. — *S'occuper dans les vingt-quatre heures de la liquidation de madame de Varenne.* Prenez ce *bon.* » Ensuite Bonaparte et ses aides de camp se retirèrent. Le lendemain, un gendarme remit une commission de directeur à M. P. Ainsi ce titre lui vint de ce que l'estomac d'un général tout-puissant fit entendre le langage de la faim devant le logis de la belle-sœur du pygmée. Peut-être encore le nom d'un homme de mérite aura-t-il été rayé pour y substituer celui de mons Q.

M. Favard de Langlade avait un beau-frère, contrôleur de ville à Aurillac, honnête homme, mais absolument incapable de remplir ses fonctions; il avait aussi un neveu, receveur à cheval à Vic, dont la jeunesse et la tête peu saine préjudiciaient au service. J'allai voir M. Favard, qui me parut triste de ce que ses parens ne répondaient pas à l'intérêt qu'il leur portait. Lié avec M. Renaud, son ancien collègue au conseil des cinq-cents, il me pria, lors de mes conférences avec cet ami, chef d'un bureau du personnel de la régie, ayant le Cantal dans la distribution de ses travaux, d'amortir l'effet des notes du directeur, si elles tendaient trop visiblement à la défaveur. Je remplis cette commission en homme qui tâche de ménager également les intérêts d'autrui sans nuire à ceux du Trésor.

A peine entré dans le bureau de M. Daudignac, ce chef de division mit sous mes yeux les deux lettres confidentielles de MM. H. et Q.; celle de M. P. avait une page et demie, et l'autre quatre grandes pages en style du père Duchêne : on y sentait un peu trop que l'auteur était employé, au fort de la terreur, dans les bureaux de l'administration de Saint-Denis, avant d'être visiteur des diligences à Rouen. Je n'eus pas le courage de lire la dernière page, ni même d'achever la troisième. « Croyez-vous un mot de cet écrit, dis-je froidement à M. Daudignac en lui remettant l'intéressant message? — Si j'y ajoutais la moindre foi, vous l'aurais-je montré? — Je n'ai rien à répondre à ce tissu de calomnies, dont la chaîne tombe d'elle-même par le seul poids de l'invraisemblance. — Vous voyez cependant à quels hommes vous avez affaire, et dans vos rapports vous gardez le silence! — Monsieur Daudignac, il me semble qu'un profond mépris doit envelopper ces turpitudes, qui ne font assurément tort qu'à leurs auteurs; mon silence et mon travail sont, je pense, les meilleures raisons que je doive opposer à l'inepte méchanceté. — C'est bien, mais, je vous prie, que le secret de cette communication demeure entre nous. »

Irrité d'une pareille conduite, je manquai de force pour contenir mon secret. En rentrant à l'hôtel, j'écris aux deux directeurs quelques lignes railleuses et fort amères, où, me rappelant parfaitement leurs plus dures et plus outrageantes expressions, je les rapporte en caractères déguisés. La lettre que j'adressai d'abord à M. H. commençait, je crois, ainsi : « Bravo, mon cher cousin!
» d'honneur, votre style est ravissant! Comment
» donc! pilier de billard! brebis g...... qu'il faut
» chasser du troupeau! Point de demi-mesures!

» Portons-lui les grands coups ! etc. Mais savez-
» vous bien, mon très-cher, que depuis peu vos
» progrès sont immenses?... » Je mis à la poste
mes deux missives, riant un peu de l'effet que
j'imaginais devoir produire sous les regards ébahis
des deux confrères.

Je m'informai à M. Daudignac s'il n'y avait
point en ce moment quelque inspection vacante,
afin d'échapper à tant de tracasseries. « Il s'en
trouve une auprès de votre pays. — Où? — Dans
le département de l'Orne. — Est-elle importante?
— Autant que celle du Cantal. — Comment se
nomme le directeur? — Lu.... — A-t-il un bon
caractère? — Pas trop ; il a manqué dernièrement
d'assommer son receveur principal d'un coup de
chenet. — Oh! je ne veux point du commerce
d'un tel personnage, qui cherche dans son foyer
des moyens de conciliation. Comme je n'ai pas le
sang trop calme, nous pourrions demeurer en
guerre ouverte ; et, bien même que l'un des combattans ne mordît point la cendre ou la poussière,
mon caractère pourrait passer pour très-peu pa-
cifique aux yeux de l'administration, envers laquelle, grâce à mes deux directeurs, j'ai déjà tant
de torts apparens. »

Je ne sais si ce M. Lu..., ancien député au conseil des cinq-cents, aura nourri le désir de mettre
à mort quelque employé, mais peu de tems après
on l'envoya dans la Sture, en Piémont. Ainsi,
nullement jaloux d'avoir un pareil chef, je me ré-

signai doucement à porter le joug de M. P., qui montrait beaucoup plus d'aptitude à tourner la manivelle de l'orgue qu'à manier un chenet. Toutefois je voulus assister au cercle de M. Français, afin de lui rappeler que j'étais mal à mon aise parmi les montagnards, et que si, dans la constance de mes efforts, j'avais considérablement augmenté les produits du Cantal sans la moindre vexation, mon zèle et mon activité méritaient peut-être qu'il daignât les récompenser par une inspection moins difficile à remplir. Le cercle était formé quand j'entrai. Madame Français s'y trouvait avec madame Ducrest de Villeneuve, femme du secrétaire général de la régie. M. Lemaître y vint aussi. J'attendis le départ de tout le monde, en vue de prendre les ordres du conseiller d'état; mais il avait le dessein de m'éviter en passant dans son appartement, quand je lui barrai le chemin avec le motif de m'en faire écouter seulement deux minutes. Il me renvoya vers M. Daudignac; c'est tout ce que je souhaitais, en ce que le chef de division restait maître de me proposer pour un poste avantageux. Aussi me promit-il de me délivrer du Cantal au premier moment favorable.

A la mort de Bergerot, M. Daudignac fut présenté pour le remplacer dans la qualité de secrétaire général de l'administration. Le ministre des finances l'avait porté le premier sur la liste des trois candidats. Madame Ducrest alla prier l'impératrice Joséphine de s'intéresser à la nomination de son mari. Joséphine lui dit de paraître avec un mémoire en un lieu qu'elle indiqua. L'impératrice, voyant Napoléon de bonne humeur, fit signe à madame de Villeneuve d'approcher. Celle-ci remet sa pétition en tremblant. « Que demandez-vous? dit l'empereur, après l'avoir parcourue : je destine cet emploi à M. Daudignac. — Votre majesté pourrait daigner l'accorder à M. de Villeneuve. — Mais savez-vous bien, Madame, qu'il faut du talent pour remplir cette place? — Sire, mon mari en a; d'ailleurs, s'il ne peut s'acquitter de ses devoirs, je les remplirai. — Vous, Madame? — Oui, sire. — Ah! c'est autre chose, reprit-il en riant; Maret, écrivez, nommez M. Ducrest de Villeneuve. » Et M. Daudignac, dont la nomination semblait assurée, qui avait déjà reçu les félicitations des administrateurs, succomba sous le pouvoir d'un mot heureux.

Après avoir fait obtenir de l'avancement à un commis à cheval, qui s'occupa plutôt d'aller à son poste que de m'adresser des remercîmens, je songeai à retourner au mien. J'étais déjà dans Montargis, lorsque je reçus avis d'Aurillac que le secrétaire du directeur voulait mettre, par une fausse mesure, trois cents francs à ma charge. Je revins aussitôt sur mes pas, moins précisément pour donner aux cent écus la direction naturelle, qu'afin de rappeler le directeur au véritable esprit des instructions. M. Daudignac était de mon sentiment, mais M. Renaud, son subordonné, refusait de le partager, en ce que la veille il avait écrit une décision contraire. Pour ne point jeter entre ces deux chefs quelques germes de division, je cessai d'insister sur mon droit, préférant sacrifier mes intérêts à l'union de deux hommes estimables.

Auprès du bureau de M. Renaud travaillait, en qualité de l'un de ses sous-chefs, M. Latouche, qui, depuis, a rédigé les *Mémoires de madame Manson*. Chargé de répondre à mes journaux, il s'acquittait de ce soin avec politesse. Je me souviens qu'en allant à la division, je trouvais toujours un chapeau sur la table pendant son absence; mais enfin, voyant sept à huit fois de suite un chapeau sans tête, j'appris, sur mes questions, que c'était une manière de faire imaginer sa présence au bureau, quand souvent il pouvait s'occuper d'autres affaires que celles de la régie. Il y a peut-être encore aujourd'hui des employés qui ont aussi l'usage du double chapeau.

En retournant seul dans le Cantal, je ne m'arrêtai qu'un jour à Montargis. La saison me permit d'arriver en quatre jours à Aurillac, lorsque, le mois précédent, j'en avais mis dix-sept au même trajet. M. P., poussé par son commis qui le pressait d'aller à Paris, obtint un congé. Il prétendait employer ses démarches à me desservir, tandis que moi, bien satisfait qu'on observât l'homme, je m'apprêtais à prouver qu'une direction me convenait mieux qu'une inspection. Il partit : je pris

aussitôt la conduite des affaires. Je travaillai pendant deux mois avec une activité rare, me passant de l'aide des trois commis, excepté pour la copie de quelques lettres aux employés supérieurs du département, car tous les originaux sortaient de ma plume; je transcrivais même, pour n'être point surpris, toutes celles que j'adressais à la division du personnel. M. Daudignac, témoin de tant d'efforts, laissa tomber ces mots devant M. Français :
« Vous voyez, monsieur le comte, avec quelle facilité marche le service du Cantal depuis que Quesné se trouve à la tête de la direction ! » Dans ce moment, le pauvre P. demanda une audience; mais il ne put l'obtenir que long-tems après : le bonhomme était fort mal inspiré.

Aussitôt que le conseiller d'état l'aperçut, il lui dit : « M. P., vous êtes âgé ; il faut songer à vous retirer; vous avez besoin de repos. Le service des droits réunis exige l'activité de la jeunesse. Je vous donnerai une bonne retraite. — Comment! une retraite! s'écrie le directeur; monsieur le comte, j'ai bonne bouche, bon œil et surtout bon pied. Je mange et bois bien, je lis couramment sans lunettes; considérez, je vous prie, le mouvement de mes jambes. » Et le voilà confirmant ce qu'il avance, par un exemple, et dansant, et sautant, et valsant tout autour du vaste cabinet. M. Français, observant pour la première fois cette étrange manœuvre, qui formait de sa pièce une salle de bal, renvoya promptement M. Q., avec un ordre de partir pour sa direction dans vingt-quatre heures. Avant de se mettre en chemin, il eut un entretien avec M. Daudignac, auquel il montra mes deux lettres anonymes; il lui parla de mon voyage à Guéret *. M. Daudignac, ennuyé, le congédia, sans que ce décrépit danseur pût recueillir le moindre fruit de son audience et de ses malveillantes intentions.

Pendant son absence, M. Lachaussée remplissait les fonctions d'inspecteur. Il se rendit à Murat. Lej.... et lui se brouillèrent à la première vue; l'un étant un ex-conventionnel, et l'autre un ancien émigré, ne pouvaient guère s'accorder dans leurs relations. Je reçus un rapport de ce dernier contre le contrôleur principal, qui, de son côté, m'écrivit en récrimination une lettre digne, en tout, par la tournure et les expressions, du tems où l'exagération tenait lieu d'éloquence. Ne voulant point fatiguer la régie de ces débats, je laissai mourir les pièces dans un carton; seulement je hâtai la réunion des deux arrondissemens, et l'on envoya Lej...., avec son grade, à Saint-Afrique, dans l'Aveyron, où il est resté

* M. Français vit ces lettres, qui provoquèrent une circulaire où M. H. entrevit quelques termes suffisans pour répandre le bruit que j'avais terminé mes jours par un suicide. Je sortais de table lorsque M. Esquirou me donna communication d'une lettre de M. Tixier, qui, pleurant déjà sur mon sort, lui demandait comment s'était opérée la fatale catastrophe. Un éclat de rire fut la suite de cette lecture, en voyant que le pauvre H. n'avait heureusement, pour tuer les gens, que des coups d'une volonté fort impuissante.

jusqu'au retour du roi. Depuis, atteint par la loi de l'exil contre les votans, un coin ignoré de l'Allemagne est devenu son séjour.

Je venais de recevoir une lettre de M. Legrand, directeur de la régie à Rhodès, qui maltraitait fort M. Pascalis, contrôleur principal en cette ville, dont il avait obtenu l'éloignement, lorsque celui-ci, nommé au même emploi à Mauriac, se rendit à la direction. Je l'installai. Au lieu *d'un brouillon* et *d'une mauvaise tête*, comme le qualifiait M. Legrand, je vis un homme calme, tranquille et modeste. Je répondis d'une manière honnête, mais insignifiante, au directeur de l'Aveyron, qui vraisemblablement fut contrarié d'avoir mis, sans le savoir, un directeur par *interim* dans la confidence de ses démêlés avec un de ses principaux employés. Depuis M. Pascalis, m'ayant prié de le recommander à M. Daudignac, fut nommé inspecteur en Hollande, dans l'Ems-Oriental, à la résidence d'Aurick. Il est aujourd'hui directeur du bureau des dépenses dans la maison de S. A. R. le duc d'Orléans.

Tout le tems que je remplaçai M. P., je goûtai dans sa plénitude une satisfaction bien douce ; car, mesurant les besoins de la direction sur les règles d'une invariable équité, pas une de mes demandes ne fut rejetée : la plus belle récompense de mon travail reposa sur l'idée consolante que l'administration étendait une entière confiance à ma probité. Aussi de bons commis, qui, durant dix années peut-être, n'auraient pu s'élever sous M. Q., me durent-ils leur avancement.

Le directeur, étant de retour, reprit les rênes du service. Il affecta beaucoup de gaîté, voulut me faire de jolis petits cadeaux, que je refusai; d'abord, parce qu'un présent, même de la nature de ceux-ci, me coûte à recevoir; ensuite, parce qu'il ne pouvait entrer dans le consentement d'un homme délicat d'ouvrir la main devant un être qui vient de tenter toutes les voies pour lui nuire. M. Q., toujours joyeux, nous raconta comment, dans la diligence, faute de muraille, il avait tiré à la bedaine d'un négociant, qui vantait beaucoup l'adresse du bretteur; comment, à Clermont, il avait généreusement donné quinze francs, pour une commission de quinze sous, au porteur de sa malle, appelé à traverser une seule rue avec ce fardeau; que cet homme, surpris, lui avait remis l'argent, comme étant le résultat d'une erreur; que M. P., en lui fermant la bouche et la main, s'était écrié devant l'hôtesse : « Garde, garde tout, mon ami, je ne me trompe jamais. Tu diras que le noble prix de ta commission vient de Q. P., directeur des droits-réunis du Cantal. » On voit par ce trait seul que la vanité du vieux fou éclatait en tous lieux. Ajouterai-je en preuve de son éloquence que, me prenant le bras à table, et le serrant avec force, il dit en présence de quinze ou vingt convives : « M. Quesné, vous êtes jeune; quand vous serez plus vieux..., vous serez plus vieux! » Jamais orateur avança-t-il une proposition plus incontestable? Aussi tout le monde en sentit si bien la justesse, que nul ne put s'empêcher d'en rire.

Le préfet, ayant entendu parler des qualités de mon cheval, désira l'acheter; je le lui vendis quatre cent huit francs. Madame Riou prétendit, en riant, que j'avais dupé son mari. Piqué de l'expression qui prenait dans mon esprit la couleur d'une injure, j'offris de revenir sur le marché, en conservant la jument; mais M. Riou s'y opposa. Il usa même d'un moyen fort avantageux; car, peu de tems après, la course des chevaux étant ouverte à Aurillac, ma bête y remporta le prix. Voilà donc un coursier, que j'aurais échangé volontiers contre trois louis à Murat, vendu dix-sept au chef-lieu; rapportant à son nouveau maître presque la valeur de son dernier prix, sans, pour ainsi dire, abandonner l'écurie! Ce léger sujet peut devenir fécond en méditations dans la tête d'un penseur. Il doit enfermer un témoignage irrécusable de la mobilité de nos idées selon le cours des événemens, et faire attribuer aux écarts d'une saine philosophie l'inconstance de nos vœux, qui ne prennent guère leur origine que dans une succession d'erreurs.

A cette époque, j'adressai directement à ma femme trois aunes d'une mousseline superfine d'un grand prix, avec un billet de deux cents francs. Je mis moi-même le paquet à la poste, en le faisant affranchir sous mes yeux. Il parvint à son adresse, mais la mousseline avait disparu. J'en prévins le contrôleur des postes, M. de Gasc, lui annonçant mon intention de me plaindre du vol au directeur général de son administration. Il me répondit que le délit ne pouvait avoir été commis qu'au bureau de Clermont ou dans celui de Paris : il ajouta que l'effet de mes plaintes serait infailliblement le renvoi de plusieurs commis, et qu'il valait mieux garder le silence. Comme jamais je n'ai protégé les fripons ; que, bien au contraire, je leur ai constamment fait la guerre, cet avis était fort éloigné de mon sentiment; toutefois, craignant que les recherches ne pénétrassent trop avant dans une administration étrangère à la mienne, je me tus fort à regret, non sur la perte que j'essuyais, mais à cause de l'impunité consacrée par mon silence. Si le hasard fait tomber cet écrit sous les yeux d'un employé supérieur des postes, il saura peut-être en quel endroit le vol s'est commis.

Le dernier des frères de M. Esquirou venait quelquefois dans son bureau; ce jeune homme, de mœurs paisibles, avait depuis peu quitté Paris. Il me raconta qu'un soir, sortant de l'Opéra, il entendit, dans la rue Richelieu, un homme disant à voix basse : « Entrez, messieurs, venez voir le *Panorama moral.* » Il s'arrête, monte au premier, paie deux francs sa place, observe une centaine de personnes, assises sur des banquettes en amphithéâtre. Après un quart d'heure, il aperçoit une gaze légère tenant lieu de rideau, derrière laquelle des hommes nus se livraient à d'infâmes obscénités. Révolté de cet affreux spectacle, il sort, et continue son chemin vers le quartier Saint-Jacques. Au milieu de la rue Dauphine, une femme dans un fiacre l'appelle par la portière, et le prie instamment de monter pour l'accompagner jusque chez elle. Croyant cette femme dans l'embarras, il n'ose la refuser. Elle tenait un enfant nouveau né sur ses genoux. Arrivée dans la cour du Commerce, elle fait arrêter la voiture, prie l'Auvergnat de garder l'enfant deux ou trois minutes, le dépose doucement dans ses bras et descend. Cinq, dix, quinze, vingt minutes s'écoulent sans que la dame reparaisse. Le cocher prend de l'impatience et se fâche; il exige du jeune complaisant le prix de la course. Ce dernier, justement interdit, berce l'enfant pour apaiser ses cris, mais n'apaise point le fiacre, qui veut quarante sous. « Quarante sous ! dit l'autre avec un enfant sur les bras; vous vous moquez. — Non, du tout, je prétends être payé. Je connais toutes ces feintes. — Mais moi, je vous jure, je ne connais point cette femme. — Bah ! bah ! à d'autres, mon compère, vite de l'argent, ou je vous mène droit au corps-de-garde. — Soit, allons-y. »

Là, le jeune homme se débarrasse du fiacre, mais en le payant. Il passe le reste de la nuit assis sur le bord du lit de camp, toujours le marmot sur ses genoux ou dans ses bras. Au point du jour, le commissaire arrive. On rédige un long procès-verbal, à la suite duquel l'Auvergnat est conduit à la préfecture de police, interrogé derechef, puis enfin mis en liberté, ainsi que le nouveau né, qui sans doute passa des mains du jeune homme dans celles de la nourrice.

Au mois de février 1809, trop ennuyé d'attendre mon changement de résidence, je redemandai un congé. Cette fois, il me parvint illimité. Je résolus bien d'en tirer parti pour ne plus revenir au Cantal. Je passai par Murat et Saint-Flour. A Clermont, je fus encore forcé de prendre une patache jusqu'à Moulins. Dans cette ville, j'eus la faiblesse d'écouter l'avis du chevalier de Pradt, frère de l'archevêque de Malines, qui, je ne sais pourquoi, se plaisait aux carioles. Il me persuada, malgré mes défiances, que ces voitures, beaucoup plus légères que les diligences, et moins dures que les pataches, allaient aussi plus vite. Hélas! ma faiblesse me coûta cher; je crus que ce voyage serait le dernier de ma vie, et que je rendrais mon ame à l'Eternel dans le trajet de Nevers à Montargis. Quant au chevalier, en vieux guerrier qui suivit dans l'émigration le comte d'Artois, dont il disait avoir été l'ancien aide-de-camp, il supportait avec une fermeté vraiment stoïque tous les coups de tête donnés à la voiture par d'innombrables cahots. A Moulins, j'examinai le tombeau en marbre de Henri II, duc de

Montmorency. Je vis à Nevers, dans une rue bien étroite, la petite maison du poète menuisier, maître Adam Billaut.

Le chevalier me raconta le trait suivant, que j'ai rapporté dans une note des *Mémoires de M. Girouette*. J'en vais changer la forme, en accordant la parole au voyageur. « Mon père, an-
» cien colonel, habitait un château près d'Allan-
» ches, à trois lieues de Murat. Un jour, Man-
» drin, déserteur de son régiment, accompagné
» d'une vingtaine de contrebandiers en armes,
» vint lui rendre visite, en lui demandant à dîner.
» Mon père n'osa le refuser. Mandrin plaça de
» suite sur les fossés douze ou quinze sentinelles,
» chargées de veiller aux mouvemens de l'habita-
» tion. Mandrin fut gai, dîna bien, et tâcha de
» dissiper le souci de son colonel, qui ne pouvait
» prévoir la fin de cette entrevue.

» Au dessert, Mandrin se fit apporter une as-
» sez grande quantité de tabac : « Il faut, mon
» colonel, que vous m'achetiez ce bon tabac. —
» Tu sais que cela ne se peut, mon cher Man-
» drin, puisqu'il passe en contrebande. — Hé !
» que fait ici la fraude ? Achetez-le, c'est du Vir-
» ginie tout pur ; je vous le garantis excellent. —
» Je ne doute aucunement de sa qualité ; mais tu
» n'ignores pas à quoi je m'expose en le rece-
» vant, et tu ne voudrais point que ton ancien
» colonel fût inquiété pour t'obliger. — Non,
» certainement ; mais, puisque vous refusez mon

» tabac, je veux au moins que vous acceptiez cette
» jolie coupe d'indienne, pour en faire une robe
» à madame de Pradt ; c'est un don que je me
» plais à lui présenter de mes mains, afin qu'elle
» conserve le souvenir de mon passage. — Oh !
» Mandrin, tu es beaucoup trop galant pour que
» je repousse un pareil témoignage de ta poli-
» tesse. »

» Après le repas, le fameux déserteur s'in-
» forma des lieux occupés par les commis des
» aides et la maréchaussée. Ayant relevé sa pe-
» tite troupe, il prit congé de mon père, qui se
» trouvait fort aise d'être débarrassé de la pré-
» sence d'un tel hôte. Mandrin, suivi de son es-
» corte, traversa les montagnes dont la chaîne
» conduit à Mauriac, jetant l'épouvante sur ses
» pas, jusqu'au moment où l'exécuteur en fit
» justice. »

Je me séparai de M. de Pradt à Montargis. Je le rencontrai quelques jours après à Paris où, selon mes prédictions, et malgré le puissant crédit de son frère, il désespérait d'obtenir un emploi de peu de valeur sur les rochers de son pays.

En retrouvant M. Daudignac, je ne lui dissimulai point ma détermination de tout sacrifier au désir d'être séparé de M. P. Il me proposa trois inspections, dont la plus importante était celle de la Roër, de première classe, de six mille francs d'appointemens fixes, d'environ deux mille francs de taxations, sans comprendre les parts ordinaires dans les amendes et confiscations que l'on ne pouvait évaluer, mais qui s'étaient élevées à quatre mille francs l'année précédente. Il me dit que, depuis trois semaines, le directeur général voulait changer l'inspecteur de ce département; que les produits, bien que très-considérables, semblaient encore susceptibles d'augmentation; que les habitans avaient des mœurs faciles; que le directeur, malgré sa faible capacité, valait pourtant mieux que ceux de la Creuse et du Cantal, et paraissait assez bon homme. M. Daudignac m'accorda plusieurs jours pour songer à sa proposition.

Je fus très-sensible aux louanges qu'il m'adressa touchant la manière dont j'avais administré le Cantal en l'absence du directeur, et surtout à la satisfaction qu'en avait éprouvée M. Français; mais je ne lui cachai point qu'il me répugnait de prendre un emploi non vacant, si mon collègue en était dépossédé contre son vœu. « Je vous ai déjà déclaré, reprit-il, que le conseiller d'état m'a chargé de le remplacer; que, si je n'ai point encore présenté de sujet, c'est que le tems m'a manqué. Ainsi votre objection tombe d'elle-même, puisque, si vous n'allez point à Aix-la-Chapelle, un autre s'y rendra. » N'ayant pas d'autre raison solide à déposer contre cet argument, j'acceptai.

M. Daudignac fit aussitôt son rapport; le conseiller d'état l'approuva. J'allai voir M. Amabert; je le prévins que la pièce était dans le portefeuille du ministre des finances. Deux jours après je le revis plus joyeux que de coutume; il m'apprit ma nomination, en me regardant avec un intérêt tout particulier; m'annonçant même qu'il fallait que je fusse bien avant dans l'amitié de M. Daudignac, car son rapport ne pouvait être plus favorable. Il ajouta de beaux complimens sur mes talens dont, par goût, autant que par modestie, je dois faire grâce au lecteur, que ces sortes d'éloges amusent bien rarement.

Dès le second jour, M. Amabert me fit expédier ma commission, qui fut reçue à la régie dans la même semaine. Une telle activité me surprit, quand j'avais attendu deux mois la première commission, et six semaines la seconde *; mais cette fois j'avais un double appui, fondé sur la justice : j'avoue que mon cœur, ému de joie en sortant triomphant de la lutte engagée depuis cinq ans avec mes chefs, se trouva largement rémunéré par l'estime de MM. Amabert et Daudignac, qui me donnaient encore l'espoir d'arriver bientôt à une direction.

En me remettant ma commission, M. Daudignac reçut mes adieux par les termes suivans, échappés de ses lèvres : « Allez, mon ami, tâchez » d'accorder votre humeur avec celle du nouveau » directeur. Evitez soigneusement les débats. Ne

---

* Il est assez remarquable que mes trois commissions aient été signées dans le même mois, l'une le 27 avril 1804, l'autre le 7 avril 1807, et la dernière le 4 avril 1809.

» vous fatiguez point trop dans vos exercices.
» Contentez-vous simplement de remplir vos de-
» voirs. L'administration n'exige qu'un zèle or-
» dinaire. Trop d'activité nuit quelquefois ; vous
» le savez par votre exemple. La jalousie peut
» naître à côté du désir de s'avancer, et les riva-
» lités causent toujours un bruit que nous voulons
» étouffer. Vous êtes jeune, une direction vous
» attend. »

M. Amabert, en le quittant, me tint aussi ce langage : « Vous allez vivre parmi d'excellentes
» gens, au milieu d'un peuple estimable. Mon ami
» Alexandre Lameth sort de la préfecture de la
» Roër pour passer dans celle du Pô. Sans cela,
» j'aurais écrit à ce fonctionnaire en votre fa-
» veur. Celui qui le remplace se nomme M. La-
» doucette, il sait l'allemand ; c'est la connais-
» sance de cette langue qui lui a valu son avance-
» ment. Il a dîné hier chez nous*. Voyez-le avant
» d'abandonner Paris. » Je suivis ce conseil, et
je trouvai dans M. Ladoucette un magistrat affa-
ble, gracieux, content, aimable et poli.

Je ne voulus point me rendre sur les bords du Rhin sans embrasser ma tendre mère et mes sœurs. Je pris la route de Normandie par Dreux, où M. Tixier avait été nommé receveur principal, à la suite de quelques affaires commerciales, dont le succès répondit mal à son attente, et vu les

---

* Au ministère des finances.

tracasseries de M. H.. qui sentait qu'absent de la Creuse, je ne pouvais guère l'y soutenir. Je passai cinq ou six jours chez M. Tixier, après quoi je me rendis à Rouen par la voie d'Evreux. Arrivé à Pavilly, je comptais aller directement à Aix-la-Chapelle en traversant Amiens; mais une lettre particulière me rappela presque aussitôt à Paris.

Le jour suivant, six mai, je partis pour ma destination. Ce voyage mérite quelque attention par les nombreux incidens dont il fut semé. Notre conducteur, remplaçant un confrère malade, marchait de ce côté pour la première fois. Arrivé à Pont-Sainte-Maxence, on soupa. Au moment de repartir, un homme nous déclare que, chargé de la conduite d'un fou, substitut du procureur impérial d'Aix-la-Chapelle, récemment sorti de Charenton afin de rentrer au sein de sa famille à Aix, il se trouve dans l'embarras de chercher cet infortuné qui vient de lui échapper. Je propose au conducteur d'attendre une heure, durant laquelle on prend des lanternes, en observant le long de l'Oise si le substitut n'y est pas tombé. On l'appelle à grands cris; on n'entend, on ne voit rien. Le conducteur et les voyageurs s'impatientent. A l'heure de se remettre en route, les habitans trouvent mauvais que le gardien du fou l'abandonne ainsi. Je lui conseille de rester à Pont-Sainte-Maxence, de continuer les recherches, de venir en poste nous rejoindre s'il le reprend avant le milieu de la nuit, sinon d'étendre au lendemain ses démarches. L'avis favorablement reçu, nous montons en voiture. Le postillon était de Pavilly ; je me proposais de lui donner six francs au lieu de deux sous que l'on paie à chaque relais ; mais il les perdit, n'ayant point en cet instant suivi l'usage de se présenter vers la portière à la fin de sa course ; de sorte que nous changeâmes de postillon sans nous en apercevoir.

Trois ou quatre heures après notre sortie de Pont-Sainte Maxence, on entend des cris : « Arrêtez ! arrêtez ! le voilà ! le voilà ! » C'était en effet le substitut, que l'on avait trouvé accroupi dans la Vieille-Montagne, au bout du pont, sur la route de Paris, et que l'on ramenait en triomphe dans un cabriolet. Le fou prit place à côté de son guide, chanta, siffla, se berça, s'endormit. A Valenciennes, on le surprit en Bacchus, une bouteille de vin dans chaque main, et les portant tour à tour à sa bouche. Quoique sa folie n'eût rien de menaçant, le gardien devait constamment avoir les yeux sur lui.

A Bruxelles, tout le monde sortit de la voiture, excepté moi, qui attendis jusqu'au soir l'heure du départ. Le guide et son fou se rangèrent au cabriolet. Une femme d'environ cinquante-cinq ans s'assit vis-à-vis de moi. A trois quarts de lieue de Bruxelles, cette femme, parlant hollandais, dont je comprenais les gros jurons, s'agite, me donne des coups de pied dans l'os des jambes, faiblement garanties par les revers de bottes, et m'offre en même tems, comme pour adoucir la douleur des coups, un flacon d'osier rempli de brandevin. Je repousse la liqueur avec répugnance, la priant d'être moins généreuse de son eau-de-vie de genièvre, et plus sobre de ses coups de pied. Après dix minutes, elle recommence une semblable manœuvre. Je m'en plains amèrement sans pouvoir imaginer le vrai motif de sa conduite. Toujours le brandevin sous mon nez pour m'apaiser. Enfin, ses jambes continuant de suivre la même direction dans les miennes, je perdis patience et me fâchai ; car, en vérité, l'exercice n'était plus soutenable. Dans la pensée que cette femme tombait dans l'ivresse ou la folie, je priai le conducteur de la faire descendre ; je fus secondé par les voyageurs, importunés ainsi que moi, hormis les coups dont ils avaient, par leur position, le bonheur d'être exempts.

Un homme, articulant fort mal le français, se fit ouïr du cabriolet, et nous dit que sa trop sémillante moitié prenait droit de se plaindre de l'un des voyageurs de l'intérieur : ce n'était assurément pas de moi qui, plus porté vers le repos qu'entraîné vers la galanterie auprès d'une espèce de domestique assez malpropre, grêlée, peau noirâtre, bien laide, et descendant hardiment la soixantaine, payais néanmoins pour autrui l'amende en bontés nouvelles dont cette vieille me gratifiait, quand sa figure et son âge devaient être une ceinture de chasteté à toute épreuve. On demeura comme pétrifié d'étonnement en apprenant qu'un de nos compagnons eût assez de courage pour former sur la virago de telles entreprises, sans appréhender que la foudre ne châtiât soudain cet horrible excès d'insolence. En effet, le soleil, dans sa course, éclaira-t-il jamais une témérité si criminelle? Jadis le père des dieux, le grand Jupiter, n'aurait-il pas, devant ce forfait, froncé le sourcil, ce dur sourcil ébranlant le monde jusqu'aux fondemens? Aussi chaque explication de l'époux, en termes grossiers, n'arrivait-elle à nos oreilles que pour nous faire dresser les cheveux à la tête. Quoi qu'il en soit de cet affreux quart-d'heure, la femme, sur ma proposition, passa dans le cabriolet à côté de son époux, et le gardien du fou vint remplacer la Hollandaise; mais à peine les conjoints étaient-ils ensemble que la Discorde, entrant dans le petit camp d'Agramant, fit retentir de leur querelle les deux bords de la grande route. Alors un cri général d'impatience sort du fond de la voiture : « A bas! à bas! Conducteur, déposez ce couple turbulent dans une auberge! » Mesure qui fut prise au premier cabaret voisin.

Le jour venant à poindre, le gardien du substitut, qui avait dormi bien tranquillement quatre ou cinq heures, prend, au réveil, souci de son fou. « Ah! mon Dieu! s'écria-t-il plein d'inquiétude, il est parti! Où le retrouver? » Il s'élance de la voiture à terre, court en quête de son homme, tandis que nous continuons de rouler sur le pavé. Environ deux heures après le départ du guide, un cabriolet, qui le portait avec le substitut, passe à côté de la diligence. Le gardien nous apprend qu'il a rejoint le pauvre maniaque dans une auberge de Tirlemont, tenant une bouteille d'eau-de-vie, dont il avait déjà bu la moitié. Tous deux suivirent leur chemin; nous ne les revîmes plus.

Parvenus à quatre lieues de Liège, on s'arrêta dans le bureau d'un directeur, qui, examinant la feuille du conducteur, le gronda fort d'être arrivé si tard. Celui-ci, mécontent de perdre tant de pour-boires dans un premier voyage fait pour autrui, marqua beaucoup d'humeur d'avoir été si mal récompensé de sa complaisance. « Mais enfin, demanda l'autre à ce conducteur, que signifient tant de noms sur cette feuille, et si peu de monde dans la voiture? — Je vais, lui dis-je, vous expliquer cela. Savez-vous l'arithmétique? — Oui, sans doute. — Je le crois; hé bien, qui de neuf ôte quatre, combien reste-t-il? — Parbleu! ceci n'est pas malin; il reste cinq. — Bien, la règle est juste. » Alors je lui racontai comment deux tendres époux bataves, un maniaque et son guide, nous avaient abandonnés en chemin. Le directeur se contenta de grommeler comme le conducteur, pendant que les deux filles du premier, hautes de cinq pieds huit ou neuf pouces, à leur entrée dans la salle, me jetaient dans un profond étonnement d'une taille si rare. Ces géantes, arrivant successivement au bureau, semblaient sans doute accoutumées à l'effet que produisait leur aspect sur les voyageurs; car elles marquèrent une singulière indifférence aux regards que je leur lançais, en les toisant de la tête aux pieds.

A Liège, on changea de voiture. Six heures après, nous distinguâmes les principaux édifices de l'antique cité si chère à Charlemagne. J'allai loger chez un Italien, sur la place de l'Hôtel-de-Ville; et le jour suivant je rendis mes civilités à M. Li..., mon nouveau directeur.

FIN DU SEPTIÈME LIVRE.

LIVRE HUITIÈME.

M. Li... était un ancien conseiller de l'électeur de Trèves, avec lequel il a conservé une correspondance, durant l'émigration de ce prince, jusqu'à sa mort. Cet emploi valait douze cents francs au conseiller, traitement bien modique, si on le mesure avec la confiance dont l'électeur l'environnait. M. Li... travaillait dans son cabinet quand j'entrai. J'aperçus un petit homme sérieux, ayant sur la tête une perruque ronde à la Jean-Jacques, et aux pieds une chaussure fortement ondée par les cors. J'en fus bien accueilli. Dès qu'il sut que j'étais le successeur de M. Dehoex, abandonnant tout à coup la gravité germanique, il se leva, sourit, et se promena pendant une demi-heure avec moi d'un bout à l'autre de son cabinet; puis je lui remis ma commission pour être installé. Nous dînâmes ensemble. Il fut gai, même un peu plaisant.

J'employai le reste du jour avec le contrôleur principal d'Ag.., le contrôleur ambulant Mallet Desmarans et le receveur principal Kellenter, à qui le gouvernement devait neuf cent cinquante-quatre mille francs pour des fournitures faites à l'armée, dont il n'a jamais pu toucher un sou, nonobstant de nombreux cadeaux, de belles promesses et du crédit; vu qu'il s'est trouvé malheureusement enveloppé dans le décret impérial qui a mis au néant toutes les réclamations de ce genre, antérieures à l'an V.

Après avoir fait mes visites aux principaux fonctionnaires, je vérifiai l'état du service d'Aix-la-Chapelle, que je trouvai faiblement établi, surtout au bureau du contrôleur principal, qui demeurait frappé de langueur, non pas en ce que le chef manquait de lumières, mais parce qu'en portant ailleurs son activité, il négligeait trop les devoirs de sa place. Curieux de voir si l'arrondissement de Cologne, plus important encore que celui d'Aix, recevait une sûre direction, je me transportai de suite dans cette grande ville.

Le contrôle principal était gouverné par M. Dacraigne, bon employé, mais à qui la nature avait refusé quelques dons précieux. Son caractère, enclin à l'aigreur, gâtait tout le bien que ses travaux constans répandaient sur le service. Ses commis, mécontens que leurs efforts ne trouvassent d'autre récompense que des reproches, languissaient dans l'attente d'un heureux changement qui pût au moins leur montrer, selon leurs talens, la voie de l'avancement. M. du Bouzet, époux de la nièce de M. Malouet père, et nouvellement arrivé, remplissait les fonctions de receveur principal. Jeté tout à coup, par un arrangement de famille, dans cet emploi, ses connaissances en comptabilité reposaient sur l'intelligence d'un commis qui montrait plus de zèle que de savoir. M. du Bouzet est présentement consul de France à Rotterdam. La place de garde-magasin des tabacs, confiée à M. Penguilly Lharidon, aujourd'hui sous-intendant de l'armée, se trouvait occupée avec assez d'exactitude.

Depuis cinq jours j'étais plongé dans d'importantes vérifications, lorsqu'un ordre m'appelle à Créveld, afin d'y remplir par *interim* les fonctions de contrôleur principal. Je partis aussitôt vers ce lieu. M. Boitelle, qui s'absentait par congé, attendait mon arrivée pour déposer les pièces du contrôle en mes mains. Hors quelques irrégularités que je fis cesser dans le premier mois, le service indiquait une marche satisfaisante. C'était à la fin de mai que je me rendis à Créveld, et je ne quittai cette ville qu'aux derniers jours de septembre. Le calme heureux où je passai ces quatre mois, dans la plus belle saison de l'année, m'a permis de compter, malgré mes travaux assidus, des jours fortunés qui m'ont fait sentir tout le charme de l'existence, et que depuis lors je n'ai plus retrouvés. Quelquefois encore j'ai pu goûter des éclairs de plaisir; mais le sentiment d'une joie un peu constante n'a plus qu'effleuré mon cœur, sans y répandre cette angélique douceur qu'une ame sensible voudrait savourer durant l'éternité pour récompense de ses vertus.

Consacrant la matinée au travail, je lisais à mon

lever toutes les lettres qui m'étaient adressées ; faisant moi-même les réponses ; transcrivant celles dont la matière offrait quelque importance ; vérifiant les procès-verbaux ; mettant à fin les transactions ; suivant le cours des procès en cas de contestation ; surveillant l'exécution des ordres donnés au contrôleur de ville, ainsi qu'à l'ambulant. A deux heures, le dîner m'appelait à l'hôtel du *Sauvage*, dirigé par un brave homme, nommé Hornemann. L'après-midi, j'allais, un livre à la main, m'enfoncer dans le joli bois de Bockum ; pour revenir, par de non moins agréables sentiers, à la ville où m'attendaient, sur l'aile des désirs, les délices enivrantes d'un amour partagé ; car il faut bien confesser ici que mes mœurs avaient un peu souffert dans leur pureté primitive.

Au dîner se réunissaient M. Jordans, sous-préfet, dont le beau-père ne possédait qu'une misérable fortune de neuf millions ; M. Breitbach, greffier du tribunal de première instance, homme instruit, vif, colère, et dont l'emportement sans méchanceté m'amusait, quand il s'armait d'un couteau pour disserter [*] ; M. Massot, avocat de la régie des droits réunis, qui, sans être précisément fou, montrait la plus étrange crédu-

---

[*] Admirateur outré des écrivains allemands, il souffrait impatiemment qu'on osât leur comparer les grands génies français ; cependant il reconnaissait que l'Europe entière ne pouvait opposer aucun homme à Bossuet, Molière et La Fontaine.

lité, surtout lorsqu'on chatouillait sa vanité par des contes amoureux.

Hornemann avait deux filles qui prenaient leurs repas avec nous et leur père; la cadette, petite brune, douée d'un joli minois, fixait constamment les regards de notre avocat, en ce qu'on lui avait persuadé qu'il possédait toute l'affection de cette jeune personne âgée de moins de seize ans, quand il en passait cinquante. M. Massot, se croyant aimé, lors même qu'elle ne lui déguisait point son mépris, tâchait d'user des droits d'un amant qui respecte l'objet de son culte; mais le langage de ses yeux avait tant d'éloquence, qu'il portait souvent la rougeur sur les joues de sa belle, en l'obligeant à fuir la table au dessert, afin d'éviter une si dangereuse poursuite.

Madame Vonderleyen lui ayant donné le conseil d'étendre à son cheval un air leste et dégagé comme celui du maître, il lui fit couper la queue et les oreilles, afin que son goût pût justifier l'avis d'une personne si opulente. Le malheureux quadrupède mourut peu de tems après avoir passé sous le fer du maréchal. Pour conserver la mémoire d'une bête si chère, il la mit dans une cuve remplie de chaux, en tira les os, avec le dessein de les unir, et d'en former un beau squelette dont il devait orner le plafond de sa première pièce.

Un jour je vais à son cabinet; je me récrie devant un tableau représentant une tête de saint

Pierre qui valait au plus trente sous. Comme je lui demande s'il consentirait à donner ce chef-d'œuvre pour vingt louis, sans attendre ma réponse, il s'élance au milieu d'une table, pousse des flots de salive sur le portrait, y passe et repasse son mouchoir de poche, me fait admirer la fraîcheur du coloris, l'éclat des chairs, la vigueur du ton, la vivacité purpurine de la bouche du divin portier ; ajoutant avec une rare confiance que celui qui en prendrait possession pour cinquante louis ferait une excellente affaire ; car, en le revendant, il pouvait être assuré d'augmenter ses capitaux. Tel se rencontrait l'avocat Massot, plaidant aussi bien ses causes en première instance qu'il était bon juge en peinture.

Le receveur principal se nommait Elie. Juif de naissance, il eut jadis un léger penchant vers le catholicisme. Il était prêt même à changer de religion, lorsqu'il s'aperçut que l'on voulait donner trop d'éclat à cette conversion. Croyant entrevoir dans les auteurs de la cérémonie plus de goût pour le faste du prosélytisme que de véritable zèle pour la sainteté du culte romain, il aima mieux renoncer à son projet de régénération que d'affliger ses bons parens par le bruit d'un acte qu'ils ne pouvaient qu'improuver.

Le contrôleur ambulant, appelé Lacaze, sorti de la Gascogne, avait épousé, dans des vues d'avancement, une fille du conventionnel Duval, chef de bureau à notre administration centrale. Cette personne, m'a-t-il dit, est d'une taille si exiguë que la première fois qu'il la vit assise sur un canapé, dont l'extrémité de ses jambes dépassait à peine le bord, il l'aurait assurément prise pour une poupée, si elle fût restée quelques secondes sans mouvement. Le contrôleur, rempli d'activité, parcourait les communes de son arrondissement pendant tout le mois, et ne rentrait à la résidence que pour rédiger ses journaux et me fournir ses rapports. On lui reprochait de trop resserrer les bornes d'une sévère économie; je me souviens qu'il l'appliquait rigoureusement à son cheval; car, ayant un jour laissé le coursier avec son chien dans une écurie d'Erkelens, l'appétit du cheval, privé de paille, d'avoine et de foin, essaya de s'apaiser sur le chien, dont il enleva l'oreille entière. Ce fait me paraissant peu vraisemblable, je désirai qu'il me fût confirmé par le propriétaire des deux animaux. J'en tirai donc la vérité de sa bouche, avec la seule différence que le cheval n'avait arraché l'oreille du chien que parce qu'il était impatienté de ses cris, de ses plaintes, de ses éternels aboiemens, qui sans doute avaient aussi la faim pour cause.

M. Elie, sa femme et la belle-mère du contrôleur principal aimaient les parties de plaisir. Quelquefois nous allions tous ensemble faire une collation frugale à Urdingen, sur le Rhin. Cet amusement faillit un jour me coûter la vie. Poussé par la tentation de prendre un bain, je traverse le fleuve, seul avec un batelier. Parvenu sur l'autre rive, je m'écarte du bateau, j'ôte mes vêtemens et j'entre dans l'eau. Je nage pendant une demi-heure assez près du bord ; mais la fantaisie d'aller au large me conduit vers un point où le Rhin forme un coude. Je veux revenir ; un fort courant m'entraîne. J'essaie en vain de le dompter ; mes efforts me fatiguent sans pouvoir me rapprocher de la terre. L'inquiétude commence à se mêler à mon impuissance, quand, par bonheur, la raison, venant à mon secours, m'apporte assez de calme pour nager plus tranquillement. Je renouvelle mes efforts avec moins de vivacité que d'adresse. Mesurant leur pouvoir sur celui des flots, mon esprit ne perd point l'espérance de les vaincre, si ma constance peut surmonter la fatigue. Le batelier, ne s'inquiétant guère de ma position, avait quitté sa barque et rêvait peut-être au produit de mon double passage, lorsqu'une seule crampe, le moindre vertige, un tournoiement d'eau pouvaient le supprimer en m'envoyant soudain chez les morts. Enfin mon courage, secondé d'heureux mouvemens, triomphant de la rapidité des ondes, je touche, épuisé, le rivage du grand duché de Berg, mais bien résolu désormais de ne plus exposer ainsi mes jours au court plaisir de me rafraîchir le sang.

En rentrant dans Urdingen, je m'aperçus que l'on m'attendait avec impatience, car mon absence avait pris beaucoup plus de tems qu'il n'en fallait pour un simple bain tel que je l'annonçais. Au reste, le danger passé, la collation se fit gaîment, et nous revînmes à Créveld sous le frais ombrage du bois de Bockum.

Peu de jours après, les mêmes personnes, manifestant l'envie d'aller à Dusseldorff, m'invitèrent à les accompagner. Nous prîmes une calèche, et nous dînâmes dans cette ville charmante. Quand il fallut en repartir, les deux dames ne purent mettre un frein au désir de rapporter en contrebande deux pains de sucre avec quelques livres de café. Je m'opposai, comme je le devais, à ce vœu singulièrement indiscret; mais leur envie l'emporta sur mes raisons. Elles attachèrent les paquets sous leurs jupons, et marchèrent ainsi à cent pas devant le receveur et moi. Il nous était bien difficile de ne pas rire en les voyant avec ces gros paquets pendant au milieu de leurs jambes, se dresser, chercher une démarche aisée, même élégante, afin de tromper l'œil vigilant des douaniers qui, les reconnaissant, ne furent pas, je crois, dupes de la ruse. Elles passèrent tranquillement sans subir la visite. J'ai su depuis que ces deux dames, et l'épouse même du contrôleur principal, n'entreprenaient jamais le voyage de Dusseldorff sans goûter avec délices le fruit défendu de la contrebande.

Il se trouvait près de Créveld un lieu de plaisir que l'on nomme Casino, endroit fort agréable, entouré d'eaux courantes, consacré aux amusemens de la pipe et de la danse, du billard et des nacelles, des petits gâteaux et du vin blanc. Les dames y voltigent dans la plus grande parure, au milieu des tourbillons de fumée qui forment un encens trop indigne de leurs charmes ; elles ne quittent la valse animée que pour reprendre haleine dans des flots de vin de Moselle ou du Rhin. J'assistais par fois à ces bruyantes réunions, d'où la pipe, la poussière et l'ennui me chassaient bientôt *. J'observais qu'au soir la fraîcheur du lieu, voisin des marais, me causait des maux de dents, qui finirent par me faire arracher deux énormes molaires, à l'aide de la main tremblante d'un maladroit serrurier, faute de dentiste. Le bourreau manquant plusieurs fois son opération, je lui recommandai la hardiesse dans l'exécution, pour mettre fin aux douleurs que je trouvais terriblement longues. L'artiste serrurier me prit au mot ; il traita mes dents comme une enclume, et laissa là, pour souvenir de ce double exploit, de larges traces de sa profession, que dix-sept ans n'ont point encore effacées, ou plutôt que le tems n'efface plus.

* M. Floh, maire de Créveld, beau-père du sous-préfet, m'ayant un soir vu prendre une pipe en cet endroit : « Ah ! Monsieur, vous fumez ! venez donc demain chez moi manger ma soupe. » Je ne crus point sur ce motif devoir accepter l'invitation ; mais je ne dus non plus lui en savoir mauvais gré. Je cite ce trait dans l'idée de montrer combien les étrangers, surtout les Allemands, sont enclins à donner leur affection aux Français qui savent se conformer sans contrainte aux usages du Nord.

Il vint une dame qui passa huit jours chez Hornemann; après le dîner elle m'invitait à la promenade. Elle était de Cambrai, parente du général Dumouriez, et le touchait peut-être de plus près. En me racontant diverses particularités relatives au général, elle m'apprit que Beurnonville, envoyé par la convention pour l'arrêter au milieu de l'armée, le trouva dans son cabinet, le coude appuyé sur la cheminée : « Quoi! lui dit Dumouriez, nous sommes amis, Beurnonville, et tu veux mon commandement! » Ce dernier s'en défendit, et montra son ordre. C'est alors que Dumouriez, tirant un cordon de sonnette, fit entrer les hussards, qui s'emparèrent des cinq commissaires. Le général en chef, obligé de fuir à cheval, ne put, sans tomber, franchir un fossé de quinze pieds, sous une grêle de balles tirées par un bataillon de volontaires. Arrivé près de Créveld, il déposa trente mille francs dans un champ, en prévint un nommé Herbertz, d'Urdingen; le priant de ne remettre cette somme qu'au porteur d'une carte, dont la moitié demeurait aux mains d'Herbertz, et sur laquelle carte entière était peint un cœur.

Cette dame me fit lire plusieurs lettres du général, dont une, parmi de grands sentimens de tendresse, enfermait ces mots : « Va, ma très-chère
» ame, ne redoute rien sur mon sort; deux ex-
» cellens pistolets, qui ne me quittent point, m'é-
» loigneront de la prison, car jamais je n'attendrai
» le moment d'y entrer. » L'autre lettre marquait

l'envoi de la moitié de carte, afin de toucher le dépôt; mais le porteur trouva, je crois, un infidèle qui ne donna, sous de frivoles prétextes, qu'un très-faible à-compte, en ce que, ses affaires étant dérangées, il avait dissipé l'or confié à sa bonne foi par l'amitié.

Si mon ouvrage doit me survivre, la postérité saura, dans le récit de cette cousine du général, que Dumouriez avait *un très-joli petit genou*.

Un commis à cheval, nommé dans l'arrondissement de Créveldt, se rompit la cuisse en se rendant à son poste. Il fit venir son frère, auquel il remit sa commission pour exercer à sa place. Le contrôleur principal, ignorant ce fait, l'installa selon l'usage. Lorsque le titulaire, après sa guérison, fut arrivé, se trouvant dans l'obligation de me déclarer la vérité, qui devait précéder l'ouverture de ses fonctions, il me pria de couvrir cette irrégularité par ma complaisance. Le cas me parut assez grave pour m'adresser au directeur, dont la réponse devait m'enlever toute responsabilité. M. Li..., en louant la justesse de mon jugement, s'y confia tout entier, et me déclara que la voie que je prendrais serait approuvée. Je n'aimais point dans un chef de telles condescendances, mais il me répugnait aussi d'altérer son amitié en le forçant à s'expliquer par un ordre. Bien que le remplaçant eût fait autant de faux qu'il avait signé d'actes, je crus devoir étendre sur ses opérations le voile du silence; et le titulaire suivit les exercices sans que jamais cette affaire ait transpiré. Quoique l'exacte vérité fût signalée aux procès-verbaux de contravention, et qu'il n'y eût dans l'un des signataires que la seule différence d'un prénom, ce point irrégulier, attirant les cris des délinquans, aurait versé sur la régie une extrême défaveur dans l'esprit des juges, déjà naturellement prévenus contre les écrits fiscaux.

Parmi les personnes que je fréquentais à Créveld, je distinguais une femme sensible, dont la mère habitait Neuss. C'est dans la maison de celle-ci que le jeune comte de Gisors rendit le dernier soupir, le lendemain de la bataille de Créveld, en 1758. Les historiens sont tombés dans l'erreur en faisant mourir au pied des redoutes ce guerrier d'une si belle espérance. M. Kopp, mari de cette dame, était receveur particulier des contributions directes de l'arrondissement. Il prononçait le français d'une manière fort comique, en confondant à tout instant l'acception des mots. Sur ses lèvres consommation de vin était *consomption* de cette liqueur; les fripiers étaient toujours des *fripons*, et cela se disait sans malice. Tel, du reste, un Français qui, demandant en allemand quelle heure il est, s'il appuie un peu trop sur le dernier mot, s'informe, sans y penser, combien il y a de catins; équivoque désagréable qui fait rougir les dames d'une compagnie honnête.

On creusait alors le canal du Nord qui devait joindre le Rhin à la mer. Aux environs de Neuss, les ouvriers découvrirent dans les fouilles les restes énormes d'un animal inconnu, dont la race est perdue. L'ingénieur du canal crut opérer une merveille, et peut-être obtenir de l'avancement, en adressant à madame Crétet la paire de cornes de cet animal, longues de quatre pieds chacune, plus grosses que le bras, et tournées en spirale, avec un passavant délivré au bureau des douanes de Neuss, ainsi conçu : « Laissez passer deux » cornes à la destination de madame Crétet, » épouse de son excellence le ministre de l'inté- » rieur, etc. » Si madame Crétet, en recevant cet envoi de pure galanterie, en a fait elle-même présent à son mari, c'est une de ces raretés qui méritent bien que l'on en conserve le souvenir.... Deux secondes de répit, lecteur ; un scrupule m'agite, je crains d'errer, et puisqu'il faut être constamment sincère, je crois que la précieuse découverte fut expédiée directement au ministre, et je fus engagé chez Hornemann, par le sous-préfet, à lire le curieux passavant de Neuss. Mais quelque soit la forme de mon récit, le fait en soi demeure toujours dans le cercle des choses neuves.

Un nouveau contrôleur principal étant venu remplacer M. Boitelle, je revins à ma résidence. M. Li... ne m'y fit point l'accueil sur lequel j'avais compté : soit que, préoccupé de ses propres affaires, il fût moins sensible à celles de la régie, soit qu'un nuage de froideur s'élevât déjà de son esprit vers moi, je lui trouvai moins de vivacité dans sa façon de me témoigner de l'intérêt, encore que toutes ses letttres fussent remplies de celui qu'il me portait. Son secrétaire cependant me rassura par la lecture d'un rapport à l'administration, où se trouvait ce qu'il y a de plus flatteur à mon sujet.

Un matin, entrant dans le bureau particulier du directeur, je le vois attentif, les yeux fixés devant une peinture sur verre d'un pouce de diamètre, représentant Charlemagne. Il me la montre en consultant mon goût. Je l'examine avec soin, et lui fais part du sentiment de plaisir que j'en éprouve. Il l'enveloppe dans du papier, la dépose sur le bureau, puis il me fait approcher de nouveau pour me communiquer quelques lignes adressées à un employé. Afin de mieux écouter, je m'appuie sur le coude, lorsqu'au milieu d'un tas de papiers, on entend un petit bruit qui porte le directeur à s'écrier : « Ah! Monsieur, qu'avez-vous fait! qu'avez-vous fait! vous venez de casser mon Charlemagne! mon Charlemagne qui m'arrive de Coblentz! pièce rare et si curieuse! d'un si bon artiste! vrai petit chef-d'œuvre de l'art! Mon Dieu! mon Charlemagne brisé! que je suis malheureux? — Monsieur Li..., je suis plus à plaindre que vous, puisque c'est moi qui l'ai mis en deux morceaux. — Mais votre réflexion ne le rendra pas dans son premier état. — Je le sais trop; il est seulement fâcheux que vous me l'ayez montré. — Hélas! sans doute. — Je n'aurais jamais osé vous prier de me le laisser aux mains, afin d'y porter un regard curieux. — Pourquoi donc? — C'est que cette main, voyez-vous, est frappée de malheur pour ces sortes d'objets. — Comment? — Un jour, un très-beau capucin, d'une exécution presque aussi finie que celle du Charlemagne, et d'une dimension pareille, est soumis à mon examen. — Hé bien? — Hé bien, le maudit capucin était aussi de verre; il m'échappe, tombe à terre, se casse, et je le paie, sans avoir eu la moindre envie de l'admirer. — Je ne demande rien que mon Charlemagne entier. — Monsieur Li..., votre vœu passe mes forces. — Je le sais trop bien, et c'est ce qui me fâche. — Voyons, n'y aurait-il pas quelque moyen de rapprocher...? — Non, il n'y faut plus songer; c'est un mal sans remède. — Ah! qu'il me pèse! — Un morceau si achevé! Jamais, non jamais... — Ma désolation est extrême. — Enfin que voulez-vous? — Me retirer. — Non, restez; nous dînerons ensemble tantôt. »

Le portrait brisé fut promptement oublié. Quelques verres de vin de Bourgogne, de Bordeaux et du Rhin, dont la cave de M. Li... était aussi noblement ornée qu'abondamment pourvue, changèrent en une douce gaîté la tristesse amère que nous avait causée l'accident arrivé si vite au merveilleux Charlemagne.

Le contrôleur ambulant d'Aix-la-Chapelle, M. Mallet Desmarans, aujourd'hui directeur de l'arrondissement de Saint-Etienne (Loire), ayant commis quelques négligences dans le service, je lui en adressai verbalement, mais avec douceur, des reproches qu'il reçut avec plus d'aigreur que de politesse. Son ton me fâcha; je lui déclarai que, si mes observations le blessaient, je lui ôterais bientôt l'occasion d'en recevoir, parce que je demanderais son changement. Il me répondit que, pour m'éviter cette dernière démarche, il pourrait le solliciter lui-même. L'entretien finit là. Le jour suivant, le trouvant triste, je regrettai que son affliction vînt de moi; par une suite de mon caractère qui tend à l'élévation des sentimens, je lui témoignai devant plusieurs employés supérieurs une sorte de peine d'avoir jeté l'inquiétude dans son esprit. Je m'attendais que, touché d'un soin si peu commun, il en reconnaîtrait le prix; mais, au contraire, il garda le silence avec roideur, de sorte que nos deux rôles paraissant tout-à-coup changés, j'avais l'air du coupable, tandis que le contrôleur jouait celui du supérieur qui distribue tacitement le blâme. Cette remarque m'apprit qu'il est des tems où les meilleures intentions manquent leur but par la qualité du terroir où leur produit va s'enfermer. Au reste, je dois l'avouer à sa louange, M. Desmarans était honnête, doux, tranquille, assez actif. C'est l'unique fois qu'un peu de froideur instantanée vint nous atteindre, et ce fut sa faute; mais il ignorait qu'une réponse déplacée irrite un caractère vif, au lieu de l'apaiser. On verra bientôt de quelle façon j'exerce mes vengeances.

M. d'Ag.. aimait passionnément le jeu; M. Li... s'en plaignait souvent à moi. Je m'apercevais trop que les devoirs du contrôleur principal, mal suivis, répandaient sur les subordonnés une langueur funeste aux intérêts du Trésor. Il me proposa de faire, avec sa femme, un voyage à Maestricht. Je pris le consentement du directeur, et je choisis ce moment pour m'expliquer avec M. d'Ag...

« Vous saurez, lui dis-je, que M. Li..., instruit
» que vous allez deux fois le jour à la Redoute,
» en est mécontent. Il n'a point encore formé de
» plaintes contre vous à l'administration ; mais
» si vous continuez de jouer ainsi publiquement,
» sa responsabilité, assure-t-il, l'oblige d'en pré-
» venir le directeur général avant le rapport de
» la police, qui peut-être l'a déjà devancé. Moi-
» même, je ne pourrais long-tems garder le si-
» lence sur un défaut capable de compromettre
» les égards que vous doivent les inférieurs, jour-
» nellement témoins de vos écarts. Voilà, si la
» raison vous permet de m'entendre, ce que vo-
» tre intérêt me conseille. Je suis quelquefois
» prophête; écoutez bien : M. Boitelle, abandon-
» nant Créveld, vient de se rendre à Nîmes. Je
» sais qu'il aime la résidence d'Aix-la-Chapelle.
» Proposez-lui de permuter son contrôle contre
» le vôtre. Il acceptera vraisemblablement cette
» mutation. Quand vous aurez séjourné trois

» mois à Nîmes, vous offrirez au fils de M. Cayeux,
» sous-chef du contentieux à l'administration
» centrale, un échange d'emplois. Le vôtre, dou-
» blant ses émolumens, le tentera. Vous viendrez
» à Paris, et passerez peut-être chef de bureau
» avant six mois. M. Cayeux père, chef de divi-
» sion, est âgé de soixante-dix-huit ans; bientôt
» il acquittera le tribut à la nature, et rien n'em-
» pêche qu'avec des connaissances, du zèle et
» du travail, vous ne le remplaciez dans ce haut
» grade. »

M. d'Ag.. me remercia beaucoup de l'avis. Il en usa de suite. Chose étrange! mes prédictions s'accomplirent aussi ponctuellement que si j'avais pu feuilleter le grand livre des événemens.

Arrivés à Maestricht, nous allâmes voir M. Pris-sette, contrôleur principal, qui, nous ayant invités à sa table, nous traita d'une manière splendide. Malheureusement il connaissait les goûts vifs de M. et madame d'Ag..; il les fit jouer. Je m'écartai de cet amusement pour me distraire d'une autre façon. Prié d'y prendre part, je m'excusai sur mon ignorance des jeux. On me pressa, je résistai. Enfin madame Prissette, ayant joint ses instances à celles de son mari, en vue de m'entraîner pour une moitié dans sa partie, je me hâtai de perdre une dizaine d'écus, afin de gagner la liberté d'aller un peu respirer à la comédie, tandis qu'acharnés comme des vautours sur leur proie, les convives se disputaient quinze ou seize louis, échappés de la bourse de M. d'Ag...

Je rencontrai, sortant du parterre, Dutrieux, jadis sergent au premier bataillon auxiliaire du Nord, et mon ancien camarade de lit, qui avait laissé la compagnie à Rotterdam, pour retourner à Lille. Entraîné par son penchant vers le théâtre, il s'était fait comédien, jouant en artiste qui prend son goût pour un indice de talent, mais dont les fâcheuses dispositions ne tendent qu'à s'aguerrir contre des sifflets mérités. Je lui parlai. Ses regets d'avoir monté sur les planches, sans espoir d'y trouver jamais quelque peu d'honneur, me prouvèrent que si l'inclination l'avait d'abord poussé dans cette carrière, la nécessité maintenant l'y retenait.

Je revins vers nos joueurs, qui n'abandonnaient le jeu que pour la table, et ne mangeaient qu'en aspirant à jouer. Le troisième jour, je déclarai à M. d'Ag.. qu'en vertu de ma promesse à M. Li..., il fallait partir; mais c'était lui briser le cœur et celui de sa tendre moitié que de leur tenir ce langage. Ils perdaient beaucoup d'argent, et brûlaient de le rattraper, éloignant l'idée qu'avec un espoir si trompeur ils s'exposaient à doubler ou tripler leurs pertes. Après mille vaines prières pour m'engager à rester encore une journée, me trouvant fermement résolu à retourner seul, sur le refus de me suivre, ils se décidèrent au retour, qui s'opéra dans la matinée même.

M. Li... approuva fort ma fermeté; il ne me

dissimula point qu'il eût considéré d'un mauvais côté le retard du contrôleur, dont il n'avait permis l'absence que sur la garantie de ma parole, qu'il connaissait inviolable. Le receveur principal était avec lui. Nous sortîmes ensemble, M. Kellenter et moi, du cabinet du directeur. « Vous venez de Maestricht, me dit Kellenter; tenez, vous qui avez coutume de goûter la fleur de la belle littérature, et qui, très-sensible aux charmes de la véritable éloquence, en iriez puiser des traits au bout du monde, examinez cette pièce, et conservez-la comme un témoignage impérissable de rares talens de son auteur. » Je la lus; elle est, en effet, fort curieuse. Le lecteur ne me saura point mauvais gré de la lui faire connaître.

« La modestie de M. Claessens, président *ad*
» *interim*, dont on a fait éloge dans le n° 29 du
» journal du département (Meuse-Inférieure),
» ne pouvant plus résister aux instances réitérées
» de quelques-uns demandant l'insertion aux
» feuilles publiques du discours par lui fait et
» prononcé le 24 du courant à la salle des au-
» diences du tribunal civil de cet arrondissement,
» au moment que le tribunal et MM. les avocats
» avoués s'y réunissaient pour se rendre au ser-
» vice funèbre pour le repos de l'ame de feu M. le
» président Meyer, vient d'en permettre l'im-
» pression *.

» La mort nous a enlevé un grand homme. J'ai

* A Maestricht, le 28 février 1810.

» connu feu notre président dès ma tendre jeu-
» nesse. Il a été mon professeur aux écoles la-
» tines, il était fort jeune; il avait une figure
» comme la plus belle fille, il avait un esprit
» comme un ange; il excella entre ses co-profes-
» seurs, tous plus âgés que lui, même de beau-
» coup. La société où il était étant supprimée, il
» s'adonna à la jurisprudence, et obtint le grade
» de licence, et exerça avec le plus grand succès
» l'état d'avocat. Moi, dans le tems que j'exerçais
» aussi cet état, j'ai trouvé plus de peine à répon-
» dre et à répliquer à ses écritures communica-
» toires, que je n'ai senti même en écrivant con-
» tre l'un des premiers jurisconsultes. Au reste,
» les grands talens, les vertus imminentes de feu
» notre président vous sont connus, son décès est
» à regretter.

» Messieurs collègues, regrettons-nous feu
» notre président Meyer, qui, pendant le tems
» qu'il a été parmi nous, a valu une grande lu-
» mière et un fort soutien? Moi, je peux le dire,
» il m'a souvent aidé dans mon travail, perfec-
» tionné mon ouvrage, et j'ai appris de lui.

» Monsieur le greffier, regrettez feu notre pré-
» sident, qui a toujours facilité votre opération
» dans la tenue des feuilles d'audience, en vous
» remettant des jugemens rédigés le plus promp-
» tement, le plus oratement et le plus complète-
» ment. Il vous a été toujours à la portée pour
» tout ce où le greffe l'avait besoin.

» Messieurs les avocats et avoués, regrettez feu
» notre président Meyer, avocat comme vous,
» qui tant de fois descendit de son fauteuil et se
» mit au milieu de vous pour concerter avec vous,
» comme frère compagnon, ou mieux comme
» père entre ses enfans. Il alimenta votre prati-
» que, en attendant avec toute connaissance et
» patience du monde les derniers développemens
» que vous donniez aux causes que vous plaidiez,
» soit d'une grande, soit d'une petite impor-
» tance; ceux qui avaient des demandes à faire
» ne craignaient pas de venir devant ce tribunal,
» comptant sur la prompte et juste justice qu'on
» y rendit. Moi et M. le procureur impérial nous
» regrettons notre ami, feu le président Meyer;
» il nous était précieux.

» Président Meyer, pourquoi t'a-t-on donné
» un corps mortel, et laissé les infirmités, les
» préambules de la mort, et celle-ci venir sur
» toi? Cela est-il pour prouver que nous n'avons
» rien de nous, et que l'Etre suprême donne et
» ôte tout? Il t'a donné beaucoup dans ta vie, tu
» étais son bien-aimé, tu laisses une très-glorieuse
» mémoire après toi. Les derniers services les
» plus solennels et pompeux te sont dus, ta fa-
» mille n'y a pas satisfait selon nos vœux, nous
» tâcherons d'y suppléer. »

On voudra bien me dispenser de réflexions sur
un morceau semblable; il prouve seulement que,
parmi les juges des départemens réunis, il s'en

rencontrait qui, pour avoir beaucoup de probité, n'offraient pas dans leurs talens un vol d'aigle. Cela, dira-t-on, n'était pas nécessaire; d'accord, mais il semble que, pour un président, on pouvait choisir un homme un peu plus lettré.

Je reçus dans ce trimestre une lettre de M. Esquirou, qui m'apprit de nouvelles folies de M. Q. P. Dans une fête publique donnée à la préfecture, ce directeur, tourmenté du besoin d'embrasser madame Esquirou, dont le bon sens, orné des convenances, refusait publiquement l'honneur d'une si grande politesse, s'embarrasse dans sa robe et tombe avec elle au milieu des pupitres des musiciens, entraînés dans la double chute. M. P. se relève, traverse fièrement les rangs, court sur la terrasse, tire son épée en criant de toutes ses forces *vive l'empereur!* devant le peuple assemblé, qui lui répond en criant *vive le grand Q. P.!*

Ce fut le dernier acte de sa comédie administrative; car, aussitôt que le conseiller d'état sut cette incartade, il le mit à la retraite de mille écus, qui certainement ne furent jamais plus mal gagnés. Depuis, nos deux noms, commençant par la lettre Q, se sont trouvés inscrits ensemble, et sans intervalle, sur le registre des retraites. Il est mort il y a quatre ou cinq années, âgé de plus de seize lustres. Que Dieu fasse une paix éternelle au pauvre homme! Les anges n'auront jamais vu d'ame plus gaie au paradis, surtout s'il y retrouve un orgue.

Porté sur la liste des trois candidats pour le remplacer, M. Amabert ne put obtenir que mon nom fût en tête, parce que M. Français avait promis la première direction vacante à M. Lemonnier, inspecteur dans la Dyle, frère d'un administrateur de la caisse d'amortissement. Cet échec ne me rebuta point ; je remplis avec le même zèle l'*interim* du contrôle principal d'Aix-la-Chapelle, que le départ de M. d'Ag.. nécessitait jusqu'à l'arrivée de M. Boitelle, qui ne vint à son poste que deux mois après. Dans cet intervalle, je dus m'apercevoir, encore mieux que par une simple vérification, combien le service était languissant sous la conduite de M. d'Ag...

Je fis alors par autorisation un voyage à Paris. C'était au moment de la cérémonie du mariage de Napoléon avec l'archiduchesse Marie-Louise. A l'audience de M. Français, je rencontrai M. de Fontanges, mon prédécesseur au Cantal, et qui résidait à Privas. Le conseiller d'état nous fit entrer à la fois dans son cabinet. Mon collègue sollicitant une prolongation de congé, M. Français la refusa ; mais une pareille demande me fut accordée, en ce que je fis valoir des raisons tirées de la bouche même du directeur général, qui dit à M. de Fontanges : « Si vous aviez une femme, des enfans, je pourrais consentir à cette prolongation ; mais, étant célibataire, qui peut vous retenir ici ? Partez de suite. » J'avais une femme, un enfant, je m'empressai de le déclarer. M. Français, souriant de l'à-propos, ne put en conscience m'appliquer la même décision qu'à mon collègue.

Nous dînâmes ensemble. Après le repas, ayant dessein d'entrer au théâtre des Variétés, je trouvai dans le foyer M. Riou, préfet, et M. Gay, receveur général de la Roër, époux de madame Gay, femme de lettres, connue par des romans et quelques pièces de théâtre, et dont la fille, mademoiselle Delphine, annonce de vrais talens pour la poésie, si le bruit public qui lui donne une plume empruntée manque de fondement. M. Gay, qui vivait très-honorablement à Aix, et chez lequel je mangeais quelquefois, me fit part d'une invitation à dîner, que j'acceptai. C'était un repas en petit comité; nous n'étions que trois personnes étrangères à la maison, un médecin, M. Tourton, banquier, et moi. M. Tourton nous lut une chanson dont il assura que trois copies n'existaient pas dans Paris; elle était dirigée contre la nouvelle union de Bonaparte. On chercha long-tems des airs qu'on y pût adapter : on me pressa d'en trouver un; mais, outre que les vaudevilles ne me sont point familiers, je me gardai de toute recherche à cet égard, ayant présente à la mémoire la suite de l'imprudence de Marmontel, qui, dans un souper, récita des vers de l'intendant Cury contre le duc d'Aumont, et qui paya d'onze jours de Bastille, avec la perte de la propriété du *Mercure de France*, le court plaisir d'exciter la gaîté aux dépens de ce duc haineux.

C'est par M. Gay que j'ai su, l'année suivante, et plus tard par M. Louv..., notaire à Paris, une circonstance dont le souvenir est digne de mémoire. Le premier la tenait, je crois, de Regnaud de Saint-Jean-d'Angely ; et le notaire en avait connaissance directement par l'abbé Laurent.

Le 1ᵉʳ janvier 1811, le cardinal Maury, accompagné des principaux membres du clergé de Paris, se rendit aux Tuileries afin d'offrir ses hommages à l'empereur. L'abbé Dastroz, vicaire général, aujourd'hui évêque de Bayonne, entre aux appartemens avec une bulle du pape, enfermée dans la coiffe de son chapeau. Cette bulle lui conférait en France les mêmes droits que sa sainteté avait à Rome, avec autorisation de les transmettre à un autre ecclésiastique, dans le cas où l'on userait de violence envers l'abbé. Napoléon, instruit soudain que ce vicaire général avait une telle pièce en sa possession, le fit arrêter au moment qu'il montait en voiture pour suivre le cardinal-archevêque ; exilant en même tems, à quarante lieues de Paris, M. Portalis, fils de l'ancien ministre des cultes, et cousin de l'abbé, qui, connaissant la bulle, avait gardé le silence.

M. Réal, mandé au château, fut chargé de faire à l'instant un rapport sur cette affaire. Ne sachant trop quelle face lui donner, il s'adresse à l'abbé Laurent, curé de Saint-Leu, à Paris, et son ancien condisciple. Celui-ci était absent ; il ne rentra chez lui qu'à onze heures du soir. Etonné de voir deux ou trois messages pressans dont le motif était un secret, il vole chez M. Réal, qui lui explique son embarras, et le prie de rédiger sur-le-champ un rapport capable de satisfaire Napoléon. Pour complaire à son ami, l'abbé passe quatre heures dans son cabinet la plume en main, dépose son travail, et se retire. Le matin, M. Réal va chez l'empereur, qui, parcourant la pièce, lui dit avec vivacité : « Ce n'est pas vous, Réal, qui avez rédigé ce rapport; il est plein de termes que vous devez ignorer. — Sire, le tems m'a manqué. — Hé bien, faites-en un autre plus étendu; je veux savoir si le pape a le droit de conférer des pouvoirs qui, jetant un état étranger dans l'état, sont supérieurs à ceux du trône. Allez, je vous donne deux jours. »

Le conseiller d'état prie de nouveau Laurent de s'occuper du rapport. L'abbé, peu soucieux de retoucher une affaire qu'il pensait lui devoir causer quelque désagrément, prend avis de M. Louv..., notaire, marguillier de son église, qui lui conseille d'accomplir la tâche imposée par l'amitié. M. Réal reçoit la pièce, et la porte au palais. En lisant ce rapport, Napoléon s'écrie :
« A la bonne heure! ceci me paraît bien; mais
» encore un fois, Réal, ce n'est pas vous qui l'a-
» vez fait. Vos études, que je sache, n'ont jamais
» été dirigées vers les affaires ecclésiastiques. Il
» n'y a qu'un prêtre qui puisse éclaircir ainsi de
» pareilles matières. Découvrez-moi l'auteur. —

» Sire, c'est mon ami, l'abbé Laurent. — Je veux lui
» parler; faites-le venir demain matin à dix heures. »

Après le déjeuner de l'empereur, l'abbé fut reçu. L'audience dura plus d'une heure, pendant laquelle l'auteur du rapport, qui maniait les pères et les conciles comme son bréviaire, prouva que le pape outre-passait ses pouvoirs dans la bulle envoyée à l'abbé Dastroz; ce qui fit grand plaisir à Napoléon.

Au bout de quelques jours, *le Moniteur*, dans une liste de promotions du 5 janvier, porte le curé de Saint-Laurent à l'évêché de Metz, en remplacement du baron Jauffret, nommé le même jour à l'archevêché d'Aix. Le premier se rend à Fontainebleau, revêtu de toutes les marques de sa nouvelle dignité, pour prêter serment entre les mains du monarque, qui venait d'y arriver avec la cour. M. Réal désire embrasser son ami dans les félicitations. Le curé de Saint-Laurent, averti, se présente. Le conseiller d'état, fort surpris, lui dit : « Je demande l'abbé Laurent, vous n'êtes pas l'homme que je cherche. » Aussitôt, courant chez Bigot de Préameneu, ministre des cultes, il lui met sous les yeux la nomination du curé de Saint-Laurent comme le résultat d'une méprise. L'erreur est réparée. Le curé de Saint-Laurent s'en retourne tristement à Paris, avec l'assurance toutefois que les frais occasionés par le titre et le déplacement lui seront remboursés, emportant même le regret du ministre qu'une ressemblance dans les noms de la paroisse et du titulaire eût produit une si grave erreur.

A la restauration, le baron Jauffret quitta son archevêché pour revenir évêque à Metz, et l'abbé Laurent reprit la cure de Saint-Leu. Bonaparte, sorti de l'île d'Elbe pour remonter aux Tuileries, renvoie Laurent à son évêché de Metz, et le baron Jauffret à l'archevêché d'Aix. Au second retour du roi, ce prélat revient à Metz; mais Laurent, lassé de tous ces jeux de fortune, renonça pour toujours à la cure de Saint-Leu, de même qu'aux plus beaux évêchés du monde. Il mourut peu d'années après ces mutations, dont le chagrin parut hâter sa fin.

Napoléon ne s'en tint pas à la détention de l'abbé Dastroz. Le pape, étant à Savone, reçut l'invitation de confirmer les nouvelles promotions; il s'y refusa. Le général Miolis, commandant des états romains, fut chargé de l'enlever *. Comme il montrait une répugnance invincible à sortir de son appartement, le général, pour l'effrayer, en fit murer les portes. Le saint père s'obstinait à rester, il fallut employer la violence. On pénétra la nuit dans sa chambre à coucher, d'où il fut tiré pour être descendu par une fenêtre, au moyen d'une paire de draps attachés sous les aisselles. On

---

* Serait-ce l'attentat du 22 février, dont parle Pie VII dans sa bulle d'excommunication, fulminée contre l'empereur l'année suivante? Mais, selon cette bulle, on pourrait croire que Rome vit consommer l'entreprise.

le conduisit à Turin : il y coucha. Le lendemain, il demanda s'il lui serait permis de dire la messe avant son départ, ce qui ne souffrit aucune difficulté. Le service achevé, le général, craignant que la grande population de cette ville et des environs ne causât quelque trouble et ne mît obstacle à sa mission, fit passer le fleuve au pape dans un batelet. Sa sainteté, s'étant assise sur le devant, avait en regard à l'autre bout le général Miolis, sans aucune suite, et qui l'examinait attentivement. Le pape garda le silence; son air était calme, nul signe d'émotion sur le sort qu'on lui préparait. Une voiture le reçut de l'autre côté du Pô, et l'escorte le suivit au lieu qui devait la relever.

On connaît les suites de son arrivée à Fontainebleau. On sait aussi que l'empereur l'exhortant, le priant, et tantôt le menaçant, le pape lui dit plusieurs fois : *Comedia! tragœdia!... Tragœdia! comedia!...* Ce fut en vain que Napoléon, dans les discours et les gestes, déploya l'étendue de sa puissance, l'inflexibilité du père de l'église triompha des tentatives audacieuses du chef de l'état.

Il fut question de la fête que l'on devait célébrer dans quelques jours. Madame Gay voulait bien y paraître; on lui demandait quatre mille francs pour une robe, dépense qui l'éloignait, disait-elle, d'un plaisir coûtant trop cher. Je désirai goûter cette satisfaction, mais à meilleur marché. Je louai pour soixante francs, chez un marchand de costumes du Palais-Royal, un habit français, une veste, une culotte, un chapeau à plumes, avec une épée. Mon neveu Queval, employé au contrôle de la maison impériale, me fournit un billet d'entrée au Louvre.

Le 1er avril, à neuf heures du matin, je me rends à ce palais. Toutes les banquettes étaient déjà presque entièrement occupées. Le premier rang de chaque côté se trouvait exclusivement réservé aux dames. Beaucoup, arrivées trop tard, ne purent y prendre place. Les autres rangs, au nombre de quatre, étaient à peu près remplis par les hommes. Des tapis couvraient toute la galerie, longue de quatorze cent cinquante pieds. Je me promenai d'un bout à l'autre, admirant une réunion dont je n'ai jamais vu d'exemple, et qui probablement ne se reproduira plus sous mes yeux. Six mille personnes formaient l'assemblée, dont un tiers, composé de femmes, offrait un coup-d'œil enchanteur. Tout ce que la toilette peut faire imaginer de meilleur goût; tout ce que les diamans en profusion peuvent donner d'éclat sur une peau éblouissante ; tout ce que la magie des cosmétiques peut enfanter d'attraits, brillait en mille façons dans ce divin séjour des grâces ; et j'ose affirmer, parmi ce grand nombre de femmes, n'en avoir pas observé une seule qui me parût laide ou vieille, tant les prodiges de l'art avaient secondé la nature, ou déguisé son déclin.

A trois heures, on annonce l'empereur. La cour défile ; on ne saurait rien contempler de plus ravissant, après le tableau que je viens d'ébaucher.

Napoléon se montre, donnant la main gauche à Marie-Louise, dont le manteau, porté par quatre majestés, avait l'air de peser fort dans la main de la reine de Hollande, sur le point de s'évanouir. Bonaparte s'avance doucement, comme en tremblant. Son teint jaune, blême, blafard, décelait un homme rempli de craintes, et dont la tête a subi, la nuit, une extrême agitation. Le silence était profond. Affaissé par le manteau royal, ses genoux semblaient se dérober sous lui, tandis que l'archiduchesse, au contraire, ayant le corps droit, le regard fier, un peu tempéré par le sourire, marchait au trône avec mille rayons de contentement.

Quand Napoléon fut parvenu au tiers de la galerie, un individu près de moi proféra plusieurs mots à voix basse. L'empereur, qui put les entendre, s'arrêta presque interdit. Quelque pressentiment fâcheux l'agitait-il? Appréhendait-il de rencontrer ici sa fin? c'est ce qu'on ne saurait décider. Il se traîna, pour ainsi dire, jusqu'au premier orchestre, où les fanfares et les cris redoublés de *vive l'empereur!* facilitant sa respiration, il trouva la force de se redresser. Marchant dès lors plus librement, il arriva presque joyeux à la chapelle.

Après la messe, tenant encore la main gauche de l'impératrice, il était vif, léger, gai, dispos; il saluait en riant l'assemblée de dix pas en dix pas, et semblait enchanté d'avoir sans accident pour compagne la fille des Césars.

Dans une seconde entrevue avec M. Français, je le priai de songer à moi pour une direction, qu'il me promit, mais qu'il ne m'a point accordée; ensuite je pris ses ordres, afin de revenir sans retard à Aix-la-Chapelle.

A peine étais-je arrivé dans cette ville, que je dus gagner Cologne, à dessein de remplacer par *interim* M. Dacraigne, qui recevait un congé pour Paris. Ce contrôle principal, bien plus important que beaucoup de directions du centre de la France, m'occupa tout entier durant deux mois. Le service s'y faisait régulièrement. M. Alexandre, chef de division, vint alors à Cologne en qualité d'inspecteur général. Sur la demande de M. du Bouzet, qui, responsable des deniers de sa caisse, désirait l'avoir en son domicile, au lieu de la laisser au contrôle principal, selon les instructions, M. Alexandre l'autorisa par une lettre à la reprendre. L'administration, improuvant cette mesure, m'ordonna de ramener la caisse au contrôle, d'insérer un avis au public dans la gazette de Cologne, et d'envoyer à la régie un numéro du journal contenant cet avis. Je n'avais point commis la faute; l'administration le savait; cependant aux yeux du public elle paraissait m'infliger une sorte de châtiment moral, quand tout le blâme devait rejaillir sur l'auteur de la lettre. Il me fut aisé de me justifier; on ne me répondit point. Depuis, je parlai de cette affaire à M. Daudignac, qui me déclara qu'on avait voulu laisser tomber sur moi le reproche plutôt que sur le grade élevé d'un inspecteur général ; et la première fois que je revis M. Alexandre, il s'écria : « Hé bien, mon cher inspecteur, vous avez endossé pour moi la cuirasse ! — C'est vrai, lui dis-je, les petits poissons demeurent bien exposés quand ils se rencontrent sur la route des gros. Heureusement qu'ici je n'avais pas la crainte d'être avalé. »

Un contrôleur de ville, dans sa ronde, surprit de nuit des douaniers faisant ou laissant faire la contrebande. Le matin, il me remit son rapport. J'en instruisis aussitôt M. Gorsas, directeur des douanes, frère de l'ancien député, dans une lettre dont les expressions étaient mesurées jusqu'au scrupule. Ce dernier vint à moi, presque furieux de ce que j'avais osé lui signaler un si grave abus. Je reçus froidement sa visite, l'abandonnant aux déclamations sur sa probité que je n'attaquais point, sur la fidélité de ses douaniers, dont il répondait sur sa tête, en déclarant qu'il les ferait tous pendre, s'il devait imaginer qu'ils fussent coupables du plus léger délit; après quoi, observant que son ton criard perdait toute autorité dans mon esprit, il affaiblit par degrés ses expressions, baissa sensiblement la voix, quitta le regard sérieux, et fit succéder à ce flux de paroles hautaines la douceur d'un vrai mouton. C'est ce qui confirme la justesse du proverbe : *Petite pluie abat grand vent.*

En feuilletant la correspondance du contrôleur principal, mes regards s'arrêtèrent avec une étrange surprise sur une lettre particulière autographe de M. Li..., où le directeur s'exprimait en ces termes : « Je me doutais bien, mon cher contrôleur, que le rapport de l'inspecteur, dont vous me parlez, était fait dans sa chambre, etc. Brûlez ma lettre. » A cette lecture les bras me tombèrent. Quoi! me dis-je, le directeur, qui doit veiller soigneusement à la hiérarchie des pouvoirs, encourage un inférieur traitant mal son chef! Non content d'applaudir au mensonge, il abaisse sa plume jusqu'à mettre dans sa confidence un employé qu'il devrait rappeler sévèrement aux devoirs de sa place! il traite lui-même à Aix, avec beaucoup d'égards, cet inspecteur qu'outrage la main d'un subordonné! A qui donc me fierai-je désormais, si les éloges de mon directeur sont tournés en piége, afin de m'y attirer plus sûrement par l'attrait d'une confiance décevante? Hé! qu'ai-je donc fait à M. Li... qui puisse mériter ce traitement? L'ai-je trompé jamais? Non, car il vante partout ma candeur. A-t-il des soupçons de ma fidélité? Mais il m'a déclaré cent fois que, sur ce point, son opinion est si bien assise qu'il me confierait sa caisse; et la caisse et le cœur de M. Li... ne forment qu'un organe. L'ai-je inconsidérément exposé à l'un de ces désagrémens qui ruinent l'estime par la base? Mais, pour lui plaire, j'ai secrètement encouru le reproche d'avoir tu l'exercice d'un frère mal à propos fait par un autre? Ai-je mal administré l'arrondissement de Créveld? Non, puisque le secrétaire de ses bureaux m'a lu des louanges qu'il me prodigue, à moins que jamais elles n'aient dépassé les murs de son cabinet, ce qui tombe difficilement dans le cercle de la vraisemblance, et toutefois n'est pas sans exemple. Pourquoi donc m'offrir si fréquemment sa table, s'il doit penser que j'aie le front assez couvert d'impudeur pour lui adresser des rapports mensongers? Ah! M. Li...! M. Li...!

Le cœur saisi d'indignation, je montre cet écrit d'une page à M. Alexandre, qui se contente de me répondre : « Je connais l'homme depuis longtems ; aussi n'irai-je pas le voir à Aix. » Je renvoie la pièce au directeur, accompagnée d'une lettre où respiraient la froideur et la dignité fière d'une ame offensée. Il la garda trois semaines, puis me la renvoya, disant, avec un dépit amer, que j'étais libre d'en faire l'usage qui me conviendrait. Je la déchirai soudain, en le rassurant sur la crainte qu'elle pût lui nuire et servir ma vengeance ; car, ajoutais-je encore, je ferais bien volontiers tourner cette passion vers des bienfaits, si le ciel m'accordait le pouvoir de les répandre sur de braves gens qu'une conduite irréprochable en rend dignes.

Au retour du contrôleur principal, je revins à Aix. J'appris qu'à son passage en cette ville, M. Li... lui adressa de vifs reproches de n'avoir pas jeté, selon sa recommandation, la lettre au feu. Le directeur, en me revoyant, parut avoir perdu le souvenir de cette pièce. Il ne m'en a jamais reparlé; j'ai suivi son exemple. Sa table, étant souvent à mon service, il comptait peut-être sur l'efficacité de son vin pour verser dans mon cœur l'oubli des peines; mais, sans être aucunement rancunier, c'était toujours avec un peu de chagrin que, faible contre les attaques secrètes, je me surprenais dans la situation de n'opposer que la franchise à la fausseté. Réduit au rôle d'une extrême réserve, j'aurais sans doute écarté quelques momens l'envie, si ses traits n'avaient eu un point de mire dans l'imprudence de mes discours, exempts néanmoins d'aigreur, mais qui en recevaient la teinte en passant par des bouches trop officieuses, et remplies de malignité.

M. G., ancien ministre de la justice, depuis membre du directoire exécutif, puis consul général à Amsterdam, vint prendre avec sa femme les eaux d'Aix-la-Chapelle. M. Li..., un jour, leur proposa sa table; j'y fus admis. J'eus l'honneur d'être placé près de madame G. La petite-fille du célèbre Dumoulin *, frappée de la couleur et de la qualité d'un habit de drap vert-pré, qu'à mon

---

* Ministre calviniste, et l'un des principaux chefs de l'église réformée, au commencement du seizième siècle. Madame G. est morte à Eaubonne, vallée de Montmorency, dans les premiers jours de mai 1825. Son mari, qui habite ce village, est âgé de quatre-vingt-un ans.

dernier voyage j'avais apporté de Paris, passa dessus plusieurs fois la main; vantant l'éclat, la douceur, le moelleux, la finesse et la beauté de cette étoffe, et ne pouvant, à plusieurs reprises, revenir de son admiration d'un pareil ajustement sur mon corps. Mais moi, j'étais plutôt surpris que ravi de trouver ce dernier sentiment si fort exalté dans l'une des reines de France, qui, douze ans auparavant, était en possession de voir chaque jour endosser par son époux un costume d'un tout autre prix.

M. G., voisin des jeunes filles du directeur, à qui la nature, trop souvent avare de ses dons, avait refusé la beauté, demanda brusquement à leur père si ces enfans lui appartenaient. Sur la réponse affirmative, le consul général s'écrie avec un air malin fortement exprimé par le mouvement de ses lèvres : « Oh! l'intéressante petite famille! » Il faut observer, pour la délicatesse du coup de pinceau, que M. et madame Li... *, singuliers dans leur façon d'être, figuraient au tableau, selon le coup-d'œil de M. G., qui m'arriva pénétrant comme l'éclair; mais un flacon de vin

---

* Madame Li... était une grosse femme qui pesait près de trois cents livres. Quand je lui donnais le bras pour la conduire au spectacle, son obésité m'obligeait de me tenir à quelque distance de son côté, pour en éviter le choc involontaire. M. Li... me disait quelquefois : « Vous voyez ma femme, bientôt je serai forcé de la promener en brouette. » Madame Li..., un jour, témoin d'un soupir qui m'échappait, laissa tomber ces mots en riant : « Monsieur l'inspecteur, lorsque vous refuserez de prêter votre sœur aux dangereux accens de

du Rhin entre les doigts du laquais, détourna promptement l'attention attirée sur l'*intéressante petite famille.*

Après le dîner, M. G. vint à moi, et me fournit, par ses étranges discours, la mesure d'un esprit que je croyais beaucoup plus vaste, en l'appliquant aux éminentes fonctions dont les circonstances l'avaient revêtu. Il me parla beaucoup du mesmérisme, et d'une aventure de jeunesse, qui lui fut propre autour du baquet du fameux Mesmer, où le profit ne paraissait pas du côté des mœurs. Par ce trait, j'ai pu juger que l'emplacement du baquet magique était parfois un lieu de prostitution cachée sous l'apparence du sommeil.

L'administration m'ayant chargé d'aller clore, conjointement avec un inspecteur de la navigation, les registres des receveurs de l'octroi du Rhin sur la rive droite, je me rendis à Cologne où j'attendis deux jours M. Tippel, beau-frère du maréchal Mortier. Embarqués tous deux sur un grand bateau couvert, portant le pavillon du prince primat, qui redevait cent mille écus à la France, d'a-

---

l'amour, évitez, croyez-moi, de considérer ce petit point noir que nous avons dans l'œil. »

Le fils de M. Li..., âgé de quinze ans, avait reçu de ses parens deux oreilles d'un rare développement ; sa cousine, jeune fille de dix-huit ans, d'une douceur d'agneau, moins libéralement partagée, n'en possédait qu'une. Le point d'ouverture était bien à la place accoutumée, mais toute la bordure manquait ; ce qui, pour mieux entendre, contraignait cette personne d'appeler, par un mouvement de tête demi-circulaire, le secours de la bonne oreille dès qu'on lui parlait.

près les dispositions du dernier traité de navigation, nous commençâmes sur le Rhin, au cœur de l'été, l'un des plus charmans voyages que j'aie jamais entrepris.

Nous passâmes une journée à Dusseldorff. Le matin, au départ, je trouvai plusieurs bouteilles d'excellent vin, mises à notre insu dans le bateau. M. Tippel porta, par soupçon, ce présent sur le compte de l'aubergiste chez lequel nous avions logé, qui, natif de Coblentz, et compatriote de mon collègue, pensait le fêter à sa manière. M. Tippel souhaitant me faire connaître là fille du receveur de Humberg, sur la rive gauche, nous descendîmes au domicile de cet employé, dans l'intention de n'y rester qu'une heure ou deux. Le receveur nous témoigna une si franche cordialité que, non-seulement il nous retint à déjeuner, mais il employa tous ses efforts pour nous garder vingt-quatre heures. Sa fille, avec un visage régulier, où se mariaient à dix-huit ans la douceur, la bonté, la candeur ingénue, l'air indolent de la mélancolie, avait une taille fine, svelte, élevée, accomplie en tout point. C'est peut-être la plus belle femme qui, dans le cours des ans, ait frappé mes regards. Je demeurai comme interdit à son aspect. Le père s'en aperçut, et me demanda si j'étais marié. Sur la réponse véridique d'une ame agitée, le receveur baissa les yeux vers son assiette, tandis que la demoiselle, par distraction, faisait un tour au buffet. Dans l'après-midi, nous traversâmes le fleuve tous quatre vis-à-vis Duisbourg. A la suite d'une collation dans cette ville, dont l'université jadis avait quelque réputation, nous revînmes coucher à Humberg, avec la condition, qui fut acceptée, que le receveur et sa fille nous accompagneraient dans notre tournée.

Je m'arrêtai dans les bureaux de Wesel, de Rees, d'Emmerick. Nous allâmes ensuite à Clèves, d'où l'on jouit d'une vue si admirable qu'embrassant tout l'horizon sur le sommet de la montagne, on découvre à l'œil nu vingt-quatre villes. Dans la matinée du lendemain, nous suivîmes par terre le chemin qui conduit à Humberg ; et, quittant là nos deux voyageurs, M. Tippel et moi poussâmes, le même jour, jusqu'à Créveld. La mission de cet inspecteur étant terminée, il prit la direction de Cologne.

A Créveld, je rencontrai mon collègue, M. Herstadt, inspecteur à Aix avant M. Dehoex, et résidant à Coblentz. Il était depuis plusieurs jours chez sa sœur, madame Vonderleyen. Nous partîmes ensemble pour Aix, le jour suivant, dans une calèche qui nous mena promptement, et nous fit arriver en cette ville entre deux soleils, malgré l'incommodité des chemins.

Dans le rapport que j'adressai à M. Li... sur ma tournée, et dont je transmis copie à l'administration, je sollicitai une indemnité pour les frais extraordinaires que m'avait causés ce voyage dans un pays situé hors de mon inspection. En remettant cette pièce au directeur, je le priai d'appuyer ma demande, fondée sur la justice. Il me promit de l'envoyer. Le tems s'écoulant sans recevoir de réponse, je renouvelai ma démarche par deux lettres, l'une au conseiller d'état, l'autre, particulière, à M. Daudignac; et dans les deux je déclarais que M. Li... approuvait l'indemnité, puisqu'il m'assurait avoir expédié mon rapport à la régie. Même silence de MM. Français et Daudignac. Cela me parut étrange.

Dans ce moment M. Li... voulut se rendre avec sa femme à Paris. Je fis donc l'*interim* de la direction, car j'étais destiné à boucher tous les trous qui s'ouvraient sur mon chemin. Depuis six mois, des tas de papiers, gardés par deux lions de marbre, couvraient le bureau du directeur, qui mettait toujours à répondre la lenteur germanique. En une semaine tout fut nettoyé selon l'ordre de la correspondance. Il m'avait prié de viser et signer les tableaux des amendes et confiscations, dont une double part lui revenait; j'appliquai dans un seul jour seize cents *visa*, confirmés par autant de signatures, sans vouloir toucher un sou des sommes que j'aurais pu réclamer.

Une affaire concernant son cousin, receveur à cheval, et qui, de sa nature, offrait un côté fort désagréable, me fut abandonnée pour la traiter avec délicatesse. Ce commis exerçait à la petite ville de Bergen, sur la route de Juliers à Cologne. Il eut l'imprudence inexcusable d'entrer dans un cabaret avec deux pistolets à sa ceinture. Non content de montrer au public cet air avantageux qui déplaît à tout homme de sens, et doit offenser plus singulièrement encore les gens dont la bourse est atteinte, il enlève brusquement une bouteille d'une table en présence des buveurs, qui, se croyant en droit de considérer comme un outrage un acte de si grande insolence, fondent sur lui au milieu de la chambre. L'employé se défend, lorsque, au fort du tumulte, le plancher se brise sous ses pas; mais, ouvrant en même tems les bras en croix pour s'arrêter dans la chute, il demeure suspendu quelques minutes, et ralentit, par cette étrange situation, la fureur de ses adversaires.

Au craquement des planches, le commis à cheval, qui dans cet instant se trouvait à l'étage inférieur, lève la tête et s'écrie : « Ah! mon Dieu! que vois-je? c'est mon receveur; je le reconnais à ses éperons; vite, montons. » Le commis s'empresse de dégager son confrère des solives. Au moyen de quelques mots pleins de douceur prononcés à propos, il parvient à rétablir le calme dans un lieu si bruyant.

Une plainte fut bientôt portée à Cologne contre ce receveur; elle était grave. Je trouvai le moyen de l'arrêter par la voie du préfet et celle du procureur impérial. Je réclamai de la régie le changement du receveur, qui, voulant rester à Bergen, aurait bien mérité de descendre un grade; mais il est fort difficile, même à l'homme le plus délicat, de suivre toujours dans les emplois le mouvement de sa conscience, quand elle penche vers la rigueur; et, bien que M. Li... eût des torts envers moi, je craignis de le mécontenter par une peine plus forte que le changement de résidence, infligée à son parent.

Mais voici bien autre chose. En parcourant le registre de correspondance avec l'administration, je découvre que deux fois la régie demande au directeur quelle somme il croit m'être due pour l'indemnité que je sollicite. M. Li..., conduit par son commis, avait répondu que ma prétention devait tomber dans le néant. Furieux d'avoir été si indignement trompé, j'adresse à mon tour une longue lettre au directeur général, où, développant tous les faits et la conduite de M. Li... à mon égard, je le priais de la montrer au directeur, qui ne pourrait nier ce qu'elle renfermait. En effet, M. Li... voyant un jour M. Français, le conseiller d'état lui dit : « Lisez, directeur, ce que votre inspecteur m'écrit. Qu'avez-vous à répondre? » M. Li..., à cette lecture, demeura tout confus. Balbutiant quelques paroles sans suite, il déclara ne pouvoir offrir sur l'heure des éclaircissemens satisfaisans, mais qu'il les fournirait à son retour.

Comme, à la suite de cette audience, il eut un entretien avec le chef de division du personnel, M. Daudignac lui demanda pourquoi il se refusait à me faire obtenir une indemnité si juste. M. Li..., en vue de mettre fin à cette affaire, promit de former en ma faveur une demande de cinq cents francs.

Arrivé à Aix, le directeur vint me voir, et passa deux heures dans ma chambre, assis sur le bout d'une table, en me rapportant la double circonstance que je signale. Une invitation à dîner fut la suite de sa visite. La semaine étant écoulée, je lui rappelai sa promesse ; il me dit qu'il songeait toujours à la remplir. Deux fois, même rappel ; deux fois, déclaration semblable. Enfin, au bout de trois semaines, je dîne encore une fois chez lui. Affectant une grande gaîté, mêlée aux nombreuses rasades de ses vins fins, il me confie qu'il va s'absenter un mois sans congé ; que son commis mènera la direction ; que sa femme ouvrira la correspondance, et qu'il souhaite fort que l'administration ignore cette absence.

Extrêmement étonné que madame Li..., qui savait à peine lire le français, fût chargée de veiller au personnel quand le secrétaire en prendrait la direction, je ne pus m'empêcher de témoigner au directeur combien cet arrangement me semblait irrégulier, surtout sous la conduite d'un commis qui, malgré des soins infinis pour n'être pas trompé, avait manqué de me prendre au piége tendu à ma bonne foi, par une éclatante contradiction qu'il avait artificieusement attirée dans un renvoi de sa main, à l'heure du courrier ; contradiction néanmoins d'une telle importance qu'elle menaçait le repos et peut-être l'existence d'un employé. Ce fait mérite d'être ici mentionné pour l'exemple de ceux qui versent toute leur confiance dans le sein d'hommes indignes de la posséder.

Un commis à pied de Créveld, atteint de douleurs rhumatismales, sollicita son changement de résidence au milieu de la France, par l'intermédiaire de M. Buffet, contrôleur principal. Appréciant les motifs de cet homme, je secondai son vœu près de la régie ; j'adressai les pièces au conseiller d'état. Selon ma coutume, ayant rédigé la lettre, je l'avais fait copier par un commis du bureau. A l'heure de la clôture des dépêches, le secrétaire me les apporte pour les signer. Je les lis toutes. En marge de celle qui concernait l'employé de Créveld, j'aperçois un renvoi de la main du secrétaire, portant ces mots : *A Metz*. Comme ce renvoi impliquait contradiction avec l'esprit du message, j'appelai le secrétaire, que je réprimandai vertement de substituer à ma décision sa volonté. Or, veut-on savoir la raison qui le faisait agir ainsi ? La voici.

Le secrétaire de la direction de Metz avait des liaisons coupables avec la femme du commis de Créveld, qui, depuis deux ans, était séparé d'elle. Néanmoins il lui envoyait chaque mois le quart de ses appointemens. Cette femme étant grosse, le secrétaire de Metz écrivit à celui d'Aix-la-Chapelle d'user de son influence pour rappeler à Metz le commis à pied, dont la présence couvrirait ainsi l'adultère de sa femme. Le commis craignait ce rapprochement plus que la mort; mais le secrétaire de M. Li..., dans le but d'obliger son confrère, sacrifiait gaîment la tranquillité du commis, trouvant peut-être plaisant que cela s'opérât par mes mains, lorsque je m'appliquais à manifester une opinion toute contraire à cette surprise.

Si donc, avec tant de précautions, je pouvais être la dupe d'un secrétaire, combien de chefs, de ministres, de princes, de rois, ne font, au lieu de leur volonté, que celle de leurs créatures, et pourtant sont tout fiers du pouvoir qu'ils pensent exercer! La montre marque l'heure, mais, hélas! que de secrétaires dont l'intérêt dirige l'aiguille!

Au sortir de table, nous allâmes, M. Li... et et moi, prendre l'air. Je lui renouvelle la question s'il a écrit à mon sujet à la régie. « Oui, le paquet est parti ce matin. — Bien. Je ne doute pas que, selon votre promesse, vous n'ayez sollicité l'indemnité. » Point de réponse. Je répète mes paroles; même silence. Je le presse de s'expliquer. « Non. — Comment, non! — Je ne saurais revenir sur ma première décision. — Mais votre parole est engagée envers M. Daudignac et moi. — Un homme doit montrer du caractère, et je passerais pour un être faible, qui en manque entièrement, si je ne persistais dans ma résolution. — Monsieur Li..., il me semble que vous marchez dans une route parfaitement contraire à votre but, puisque vous manquez à l'honneur, qui est la première vertu d'un homme de caractère. » Il voulut répliquer sous l'appui de quelques paroles, vraisemblablement soufflées par son secrétaire, qui ne pouvait me pardonner l'outrage d'avoir renversé d'un trait de plume l'édifice qu'il bâtissait contre un malheureux commis à pied, trompé dans sa plus douce affection. Je m'emportai. Tout ce que la colère, dans un être vivement offensé, peut dicter, abonda sur mes lèvres : je maltraitai le directeur avec la même indignité que celle qu'un maître irrité ferait tomber sur son valet. Il me répondit peu de choses. Nous nous séparâmes. Partant de grand matin, et se dirigeant vers Bonn, il y gagna trente-cinq voix pour être candidat au sénat conservateur, par le crédit du sénateur Saur, jadis conseiller, ainsi que lui, de l'électeur de Trèves. Dans les autres arrondissemens de Rhin-et-Moselle, il n'obtint pas une seule voix. A son retour à Aix, il vint me revoir, comme si le défaut de mémoire lui avait ôté tout souvenir du passé.

Pendant sa première absence, M. Mallet Desmarans me remplaça dans la qualité d'inspecteur par *interim*, et fit le même voyage que moi sur le Rhin, pour le même objet. Quand il eut terminé sa tournée, je lui dis qu'aimant à faire le bien, je pouvais lui attirer l'indemnité qu'on m'avait refusée. « Mais, monsieur l'inspecteur, me répond-il, comment voulez-vous que l'on m'accorde précisément le point qui a formé pour vous un sujet de contestation ? — Ne craignez rien, établissez une demande de cinq cents francs ; elle sera probablement réduite à quatre cents, et vous recevrez par mon entremise, dans un acte équitable, le témoignage d'un dédommagement de frais extraordinaires qu'une folle obstination du directeur m'a ravi. Profitez vite, pour m'écrire, du moment favorable où je remplis la direction, car plus tard vous mettriez un vain espoir en M. Li... » Il suivit mon avis ; je recommandai son mémoire, et le retour du courrier annonça que j'avais heureusement présumé des intentions paternelles de la régie. Ce fut un vrai triomphe pour mon cœur et mon amour-propre de voir qu'il était si aisé d'opérer le bien, lorsque, dans la même circonstance, on manquait aux lois sacrées de l'honneur pour m'envelopper dans un tourbillon de faussetés. M. Mallet reçut quatre cents francs ; le directeur apprit, par ma conduite, que l'intérêt, dénué de prise sur mes maximes, n'avait aucun poids sur des actions personnelles, mais que la justice offrant une base solide à mes travaux, jamais je ne la sacrifierais aux petitesses d'une humeur chagrine, inspirée par une créature de mes bureaux *.

Dans ce mois, une troupe de comédiens vint donner quelques représentations à Aix. Parmi eux

* M. Li... avait dix commis dans les siens. Avec ce nombre, j'aurais fait marcher cinq directions.

se rencontrait un peintre qui montrait de l'habileté dans le portrait. Un nommé Bruckner eut la fantaisie de lui commander le sien pour quatre louis. L'ouvrage fini, l'artiste le lui présente. M. Bruckner, voyant peu de ressemblance entre l'original et la copie, refuse le prix dont il est convenu. Cette copie passe dans plusieurs mains pour être examinée, et l'on s'accorde à n'y trouver qu'une imparfaite conformité. Le peintre, choqué de ce qu'on lui refuse la valeur de son travail, entre en dispute avec le modèle, et fait assez durer la querelle pour observer dans l'original les défauts de la pièce. Il la reprend, la retouche avec soin, y ajoute l'ornement de deux oreilles d'âne, et l'expose publiquement chez un fort marchand d'estampes, sous la galerie du Compesbad, lieu le plus fréquenté d'Aix-la-Chapelle.

Cette fois l'artiste avait si bien réussi, que chacun, jetant les yeux sur le portrait, déclarait son opinion sans hésiter : « C'est Bruckner! » Celui-ci n'eut pas moins de curiosité que ses amis; il voulut le considérer de près, et se dit tout bas : « Mon Dieu! c'est moi-même! » Outré de voir sa tête ainsi travestie en Midas, il court chez le peintre, offrant de lui compter sur l'heure les quatre louis promis; mais le comédien, trop fier de son triomphe pour l'avilir par l'acceptation d'une somme inférieure à l'estime dont il environne son nouveau travail, exige deux louis en fa-

veur des corrections, changemens, additions, etc.
« Quoi! s'écrie M. Bruckner en courroux, vous avez le front d'exiger de ma bourse, pour une paire d'oreilles d'âne, deux louis que je donnerais de bon cœur pour vous dresser une potence! — Trêve d'injures, s'il vous plaît. Ne m'avez-vous pas positivement déclaré que vous et vos amis ne trouviez aucune ressemblance entre vos traits et mes coups de pinceau? Comment se fait-il qu'ayant alongé par fantaisie les oreilles, vous le reconnaissiez maintenant conforme à votre physionomie, et même d'un assez bon goût pour en décorer votre cabinet? — Point d'amère plaisanterie; voilà quatre-vingt-seize francs, rendez-moi mon portrait. — Ajoutez-y quarante-huit francs, sans quoi je vous jure qu'il ne sortira de mon recueil que pour passer en la possession du premier amateur qui voudra l'acheter. — Je vous contraindrai bien devant les tribunaux à me le remettre. — Nous verrons si les juges auront le courage de décider que les oreilles du portrait sont les vôtres; car s'il y a la moindre dissemblance entre les unes et les autres, vous devez penser que ma cause sera gagnée tout d'une voix. » Le malheureux Bruckner, vaincu par ces raisons, fut obligé d'accorder les six louis, afin de soustraire cette singulière peinture aux regards d'un public malin, moins ami de l'indulgence que fertile en brocards.

Ce M. Bruckner avait un frère, jeune homme élancé, avec lequel j'eus un différend, dont le récit est plus honorable à ma véracité qu'à ma tête. Un soir où j'avais quitté la table de madame Boitelle avec un peu d'humeur, en ce qu'elle voulait, malgré mon aversion pour le jeu, placer des cartes entre mes doigts, je vais au théâtre, et j'entre dans la grande loge du fond, occupée par une douzaine de personnes. On jouait *Marie Stuart*, tragédie de Schiller. Debout, à côté d'un jeune Suédois qui, la veille, avait dîné, ainsi que moi, chez madame Kellenter, dame riche, fort jolie, et la plus aimable de la ville; ne comprenant pas un mot de la pièce allemande, je causais bas avec cet étranger. M. Bruckner, aussi debout à ma droite, impatienté du chuchotement, cria plusieurs fois *silence!* à mes oreilles d'un ton fort dur qui les blessa. Si l'avertissement fût sorti de ses lèvres d'une façon douce et polie, nul doute que le silence n'en aurait été la suite; mais la véhémence donnée à l'expression lui attira de ma part un mouvement de pied sur le sien, qui devint le signal d'une vengeance après le spectacle. Quoique ce mot eût allumé mon ressentiment, je conçus encore assez de modération pour en vaincre les premières saillies. Je continuai de tems en tems à parler à voix basse avec le Suédois, et poussant quelquefois légèrement le bras de mon adversaire.

A la fin de la comédie, nous sortons. Sur la proposition de l'arme qui lui convient, il choisit le pistolet. Nous allons chercher le témoin qu'il m'indique ; il était absent. Je le mène aussitôt à mon logement pour m'assurer que M. Kellenter serait mon second. En passant sur la place, M. Bruckner marchait posément ; je lui dis avec vivacité : « Allons donc, Monsieur, votre pas est trop lent. » Il me répond avec un sang-froid qui me fit rire intérieurement : « Monsieur, on marche toujours assez vite quand on va se brûler la cervelle. » Il avait raison ; ce trait aurait dû me désarmer ; mais, plus entêté qu'un démon, je suis mon chemin, en lui annonçant qu'il faut tâcher de terminer cette affaire aux flambeaux. Je ne trouve point M. Kellenter. Donnant à mon rival le choix de chatouiller son réveil, ou de l'attendre au mien, il préféra ce dernier parti.

Je me couche, et m'endors si profondément qu'il fallut m'arracher au sommeil à l'heure convenue, sept heures du matin. La servante, qui pouvait très-difficilement s'expliquer en français, me dit que *deux chapeaux* voulaient me parler. D'abord, prêtant l'oreille, et me frottant les yeux, je ne compris rien à ce langage ; mais quelques secondes de réflexion m'en développèrent le sens. Les *deux chapeaux* sont introduits ; c'étaient M. Bruckner et son témoin, celui-ci ayant sous le bras une boîte d'acajou, dont il enleva deux superbes pistolets pour les déposer sur ma table. Je me lève précipitamment, et m'habille en leur présence. Jetant un coup-d'œil sur mon rival, je le vois pâle, défait, à demi-mort, tel qu'un homme à qui l'inquiétude et la peur ont tenu toute la nuit les paupières ouvertes. Curieux de m'assurer dans quel état est mon visage, je regarde dans la glace, et rencontre sur ma face les couleurs brillantes d'un chanoine en santé, qui a pris largement, mollement, parfaitement à son aise un doux repos. Le contraste des deux physionomies était trop remarquable pour ne point fixer l'attention du témoin, dont l'air de bravache touchait au ridicule; mais deux mots firent tomber soudain le maintien de mon matamore. « Ces pistolets, dis-je, sont-ils chargés? — Non. — Il faut de suite jeter dans chacun trois balles, afin qu'en tirant à trois pas, l'un de nous paie de sa vie l'offense qu'il a faite ou reçue. Le sort décidera du premier coup. Hâtons-nous, car l'heure de prendre ma leçon de valse approche; et de là, si je respire encore, je dois aller à la direction imprimer le mouvement du service, dont les rênes me sont confiées. »

Ce ton, ce langage, la valse, la haute mine qui confirmait ma résolution, accablant le pauvre Bruckner, attérèrent aussi son témoin. Ils avaient dans les yeux la tristesse du bon larron. Je vas droit à M. Kellenter, et lui demande s'il consent à me servir de témoin dans une valse. Il accorde en souriant son aveu. Je reviens à mes gens. Le témoin de mon adversaire, après avoir légèrement improuvé la conduite des personnes qui ont le malheur de se mesurer en duel, s'informe s'il n'existe pas quelque moyen d'empêcher celui-ci. « J'en trouve un, lui dis-je, c'est que M. Bruckner, reconnaissant son tort, jure sur son honneur, la main dirigée vers le ciel, qu'en quelques lieux où je me place, je pourrai parler, siffler, chanter, sans qu'il prenne jamais droit de s'en offenser, et que de plus il gardera le silence sur ce qui s'est passé, sans quoi l'affaire recommencera. Mon homme, enchanté de rencontrer un moyen si facile de se préserver d'un coup de feu mortel, suivit ma volonté de point en point. Je pris ma leçon de valse comme de coutume, mais vraiment honteux de m'exposer, à mon âge, à de pareils événemens pour des causes si frivoles *.

Il faut expliquer ici pourquoi j'apprenais à valser. Je fréquentais cinq ou six dames aimables, pour qui la danse avait beaucoup d'attraits. Ne jouant ni ne voulant danser, ces dames, en vue de me rendre utile à leurs plaisirs, me conseillaient d'apprendre la valse, afin qu'il me fût permis de tems en tems de mêler mes pas à leurs doux mouvemens. Je pris ce conseil pour une prière des Grâces, et j'eus durant un mois entier la terrible charge de tourner autour d'une salle immense avec une énorme chaise de cuisine dans les bras au lieu de femme; bravant à la fois les vertiges et les maux de cœur, afin d'arriver au

* J'ai depuis très-amèrement déploré cette féroce manie des duels, qui ne devrait jamais trouver place au cœur d'un homme brave, délicat, honnête, éclairé.

mérite de pirouetter aisément en cadence. Hélas! la première fois que je produisis ce talent à la Redoute, j'y réussis avec tant de maladresse, que, manquant à chaque pas la mesure, laissant paraître une tête enfoncée dans de grosses épaules, j'appelais sur moi tous les regards, et m'immolais à la risée publique; car, sans excepter mon adversaire Bruckner qui se cachait la bouche et les yeux sous la paume de la main, deux contrôleurs principaux l'imitaient à l'écart, sans que j'eusse raison de m'en plaindre, après avoir eu l'audace de tenter cette périlleuse entreprise. Bien qu'à la fin du bal, mes pieds et mes oreilles fussent assez d'accord avec la musique, et que l'espoir me restât de surmonter les difficultés en deux ou trois séances, je demeurai si content de mon coup d'essai, que ce fut l'unique fois qu'il me prit fantaisie d'étaler publiquement mes gambades. J'apprenais en même tems l'allemand; j'y renonçai comme à la valse. J'avais également appris jadis le hollandais d'un tambour batave; mais mon peu d'aptitude aux langues m'avait arrêté vers le second mois de leçons.

Cinq ou six jours après le serment solennel de M. Bruckner, le hasard me fit placer à son côté dans l'orchestre du théâtre. Il n'attendit pas l'heure de tenir sa promesse; décampant au plus vite, il alla prendre asile au fond d'une loge éloignée pour se mettre à l'abri d'un si dangereux voisinage. Sans doute il pouvait rester auprès de moi sans risque; mais tel est quelquefois l'effet que produit autour d'elle une tête prompte à s'irriter; on la fuit pour éviter tout débat, et la sagesse n'a qu'à s'applaudir de cet éloignement. Je fais mon procès en peu de paroles, confessant mes fautes avec la même vérité que je révèle ce qui m'honore; c'est le moyen de me faire écouter des gens dont l'estime repose sur une conscience fidèle à rapporter tous ses mouvemens.

En arrivant à Aix-la-Chapelle, j'avais pris une chambre chez un Italien, qui devait y joindre une écurie quand j'aurais un cheval, le tout moyennant trente francs par mois. Je passai huit jours en ce lieu, remarquable par un tableau de Jésus-Christ, représentant trois têtes semblables sur un seul cou, celle du centre peinte de face, et les deux autres de profil. Encore que ce fût une monstruosité de l'art, le peintre, dans son ouvrage, avait montré assez de talent pour y fixer les regards d'un amateur; mais il n'est pas sûr qu'une femme enceinte, au moment de la conception, l'eût examiné sans danger pour son fruit.

Trop confiant en mon hôtesse, qui m'avait prié de lui permettre le dépôt de ses robes dans mon armoire, je lui laissai la clé, dont elle abusa pour louer pendant deux mois, à mon insu, ma chambre à une dame venant aux eaux. Quand l'*interim* de Créveld fut terminé, je rappelai de suite à mon hôte sa promesse de me fournir une écurie. L'Italien sans foi me la refusa. Je lui comptai cent vingt francs pour son logement, où j'avais à peine dormi huit nuits. Quoiqu'il eût déjà reçu les deux tiers de cette somme par un double loyer, sa conscience n'en fut point émue. Je m'empressai de fuir à l'heure même, sans réclamation, cet odieux homme, afin d'occuper les deux chambres de mon prédécesseur, rue Saint-Adalbert. La maison dont elles dépendaient apppartenait à madame Dumesnil Simon, que l'on titrait de comtesse, mais qui n'était pas en bon prédicament dans la ville. Cette propriété, louée trois mille francs, si l'on y comprend le logement de la comtesse, était composée d'une maison à deux étages avec des greniers, porte cochère, écurie, etc. Une cour la séparait d'une autre maison, que joignait un jardin entouré de murs, et terminé par un assez joli pavillon. L'année précédente, l'ex-directeur Barras l'avait occupée durant la saison des eaux avec une meute considérable. Je fis à la comtesse, veuve et sans enfans, la proposition de me la vendre en rente viagère. Le marché fut bientôt conclu. Je me chargeai de lui faire une rente de deux mille francs, d'en acquitter une autre de cent francs, payable à une dame de Liége, de porter sur mon compte les réparations et les contributions; de sorte qu'en conservant à son profit son revenu, je l'augmentais d'environ cent louis. Elle était âgée de soixante-onze ans, avait un teint fort jaune, qu'à sa toilette, aux jours de cérémonie, elle relevait par une couche épaisse de rouge; le bas de ses jambes perdait dans l'enflure sa forme naturelle; et ses plaintes journalières, vraies ou feintes, annonçaient que, chez la dame, le cours des ans touchait au point marqué par le destin.

On ignorait jusqu'alors dans le pays l'usage de ces sortes de marchés; on pensait même que la morale était intéressée à s'en abstenir, comme si l'intérêt eût fait naître le coupable désir de la mort du prochain. Mais Dieu sait qu'au fond de mon cœur je n'ai jamais plus souhaité celle de la comtesse que la fin d'aucun être humain. J'ai compté sur le pouvoir de la nature, qui agrandit ou resserre à son gré les limites de l'existence, sans hâter par des vœux homicides le terme d'une vie qui se liait si étroitement à ma fortune.

Deux individus suivirent mon exemple. L'un des vendeurs mourut à la fin du sixième mois, et l'autre l'année suivante. Voilà seize ans que j'ai fait mon achat, et la comtesse vit encore; elle se donne même en divers tems, malgré la grosseur de ses jambes, l'amusement de les agiter en cadence au bal de la Redoute. J'aurai plus d'une fois occasion de revenir sur son sujet.

Il me semble à propos de dire un mot ici des sociétés où m'appelaient mes instans de repos. Je vais commencer le tableau par l'hôtel du *Dragon-d'Or*. Cet hôtel, le meilleur d'Aix-la-Chapelle, et l'un des plus estimés de l'Allemagne, était dirigé par une veuve nommée madame Fincken. On y voyait passer des personnes de toute condition, depuis le commis voyageur jusqu'au prince. Lord

Malmesbury, à l'époque du traité de paix d'Amiens, paya une seule portion de logement quinze cents louis pour six semaines, sans comprendre sa dépense et celle de quarante domestiques buvant chaque jour du vin du Rhin à douze francs la bouteille. C'est la plus excellente affaire, selon son aveu, que madame Fincken ait jamais conclue.

Hors la saison des eaux, et quand il ne se rencontrait aucun voyageur, ce qui était bien rare, la table était ainsi composée : MM. Vanderstraten, conseiller de préfecture, décoré, homme doux, aimable, tranquille, un peu causeur ; Koërfghen*, secrétaire général, d'une taille avantageuse, d'un physique fort agréable, même un peu efféminé ; aimant sans excès l'excellent vin ; laissant couler comme l'eau la dépense sans y songer ; donnant dans le faste d'un prince avec une aisance que l'on aurait cru suivie de plusieurs millions ; multipliant les emprunts sous un calme imperturbable ; s'enfonçant plein de sécurité dans cette voie périlleuse, et bravant et les clameurs et les obstacles qui pouvaient importuner ses pas ; Chatelard, chirurgien-major de l'hôpital militaire, jouvenceau de soixante ans, qui, sous les cheveux blancs, montrait de ridicules prétentions, et s'efforçait de nous persuader qu'il était encore en possession de courir après cinq ou six belles, dont une voyait le jour

---

* On prononce *Cœurfienne*. Napoléon, à Cologne, l'appela *Coherfjean*, ce qui fit sourire plus d'un Allemand.

depuis seize printemps*; Johns, peintre anglais, sorti de son pays à la suite de chagrins domestiques, partageant ses talens et ses plaisirs entre Bruxelles, Liége et Aix-la Chapelle; être sensible, ami dévoué; oubliant le carrosse qu'il avait possédé, en vue de prêter à son art des soins dignes d'un maître; mais qui, à force d'examiner de trop près ses modèles, avait la faiblesse de les aimer quand son crayon, conduit par un cœur ému, s'égarait sous les traits de la beauté; Céberg, fils d'un cent-suisse, sous-agent d'une administration dont il maniait mal les deniers; esprit creux, cerveau timbré, spirituel, si l'on peut l'être sans raison; jovial, plaisant, facétieux, excellent mime, d'un ton grivois, plein de saillies, d'abord piquantes, mais dont la réflexion faisait bientôt justice **; Marchant, commissaire des guerres, neveu de M. de Villemanzy, pair de France; homme avare, prodigue pour les caresses du beau sexe, qu'il ne goûtait que dans un mauvais lieu; original en fantaisies, tranchant dans ses décisions, ambitieux à la sourdine, désireux de cordons, frondeur en titre, égoïste avec calcul, vain par excellence; assez aimable quand l'exem-

---

* On le mit à la retraite, vu qu'il aimait trop le jeu. Son successeur allait encore au delà : nul n'y fut jamais plus adonné. J'annonçais au dernier la prochaine arrivée en ville d'un détachement de la ferme des jeux; il me répondit avec un gros soupir : « Cela est vrai, mais le mois qui va finir a *trente-et-un jours!* » Voilà bien un trait dûment caractérisé d'impatience.

** Tué à la bataille de Waterloo.

ple d'autrui l'incitait à l'envie de plaire; acceptant toujours de ses commensaux des témoignages d'honnêteté par des rasades d'un vieux chambertin, mais s'obstinant à n'en rendre jamais, comme s'il eût pris l'engagement de méconnaître la justice du retour *; Kellenter, receveur principal, fort bel homme, qui manqua de payer autrefois de la corde, sous les yeux du prince de Cobourg, l'amitié qu'il portait aux Français; qui, poussé insciemment par le vent des bonnes fortunes, les rencontra plus d'une fois dans la surprise; parlant sans accent notre langue et la sienne avec une volubilité que je n'ai vue qu'en lui; soupirant journellement après la rentrée de ses neuf cent cinquante-quatre mille francs; essayant de noyer tant d'*hélas!* dans le vin des deux peuples, dont le goût partageait également son affection; Mallet Desmarans, émigré d'Auvergne à quinze ans, contrôleur ambulant à trente, dont les idées, rarement très-nettes, ne gagnaient rien au mouvement de la langue, qu'un vilain bégaiement comprimait dans son essor, notamment lorsqu'un peu d'humeur animait sa vivacité; malheur aux mots durs commençant par un *c*, un *k*, une *m*, un *g*, un *p*, un *q!* jamais ils ne sortaient de ses lèvres sans être estropiés par une fatigante répétition; tels étaient *cancan, concorde, kyrielle, moment, pécore, quidam*, etc.; Robens, beau-

---

* Mort il y a quelques années.

frère de l'hôtesse, ancien propriétaire de la maison, gros homme, aussi bon buveur qu'ardent ergoteur; plein de pétulance dans la soixantaine écoulée; instruit, entêté; beaucoup trop enfoncé dans la bonne opinion de soi-même; persistant toujours, au fort des disputes, à ranger la raison de son côté; aimant les saillies, et souvent les accueillant avec assez de bonheur; madame Robens, son épouse, excellente pâte de femme, qui, savourant, à l'instar du mari, la liqueur si chère à Bacchus, paraissait y puiser les mêmes délices, mais n'y conservait pas aussi bien sa raison, et dont l'obésité servait merveilleusement ses pas chancelans; laissant en doute si l'équilibre mal établi de son corps devait être rapporté aux ans, ou à la gêne des articulations, ou à la perfide malignité des vapeurs vineuses, ou même à ces trois causes unies; madame Fincken, au milieu de la table, causant à droite, à gauche, en face; observant tout, servant à propos les convives, n'oubliant personne; lisant dans les regards de chacun, pour y chercher le mets qui lui plaît, et devinant aussitôt sa pensée; ayant constamment l'air ouvert, prévenant, officieux, et faisant toujours avec autant de douceur que de politesse les honneurs de sa maison; enfin moi, qui, continuellement sans appétit, me délassais à table de mes travaux; prenant fréquemment la parole, racontant sur chaque fait exposé par un convive une anecdote, dont l'analogie formait le principal mérite, et que l'on recevait sans ennui. Quelquefois assez heureusement inspiré, j'alongeais mes contes et les rendais peut-être piquans par la manière d'en forger les épisodes. D'autres fois j'y portais, comme le dit Marmontel, la verve de la folie. Je ne sais si le bandeau de l'illusion couvrait mes yeux, mais je ne me suis jamais aperçu d'avoir un seul moment impatienté mes auditeurs. J'avais une ressource qui leur manquait presque à tous dans le souvenir d'une lecture immense, et le choix d'expressions que fournit la culture des lettres. Je parlais souvent par images, usant sans affectation du langage des poètes. Ma réplique était vive; je tirais cette qualité de la nature, ayant cent fois remarqué au spectacle qu'on applaudissait, par un mouvement général, un passage dont une seconde auparavant j'avais senti la beauté. Je demande pardon de sortir ici des règles d'une sage modestie, en ce que l'on peut me regarder comme un écrivain trop peu sobre de complaisances personnelles; mais avant tout la vérité.

Après le repas, j'allais chez madame Kellenter, dont la tête, ornée de cheveux noirs, demi-romaine, offrait de ces beautés rares, créées pour servir de modèle aux artistes, et dont le cœur tout plein de chaleur ne décela jamais la moindre trace de dépit ou d'orgueil. Son mari, le meilleur des hommes, vivait avec elle dans une parfaite union, que le ciel a bénie par une fortune qui

s'accroît chaque jour avec l'ordre et le travail.
Ensuite je passais une heure ou deux chez la présidente Amy, vive Alsacienne, amie du plaisir,
qui jouait, dansait, valsait merveilleusement.
Gaie jusqu'à l'excès, madame Amy portait jusqu'à la passion le goût des petits contes plaisans;
j'ouvrais mon carquois, je prodiguais mes traits,
et m'attirais le renom d'un être charmant. Madame Bélu, femme de l'ingénieur en chef des
ponts et chaussées, jolie personne en qui un peu
d'instruction n'aurait rien gâté, me recevait non
moins bien. Faiblement encline à la mélancolie,
lorsque je me présentais devant elle, je composais
en hâte un feu d'artifice en paroles; je parvenais
à dissiper ses vapeurs; mon bouquet parti, je prenais mon chapeau pour me transporter chez madame Craan. Cette dame, l'une des belles femmes
qui fussent au monde, était Hollandaise, et méritait les soins empressés d'un honnête homme.
Quand je la vis pour la première fois, elle avait
perdu trente mille livres de rente dans les différentes phases de la révolution française, dont son
pays subit la funeste influence *. Bonne, douce,
d'un naturel tendre, sensible, expansif, ses larmes lui prêtaient encore un nouveau charme en
racontant ses malheurs. Je pris de l'attachement

* Par ces mots, je n'entends parler que de nos cruelles discordes, puisque aucun être judicieux ne peut méconnaître les bienfaits du premier acte de notre révolution, résultant des grandes vues de l'assemblée constituante.

pour son aimable caractère, et je cultivai son amitié plus assidûment que celle des autres. Je rencontrais quelquefois chez elle son intime amie, madame de Lommessen, femme du sous-préfet d'Aix-la-Chapelle, qui me semblait enchantée des *Portraits*, et m'en faisait compliment. Cette dame, d'un âge déjà mûr, montrait un esprit passablement romanesque; et la lecture de quelques livres passionnés l'avait jetée dans les grands sentimens. Son premier mari était mort à Flessingue en peu d'heures pour avoir mangé une moule crue, renfermant une de ces araignées de mer qui causent l'enflure, et tuent l'individu, s'il manque de prompts secours.

En apprenant cette affreuse nouvelle, la veuve éplorée vole à Flessingue, demande à contempler une dernière fois l'être qu'elle adora. Inhumé depuis cinq jours, l'homme préposé à la garde des tombeaux lui en interdit l'entrée. Sans se rebuter, les cheveux épars, ses pleurs coulant en abondance, elle tombe aux genoux du gardien, lui donne une bague en diamans, s'il veut souffrir qu'elle voie le corps une minute, une seule minute. Le préposé, vaincu moins par les prières que par l'objet qui brille à ses yeux, accorde son consentement. L'usage, en Zélande, est d'inhumer les morts habillés, la face découverte. Dès que la coulisse du cercueil est ôtée, cette dame pousse un grand cri, couvre d'ardens baisers le visage du défunt, comme si l'excès de la tendresse devait ranimer ses restes, et lui prodigue dans les sanglots ces touchantes expressions que peut seul inspirer l'amour conjugal élevé jusqu'au délire ; puis, s'arrachant précipitamment au silence des tombeaux, elle reprend avec sa douleur le chemin d'Aix-la-Chapelle.

M. Craan, jeune homme à peu près de mon âge, avait beaucoup d'acquis. Il possédait plusieurs sciences utiles et d'agrément, et n'en tirait jamais vanité. Il jouait du violon, du piano, chantait autant par complaisance que par goût dans les concerts publics ; se livrait ensuite au dessin, à la géographie, à l'astronomie, aux mathématiques, qui l'ont aidé plus tard au service d'ingénieur du Brabant méridional, emploi qu'il remplit avec distinction depuis douze ans. Vif et badin comme un Français, parlant purement et sans accent notre langue, on ne l'aurait jamais cru né parmi les canaux des Bataves.

De là je rentrais chez moi, terminant la journée par une visite à madame de Chamont, épouse du commandant du génie dans la place de Juliers. Madame de Chamont habitant l'été un logement qui n'était séparé du mien que par un corridor, j'avais journellement de ses nouvelles. Je n'attendais pas qu'elle éprouvât les langueurs de l'ennui, pour l'écarter. Aussitôt que j'apercevais sur son front des signes d'embarras, d'inquiétude, de chagrin, j'usais de ma ressource ordinaire, le récit de quelque trait plaisant, ou d'un fait si sérieux qu'il en devenait comique. Alors ses yeux, suivant le mouvement des miens, commençaient d'adoucir graduellement ses traits; elle souriait, riait aux larmes, et finissait dans des éclats de voix qui me demandaient grâce.

Lorsqu'une grande soirée m'appelait à la préfecture, ou chez M. de Guaita, maire, ou M. Kelleter, son adjoint, je m'y rendais une fois sur trois invitations, afin que ma constante absence ne fût pas remarquée; car il faut dire que les nombreuses réunions favorisaient bien rarement mon goût. Le préfet, M. Ladoucette, plaçait toujours quatorze ou quinze tables de jeu dans ses salons. L'évêque, M. Camus, et moi, ne touchant jamais une carte, nous passions une heure ensemble à causer de son émigration, des pays qu'il avait visités, des remarques puisées dans ses voyages, des miennes en mes courses; et nous paraissions nous séparer assez contens l'un de l'autre. M. Camus joignait à des connaissances variées une grande aménité de caractère; sa tête offrait une de ces belles physionomies où le teint vermeil imprime un si touchant contraste avec les cheveux blancs. Il est mort à Paris en 1814. Je crois que s'il eût vécu, sa tolérance n'aurait pas montré ces actes d'une rigueur mal entendue de nos jours, qui portent l'affliction dans l'ame des hommes sensés, et blessent bien plutôt la religion qu'ils ne la font aimer.

Il y avait alors à Aix-la-Chapelle un chanoine,

appelé l'abbé N., oncle de M. M....., député. Son air leste, avantageux, cavalier, même un peu gaillard, lui attirait des ennemis, choqués de ses libertés. Un jour, avant mon arrivée à Aix, Céberg et quelques habitués du *Dragon-d'Or* imaginèrent de lui adresser une nomination d'évêque de leur façon. Ayant fait graver le sceau du ministre des cultes, ils lui envoyèrent par la poste un brevet en parchemin, avec une lettre et des signatures contrefaites. L'abbé, recevant le paquet, ne put contenir sa joie. Il rendit beaucoup d'individus confidens de son élévation; et dans ce nombre, ceux qui l'avaient élu apprirent de sa bouche qu'il devait ce grand succès à la beauté de ses sermons; trait naïf échappé du cœur de l'homme, dont l'humilité n'est pas la première vertu. La ruse des compères électeurs triomphant de l'amour-propre du chanoine, ils avaient peine à se déguiser; mais leur gaîté prenait dans son crédule esprit la couleur du vif intérêt qu'il inspirait; et, le voyant si cordialement partagé, lui-même ne songea plus qu'à vendre ses effets pour entrer en possession de son évêché. La vente opérée, il allait prendre congé de ses supérieurs et de ses amis, lorsqu'on s'aperçut qu'il était tems de l'éclairer sur sa prétendue nomination. Afin de ne point l'exposer à descendre subitement d'une trop haute surprise, on essaya d'appeler tout son examen sur le brevet où, constamment rempli d'une robuste confiance, il assurait que rien ne manquait pour le rendre valide; puis on amena par degrés le doute en son esprit, puis sa crédulité fut ébranlée, ainsi que la fausseté du brevet mise à découvert; puis on donna l'assurance que cette pièce avait été fabriquée tout près du Compesbad; puis enfin qu'il était entièrement dupe d'un faux grossier. Heureusement pour le chanoine que l'acquéreur du mobilier voulut bien consentir à le lui remettre au prix même de l'achat. Tout cela dépassait les bornes d'une plaisanterie ordinaire, mais le tour n'eut pas d'autres suites. Depuis, l'abbé, convaincu par sa propre écriture d'avoir fait des vers peu charitables et licencieux contre madame B., fut contraint d'abandonner Aix-la-Chapelle deux ans après mon arrivée. L'ayant connu, je souhaiterais pouvoir dire de lui qu'il fut tel qu'on dût l'environner d'estime et de respects.

Depuis plusieurs mois, Céberg et Kellenter me tourmentaient pour me faire admettre dans la société des francs-maçons. J'avais toujours résisté à leurs instances; mais un matin qu'ils les renouvelaient en présence de M. Bertrand Boislarge, inspecteur général des eaux et forêts, en mission dans la Roër, et frère du général Bertrand, j'accordai mon consentement, si l'on me dispensait des épreuves. M. Bertrand, et M. Boitelle qui se trouvait aussi là, déclarèrent qu'ils suivraient volontiers mon exemple, à la même condition. Céberg prit aussitôt l'avis du vénérable et de quelques dignitaires. Nous fûmes reçus le même jour à la loge de *la Concorde*, moyennant chacun trois cents francs, avec un quart en sus pour différens frais. M. Bertrand logeait chez la comtesse, ou plutôt chez Céberg, dans la maison que j'avais acquise. Il demeura six semaines à Aix, séjour assez long pour former une liaison entre nous.

La saison des eaux attirait beaucoup de monde en cette ville. Madame Fincken, dans l'impuissance de recevoir tous les étrangers qui se présentaient à son hôtel, renvoyait ceux que la table du grand salon ne pouvait contenir. Nous étions journellement à cette table cinquante-deux personnes, sans y comprendre un ou deux supplémens appelés petites tables. C'est là qu'une fois, un jeune homme, de l'air le plus indolent, m'adressa la parole ; je lui répondis à mon tour d'une façon assez indifférente. Quand il fut sorti: « Connaissez-vous, me dit M. Chatelard, la personne avec qui vous causiez? — Non. — C'est M. Demidoff, l'un des plus opulens propriétaires de la Russie, riche de six millions de rente, à qui ce gros revenu n'a pu suffire, et auquel ses créanciers font une pension de quinze cent mille francs, après s'être emparés de tous ses revenus, jusqu'à ce qu'il ait trouvé le moyen d'éteindre ses dettes *. » M. Demidoff était accompagné de M. Na-

---

* M. Demidoff a recouvré la possession de ses biens. C'est lui dont j'ai parlé dans le premier volume du *Moissonneur*, au chapitre : RICHESSE ET BONHEUR NE SONT PAS IDENTIQUES.

rischkin, son parent, dont la grave infirmité dans une jambe l'obligeait à marcher avec une béquille, ce qui ne l'empêchait point de s'élancer à cheval comme le plus adroit écuyer.

Je voyais un colonel russe de la garde impériale, le prince d'Olgorouki, ambassadeur de Russie en Hollande, le comte de Salm Dick, aujourd'hui prince, fréquentant le *Dragon-d'Or*, le vieux duc de Laval Montmorency, qui était si bon prophète que, huit jours avant la rupture de l'Angleterre et des Etats-Unis, il m'affirmait l'impossibilité de la guerre entre ces deux puissances maritimes. Le prince d'Olgorouki fut choisi par l'empereur Alexandre pour annoncer à Moscou son avènement au trône. Il fit dans un traîneau ce long voyage en peu d'heures. Le sénat récompensa le porteur de cette nouvelle importante d'un présent de cent mille roubles en vaisselle plate *.

Le prince d'Olgorouki paraissait se plaire avec moi, et nous étions presque toujours au spectacle à côté l'un de l'autre dans l'orchestre. Les premiers jours, j'attribuai sa rencontre au seul désir de lier conversation avec un Français ; mais, comme sa curiosité me semblait augmenter avec le pouvoir de la satisfaire, et que des nouvelles que je lui donnais, sans y attacher d'autre prix qu'un pur intérêt de confidence, pouvaient, en sa qualité d'ambassadeur, former le sujet d'une lettre

* Le rouble vaut 4 francs.

à son souverain, je compris que la prudence devait me tenir éloigné de ce ministre, du moins en public. Le roi de Westphalie, Jérôme B., dans une soirée, contremanda trois fois son départ pour Cologne. Le prince russe ignorait ce fait, qui n'était guère connu que de la maison du frère de Napoléon : je le savais. Avec quelle attention l'ambassadeur m'écoutait, en le racontant! Il appelait Jérôme B. *Jérôme Pointu*, et m'adressait mille questions au sujet de ce voyage interrompu. Peut-être doit-on rencontrer dans une semblable dénomination la mesure de l'estime que son maître accordait à certains nouveaux rois.

Le prince d'Olgorouki trouvait que la Redoute n'était qu'un tripot, en ce que l'on n'y pouvait jouer au plus que des coups de quatre mille francs. Il ne voulait pas, me disait-il, se commettre avec la banque, en donnant dans un si bas jeu. Je pris alors cet aveu pour une gasconnade russe; mais aujourd'hui * que j'apprends par les journaux qu'il vient de gagner au comte polonais Salvinski, dans une seule partie de piquet, vingt mille arpens de bois, avec un magnifique château situé en Saxe, je n'ai pas le courage d'élever le moindre doute sur son mépris profond des vils coups de quatre mille francs.

La princesse N. vint passer quelques semaines à Aix. Elle logea dans l'hôtel de la préfecture; madame de B., jolie femme et sa dame d'hon-

* Septembre 1825.

neur, l'accompagnait. Parmi ses nombreux domestiques, la princesse distinguait un fort beau noir, dans la fleur des ans, et taillé sur la forme d'Hercule. On voyait incessamment cet Africain derrière sa voiture. Un jour, une dame, que j'ai citée plus haut, s'étant baignée vis-à-vis le *Dragon-d'Or*, me rapporta ce qui suit : « Je ne reviens pas de mon étonnement. L'ouvreuse du bain a vu ce matin la princesse N. Madame de B. était avec elle. Entrant dans l'eau, N. demande son nègre ; la dame d'honneur lui fait respectueusement quelques observations inutiles. Le noir arrive, partage le bain, et N. se dépouille devant lui de son dernier vêtement.

» A cette heure, madame de B. est plongée dans la tristesse. La princesse, apprenant qu'un colonel, amant favorisé de cette dame, venait d'avoir la jambe emportée par un boulet, a ri aux éclats de son malheur. Poussant encore plus loin cet acte de cruauté, elle a forcé la commode de madame de B. en son absence, a surpris la correspondance du colonel, en a fait un paquet que M. de B., son époux, va recevoir. Dieu sait comme il le prendra! »

Ainsi que la personne dont je suivais l'entretien, je ne pus contenir mon indignation au récit de pareils traits, qui révèlent une profonde corruption de mœurs, avec une audace dans le vice, unie à d'odieux sentimens, heureusement peu communs. Cette femme vient de mourir, avant neuf lustres, dans son palais, d'une maladie de langueur qu'elle a due plutôt à son incontinence qu'au cours ordinaire de la nature.

M. L..., tout en me recevant bien, me suscitait trop souvent de petites tracasseries qui retombaient presque toujours sur lui. M. Locquet, inspecteur général, étant venu en mission dans la Roër, ne lui cacha point devant moi qu'il avait été obligé de découvrir son tort à l'administration touchant un de mes voyages à Créveld, que, par l'influence du secrétaire, le directeur avait peint à la régie sous un autre aspect que celui du service. Ce qu'il y a de curieux, et que pourtant j'improuve, est que M. Li... reçut le reproche, en nous donnant à souper; mais il me fallut déguiser mon triomphe, de façon que le directeur, qui avalait et digérait l'affront, pût croire à mon regret d'avoir fourni matière à cet éclat.

Une autre fois encore, étant ensemble chez un directeur qui prenait les eaux, M. Li... décida que je me transporterais de suite à Cologne, quand ce voyage n'offrait rien d'urgent. Après en avoir fait honnêtement la remarque, je promis d'exécuter son ordre le surlendemain de grand matin; ce qui, sans nul préjudice, ne causait guère qu'un retard de vingt-quatre heures. Le bon vin avait un peu échauffé les oreilles de M. Li..., qui se crut offensé de mes judicieuses remontrances; il s'emporta. Ce caprice n'était pas du tout propre à calmer mes sens; j'imitai son exemple, mais sans injure. Je retrouvai bien vite la voix de la raison, et son empire m'éclaira sur la politesse avec laquelle je me séparai de la société.

Le directeur, suivant presque aussitôt mes pas, monta chez moi sans m'y rencontrer. Il vit sur son passage MM. Kellenter et Lharidon, et m'écrivit en leur présence, les yeux gros de fureur, une lettre commençant ainsi : « Monsieur, si vous « ne *serez* pas parti pour Cologne dans deux » heures, je verrai, etc. » Une telle menace, exprimée en si bon français, ne m'épouvanta point. J'allai droit au spectacle le jour suivant ; le directeur y était, mais j'évitai ses regards, afin que ma démarche n'eût pas l'air d'une insulte. Cependant il m'aperçut à la sortie du théâtre. Je suivis tranquillement mon chemin, ne voulant point non plus que cette rencontre prît la couleur d'une fuite. Je me mis en route quelques heures après le spectacle. Jamais M. Li... ne m'a reparlé de son étrange boutade.

En revoyant Cologne, j'y fis connaissance avec l'ingénieur des ponts et chaussées, M. Mossé, qui, depuis, a dirigé les travaux importans de la gare de cette ville ; avec M. N., rédacteur du *Mercure de la Roër*, dont je n'ai pas eu à me louer par la suite, bien que je l'aie accueilli diverses fois à *la Cour-Impériale*, et que je lui aie prêté de l'argent qu'il ne m'a jamais rendu ; avec M. Dumont, propriétaire du *Mercure,* où je publiai quelques articles, à raison de soixante-douze francs la feuille ; avec M. Dumont, son frère, le plus fort fabricant de tabac à Cologne, qui m'a fait la confidence qu'un surnuméraire des droits réunis avait, avant mon arrivée, reçu de lui et de ses confrères plus de trente mille francs pour favoriser la contrebande, et qu'ensuite cet infidèle employé s'était retiré du service de la régie; avec M. Wincélius, homme d'une rare douceur, dont la femme, d'une taille de Vénus, en avait les grâces et la beauté, et qui, dans sa candeur virginale, méritait les hommages de la vertu; avec M. Walraff, savant antiquaire, que je cite au *Moissonneur* *, touchant la fin de Marie de Médicis, veuve de Henri-le-Grand; avec les deux comtes de la Lippe, exploitant une mine de plomb à Commeren **; avec le prince de la Leyen, qui vint de la rive droite du Rhin se faire recevoir franc-maçon à Cologne, et qui, oubliant sa dignité, montrait à table d'hôte un spectacle fort dégoûtant; c'était de verser dans sa bouche un demi-verre de vin, autant d'eau, séparés, ayant l'air de les mêler par divers mouvemens des joues, pour les rendre en-

* Tome III.

** En allant visiter cette mine dans la montagne, ainsi que celle de M. Abels, je découvris une forge considérable. Un ouvrier du pays, c'est-à-dire allemand, lisait, assis sur un banc, en attendant que le fer fût chaud. Curieux de connaître le livre qui fixait son attention, je m'approche de cet homme; au lieu d'un roman dans sa langue, je vois avec une grande surprise le *Discours sur l'Histoire universelle*, de Bossuet. En France, il n'y a guère de forgerons qui s'amusent d'une pareille lecture.

suite alternativement dans une assiette, sans confondre les deux liquides. Le prince paraissait tout fier de cette épreuve, que se permettrait à peine le moins sage écolier.

M. d'A., depuis préfet des Basses-Pyrénées, du Gard, conseiller d'état, aujourd'hui pair de France, fut envoyé dans la Roër comme inspecteur général. Il me confia le soin de reprendre chez les fabricans et débitans de tabac, aux termes d'un décret impérial, toutes les marchandises de ce genre qui étaient en leur possession. Je mis à ce travail une activité surprenante, et j'eus le bonheur, malgré la chaleur excessive que j'endurais jour et nuit aux magasins et aux greniers, de ne point commettre d'erreurs dans le poids des matières, dans les procès-verbaux faits quadruples, et les décomptes qui les suivirent *. M. d'A., rendant compte de ses opérations au directeur général, voulut bien lui rappeler mon zèle et mes efforts. M. Français le chargea de m'en témoigner son contentement. Je priai l'inspecteur général de me le communiquer par une lettre; il me le promit, mais encore que je l'aie dix fois reporté sur sa promesse, jamais je n'ai pu venir à bout de lui tirer cinq ou six lignes, qui m'auraient fait grand

* Les employés, excédés de lassitude, et méconnaissant un instant ma voix, j'étais obligé de porter la main aux balances pour leur montrer l'exemple. Alors, paraissant presque honteux de leur inaction, ils se décidaient à m'aider. Je crois que j'ai pris en ces lieux le germe d'un mal dont je parlerai plus bas.

plaisir, et qui d'ailleurs pouvaient m'être utiles dans la suite. Je n'ai pas eu même la consolation de voir, en ce qui me touchait, la réponse du directeur général.

De mon côté, j'agissais d'une manière bien différente ; je recommandais de toutes mes forces les employés montrant du dévouement. J'aurais désiré de fort bon cœur les faire tous monter un degré selon leur mérite ; et c'était une de mes joies les plus vives quand je rencontrais leur avancement dans l'objet de mes vœux. M. d'A. me retenait toujours auprès de lui, sans me laisser quelquefois le tems de renouveler mon linge à Aix-la-Chapelle : je me souviens même qu'un jour il tira de sa commode une chemise qu'il me prêta. M. d'A. était garçon ; logeant à l'hôtel, son linge semblait négligé ; de sorte que la chemise que je reçus se trouva tellement usée qu'au bout de trois jours, l'ayant fait blanchir, elle me revint en lambeaux ; je n'osai la lui rendre par délicatesse ; je la mis au rang de mon vieux linge, et je ne lui en parlai plus. Si mes *Confessions* passent un jour sous ses yeux, il apprendra pourquoi j'ai gardé jusqu'ici le silence à ce sujet.

M. G., inspecteur en chef de la régie des sels et tabacs, pour les départemens au-delà des Alpes, et remarquable par une taille de six pieds un pouce, eut une mission dans la Roër, concernant, je crois, les sels. Il logeait, comme M. d'A. et moi, *à la Cour-Impériale ;* nous prenions tous les jours nos repas à table d'hôte. Un jour que je devais me rendre à Aix, je dis à M. G. que j'avais retenu ma place à la diligence : « Ah! j'en suis très-fâché, répond-il. — Pourquoi? — Parce que demain je pars aussi pour cette ville; je serai seul dans ma voiture, et j'aurais eu un vrai plaisir à vous y recevoir, afin de nous entretenir dans la route, ce qui la fait paraître toujours moins longue. — Je puis, si vous le désirez, faire ôter mon nom du registre de départ. — Oh! non, évitez cette peine. »

A la sortie du dîner, je vais au bureau de la diligence, et je fais passer un trait de plume sur l'article qui me regarde. J'en préviens M. G. Le soir, je me couche tard. Voilà qu'à trois heures et demie du matin, on frappe à ma porte; je me lève, c'était le domestique de l'inspecteur des sels. « Monsieur, me dit-il, M. G. m'envoie vous prévenir qu'il est désolé de ne pouvoir vous emmener dans sa voiture. — Comment? — Il ne sait à quelle heure, ni même quel jour il quittera Cologne. — Mais il devait au moins me donner cette nouvelle hier au soir; j'aurais de nouveau pris une place à la voiture publique. — Je sors du bureau, Monsieur, et votre nom est rétabli sur le registre. — Diable! vous êtes leste dans vos commissions. — Soyez-le vous-même, Monsieur, car la diligence part dans un quart-d'heure. » Je m'habillai bien vite, et remplis d'effets mon porte-manteau; les chevaux étaient en marche quand j'arrivai au bureau.

Ce trait d'obligeance, que j'aurais dû réduire à sa juste valeur, me rappela celui de M. Vayron, qui, recevant mes adieux à Paris lorsque j'allais au Cantal, me fit entendre des regrets de ce que je ne restais pas un jour de plus, attendu qu'il m'aurait conduit chez le meilleur de ses amis, ancien directeur de la monnaie de Limoges, qui eût senti beaucoup de joie à nous offrir à dîner. « Vos regrets peuvent à l'instant cesser. — Votre place est retenue à la diligence. — C'est égal, je vais reculer mon départ d'un jour. — Oh! non, gardez-vous bien de cela; vous êtes inscrit pour demain, suivez l'ordre du registre. — Je me charge de ce retard, occasioné par le seul plaisir de passer deux ou trois heures avec vous et votre ami. — Non, non, vous dis-je, mon cher inspecteur, je ne saurais consentir à cet acte de votre complaisance; partez, partez. Une autre fois ce dîner se retrouvera. » Je compris qu'il était tems d'éviter les répétitions; je pris congé de l'inspecteur général, avec diverses réflexions, dont le résultat me confirma dans l'opinion qu'il ne faut jamais entièrement compter sur les avances de certaines personnes, qui ne les font qu'à peu près sûres qu'on les refusera *.

En montant dans la diligence de Cologne à Aix, je ne vis que deux voyageurs, la femme d'un

---

* J'aurais dû me rappeler ce passage des *Caractères* : « On convie,
» on invite, on offre sa maison, sa table, son bien et ses services : rien
» ne coûte, qu'à tenir parole. » (LA BRUYÈRE, chap IV.)

colonel de cuirassiers avec un capitaine du même corps. Napoléon venait de passer en revue, à Bonn, tous les corps de cavalerie qui se trouvaient cantonnés le long du Rhin. Cet officier me rapporta que Bonaparte avait destitué un colonel de chasseurs, après avoir fait ôter aux chevaux les selles du régiment, disant qu'il y avait du *micmac* dans le marché souscrit par le colonel pour la remonte. En voyant les deux régimens de carabiniers dont les cuirasses étaient jaunes, il leur avait dit : « Messieurs, vous êtes assurément bien beaux! mais aussi vous me coûtez bien cher! » Aux environs de Juliers, un bonnet de coton blanc couvrait ma tête pour me garantir du froid; le mouvement de la voiture l'ayant sali, j'entends l'épouse du colonel dire à voix basse au capitaine : « Avez-vous vu Mardi-Gras? » Mes yeux étaient à demi-fermés; j'aperçus l'officier lui donnant un coup de genou, et relevant doucement ce terme. Pour moi je ne fis qu'en rire. Néanmoins à Juliers, je ne voulus pas laisser ignorer à la dame que son expression m'avait chatouillé l'oreille; mais la manière galante dont je tournai mon compliment dut lui apprendre que j'étais trop peu sensible à son gros bon mot pour m'en offenser. On a vu qu'à sept ans j'avais joué, sans le vouloir, le rôle de Mardi-Gras, et voilà qu'à trente-trois, vers la même époque, j'en reçois le sobriquet sans peine, et d'une jolie bouche qui pouvait en causer.

A Aix-la-Chapelle, j'étais lié avec un vieux

conseiller de préfecture, M. Dumont, oncle du fabricant de tabac de Cologne, ancien bourgmestre de cette ville, et député par elle en France auprès de la convention. Cet homme, fort instruit, possédait parfaitement les trois langues latine, allemande et française, et faisait dans chacune aisément d'assez jolis vers. Un dimanche, le voyant sortir d'une maison, l'air sombre, je m'informe du sujet de sa tristesse. « C'est peu de chose, me dit-il, je souhaitais envoyer soixante francs à Cologne; la personne qui devait me les donner est absente. — Hé, cela vous chagrine, repris-je : vous avez des amis, et vous les oubliez dans cette circonstance! Pourquoi ne pas vous adresser à moi? Venez de suite, vous savez que je demeure à deux pas d'ici. » Il m'accompagne. Nous montons l'escalier. J'ouvre un tiroir enfermant environ mille francs. « Prenez, lui dis-je, ce qui vous est nécessaire. — Cent francs me suffiront. » Il les reçut avec une politesse égale à la générosité de mon offre; assurant qu'ils me reviendraient dans quatre jours, délai déjà trop long pour sa reconnaissance. « Ne vous gênez aucunement, ajoutai-je, conservez-les huit jours, et même quinze, si ce terme devient indispensable à vos besoins. »

Une semaine, deux, quatre, huit, s'écoulent sans que M. Dumont, que je rencontrais presque tous les jours, me parle du prêt, soit afin de me le rendre, soit pour me prier d'attendre patiemment l'occasion de le recevoir. On m'avertit qu'il n'a point la réputation d'être, sur ce chapitre, fidèle à sa parole. Je rapporte ce propos à M. Vinois, payeur adjoint de la Roër, qui me le confirme, en ajoutant que lui-même subit une avance de sept mois pour le traitement du conseiller de préfecture. Mécontent de tomber dans la tromperie, à la suite d'un procédé si loyal de ma part, je vais trouver mon débiteur, qui, en retour d'argent, me fournit des espérances évasives dont le cours n'aboutit qu'à cinq ou six voyages inutiles. J'allais me résigner au sacrifice, quand M. Dumont m'apporte un *bon* de sa main sur la caisse des contributions directes de Clèves, ou, pour mieux m'exprimer, sur le receveur de cet arrondissement. Je fus tenté de m'écrier comme Ninon : « Ah! le bon billet! » Néanmoins, ayant affaire à Clèves, où j'inventoriai en quelques jours quinze millions de pieds de tabac, je présentai mon *bon* à M. Gruet, contrôleur principal, qui l'acquitta sans hésiter; mais je lui promis de le rembourser, si le receveur venait à le refuser. Le *bon* fut admis par celui-ci, non sans murmure et sans difficulté; car le conseiller lui devait déjà bien d'autres sommes de cette valeur. Voilà comme je faillis perdre la mienne pour m'apprendre à ne plus mettre un si rare empressement dans l'offre de mes services.

Il est remarquable que ce même Dumont, un jour, gagna le gros lot de quatre cent mille francs à la loterie de Dusseldorff, tenue par un juif. Cet homme, escorté de huit enfans, accourt à Cologne, se jette en larmes aux pieds de l'heureux actionnaire. Les marmots embrassent étroitement ses genoux. Le père, au milieu des sanglots, s'écrie qu'il est ruiné. M. Dumont, sentant s'amollir son cœur, pleure avec la famille israélite, la relève, la console, lui remet la somme entière, ne voulant pas recevoir une obole de son gain. Ses neveux m'avaient rapporté ce trait d'un désintéressement si loin de nos mœurs, qu'il me semblait au moins douteux; mais j'ai dû le considérer comme certain, après l'avoir reçu de M. Dumont lui-même.

De Clèves je poussai jusqu'à Nimègue, limite de la Roër. Il y a sur la hauteur de cette dernière ville une vue magnifique, dont je ne m'arrêterai point à faire la description, mais qui pourrait très-favorablement exercer les talens d'un peintre et d'un poète. On observait encore au sommet de la porte de Cranembourg, sur la route de Clèves, les traces de la terrible inondation de 1809, où parut avec tant d'éclat le dévouement de Jeanne Sébus, à qui les anciens eussent élevé un autel, pour honorer, dans la piété filiale, le courage malheureux *. Je revins par Wesel en poste jusqu'à Cologne.

---

* Le préfet, M. Alexandre Lameth, a fait poser une pierre au lieu même où périt cette jeune fille, qui, après avoir sauvé sa mère, voulut encore dérober une autre personne à la fureur des flots.

L'année précédente, j'avais fait également en poste, avec M. Mallet Desmarans, un voyage à Paris, que j'ai passé sous silence, en vue d'éviter au lecteur la narration de tant de courses. M. Mallet fut admis en qualité de sous-chef dans les bureaux de l'administration, et remplacé par M. Millot à Aix-la-Chapelle. M. Français, sur ma demande d'un second inspecteur pour un département si étendu, avait proposé au ministre des finances la nomination de M. Boitelle, qui eut pour successeur M. Saint-Didier dans le contrôle principal.

Je souhaitai de retourner à la capitale, mais sans congé. Je pris le consentement verbal de M. d'A., auquel j'engageai ma parole de revenir à mon poste avant dix jours, et celui de M. Li..., qui reçut de moi la même promesse. Je pars, j'arrive. Je croyais voir, rue de Chartres, ma femme que je savais en Normandie, mais à qui ma lettre ne parvint pas à tems, parce que dans ce moment elle accompagnait ma mère et ma sœur à Dieppe. Je veux m'adresser à l'une de ses voisines; elle était absente. Je vais à mon hôtel ordinaire, rue du Bouloy : je le trouvai rempli. M. Péjot me conduisit à côté de sa maison, hôtel Conti. Je recommandai particulièrement à la dame du lieu de cacher mon nom au commissaire de police; elle m'en donna l'assurance. Je me transporte chez M. Daudignac qui, apprenant que je logeais dans un hôtel garni, s'écria : « Mon Dieu ! M. Français le saura demain matin par le rapport du ministre de la police. Vous pouvez compter que, malgré la foi jurée, votre hôtesse vous trahira ; retournez de suite à Aix. »

Je restai encore deux jours à Paris, délai suffisant pour me faire obtenir par l'appui de M. d'A., qui vint en ce moment même dans la capitale, les cinq cents francs d'indemnité dont M. Li... avait fait consacrer le rejet. MM. Daudignac et d'A. furent d'accord sur la justice de ma réclamation. Je reviens à Aix. M. Li..., en m'embrassant, me dit : « Vous connaissez la nouvelle ? — Quelle nouvelle ? — Vos appointemens sont suspendus pendant un mois. — Ce n'est que cela ! — Croyez, je vous prie, que je n'ai nullement trempé dans cette mesure. »

Je venais de faire à cheval, en poste, en diligence cinq cents lieues dans un mois; j'étais harassé, malade même. Je ne fus donc pas trop fâché de jouir d'un peu de repos qui me devenait bien nécessaire; mais j'étais vraiment désolé de la fatalité dont presque tous mes pas avaient été marqués dans ma courte absence, après avoir si bien rempli mon devoir. M. d'A. reparut presque aussitôt que moi. Il se disposait à m'adresser des reproches, quand je l'interrompis avec vivacité pour lui apprendre que j'avais eu la discrétion d'assumer toute la responsabilité sur ma tête, en laissant ignorer au directeur général la double autorisation tacite dont j'étais couvert. Ce procédé généreux lui ouvrit les yeux, ainsi qu'à M. Li...; et ne voulant point me céder en délicatesse, tous deux me permirent de dévoiler ce fait au conseiller d'état. J'écrivis, en effet, à M. Français une lettre où, me défendant avec noblesse, j'alliais un ton de fierté mesurée au récit véritable des peines que m'avaient coûtées mes travaux depuis six mois, et surtout durant le dernier. M. Français appréciait les ames élevées; ma lettre lui plut; il donna l'ordre de me rendre les appointemens du mois : mais, comme il fallait que je fusse condamné à recevoir une sorte de punition, l'on arrêta que je serais définitivement privé de l'indemnité *.

Encore une fois cette indemnité me touchait bien moins que le triomphe de la justice. Ce refus me blessa. J'examinai ma conduite depuis mon entrée dans la régie. J'y découvris des fautes et des succès, quelques étourderies et de longues fatigues, de l'ardeur et du découragement, des promesses sans résultat avec d'évidens passe-droits. Je me voyais porté sur la liste des douze premiers inspecteurs de l'empire, et chaque direction que l'on accordait m'échappait. Des hommes étrangers à l'administration, poussés par le vent du crédit, montaient aux premières places, au mépris des décrets. Sans d'autre espoir que celui de passer ma vie sur les chemins quand ma santé, déjà fort altérée, me laissait croire que

---

* J'ai appris que M. Français ayant dessein de m'enlever un instant à mes fonctions, M. Daudignac lui dit : « Quoi! monsieur Français, vous auriez le courage de suspendre un de vos meilleurs inspecteurs! » Cette exclamation retint le conseiller d'état.

je la finirais avant deux années dans ce dur métier, je songeai sans dépit au moyen de la terminer en paix. Depuis neuf mois ma digestion ne s'opérait plus qu'avec une extrême difficulté. Toutes les nuits je passais deux heures assis dans mon lit, suant à grosses gouttes jusqu'à ce que la douleur nauséabonde fût entièrement éteinte. Enfin ma résolution étant bien prise, j'appelai chez moi M. Lecamus, médecin titulaire de l'hôpital militaire d'Aix-la-Chapelle, qui, m'ayant visité, déclara, par un certificat du 30 mai 1812, que je ne pouvais plus sans danger supporter l'exercice du cheval. J'envoyai la déclaration du docteur avec mes commissions à la régie, en demandant ma retraite. Le directeur général, imaginant peut-être que cette démarche inopinée était le passager effet d'une humeur chagrine, me laissa tout le tems de la réflexion; car l'avis que ma réclamation avait l'assentiment du ministre ne me parvint qu'au mois d'octobre suivant.

Je ne voulus point faire valoir mes services de terre et de mer, ni accepter d'emploi, même sédentaire, ni revenir sur ma résolution, malgré les observations, cette fois, bienveillantes de MM. Li... et d'A.: j'enfermai mon unique pensée dans les moyens de me débarrasser promptement d'un fardeau que je ne traînais plus qu'avec le dernier dégoût; et la preuve que ce parti s'accordait merveilleusement avec la sagesse et la prudence est que, depuis quatorze ans, il ne m'a coûté ni soupirs ni regrets. Il faut même l'avouer, je n'ai véritablement goûté le bonheur que du moment où j'ai laissé tomber aux pieds du directeur général la chaîne de la servitude. Ma pension fut fixée à onze cent quatre-vingt-quatorze francs : maître de régler mes dépenses futures avec une telle recette, je me trouvai beaucoup plus riche qu'auparavant.

Cette assertion semblera peut-être étrange; mais on ne sait pas que les charges de mon emploi souvent excédaient les bénéfices. Dans une ville de cour, où, durant six mois de l'année, des étrangers de distinction arrivent aux bains de tous les coins de l'Europe, je devais paraître aux lieux publics dans une tenue sévère. L'*interim* des contrôles principaux, et la reprise de tous les tabacs du département, m'obligeaient à garder plusieurs logemens à la fois. On s'était plaint à l'administration, je ne sais pourquoi, que je n'avais point de cheval*; j'en achetai un vingt-trois louis, qui resta neuf mois dans l'écurie du *Dragon-d'Or*, à raison de trois francs par jour, sans m'en servir une seule fois, vu que j'étais à Cologne, ou dans Créveld, occupé à des fonctions sédentaires. Je priais quelqu'un de le monter à Aix de tems en tems, afin de le promener. Heureusement que celui-là n'exigeait rien pour

---

* Je faisais, sur de belles routes, mes courses en poste ou en diligence bien plus lestement qu'à cheval; j'en louais un pour entrer dans les chemins étroits.

son amusement; mais je ne tombais pas moins dans la nécessité de fournir de forts pour-boires au domestique qui en prenait soin; et je me souviens qu'une fois je grossis d'une quinzaine de francs ses légères épargnes.

Lorsque j'allais en tournée, accompagné de plusieurs commis, je payais toujours leur repas avec le mien, ne pouvant souffrir que des hommes, dont le traitement était quatre fois au-dessous de celui que je recevais, ouvrissent leur bourse devant moi. En ma qualité d'inspecteur d'une administration qui touchait vivement à l'intérêt des aubergistes, ceux-ci pensaient me faire honneur ou se venger en me rançonnant sur les routes. J'ai même encore présent à la mémoire un jour où, passant une seule nuit ainsi qu'une demi-journée à Erkelens, entre Aix-la-Chapelle et Créveld, je payai dix écus pour la nourriture de mon cheval et deux mauvais repas. J'eus beau trouver ce compte exorbitant, il fallut l'acquitter, même avec un double pour-boire, il est vrai, volontaire, en faveur du valet d'écurie et de la servante, qui n'entraient pour rien dans l'examen de conscience d'un tel maître fripon *.

* Quand le vieux maréchal Kellermann, duc de Valmy, vint à Créveld en 1809, l'aubergiste Hornemann ne lui demanda que trois louis pour deux repas où se trouvaient quatre personnes, et pour le logement du maréchal, de son aide de camp, et d'un serviteur, avec une illumination de trois lampions dans une lanterne. Il est vrai que le duc s'obstina vainement à ne vouloir payer que deux louis; mais sa dépense réelle quadruplait la mienne. C'est dans l'un de ces repas

D'un autre côté, jamais je ne laissais échapper l'occasion de faire un peu de bien. Chaque fois qu'un Français, homme ou femme, s'adressait à moi, tendant la main par excès d'infortune, je lui donnais six francs; la même valeur tombait de ma poche pour un Allemand quand un quêteur s'y adressait. J'ai bien versé de cette manière douze cents francs pendant mon séjour dans la Roër, et cela juste en même tems que j'abandonnais aux employés inférieurs ma double part d'inspecteur dans les amendes et confiscations; générosité qui déplaisait fort à M. Li..., dont le revenu de ce genre s'élevait à quinze mille francs, sans compter les quarante-cinq mille environ qu'il tirait de sa place.

Les principales considérations qui me portèrent à solliciter ma retraite furent des calomnies, dit-on, exposées aux oreilles de M. d'A., que je n'ai jamais connues, et sans avoir nullement cherché à les pénétrer*; ensuite la conduite de mon directeur, à qui je demandais souvent des ordres, et qui ne m'en donnait aucun; alléguant chaque jour que j'en recevrais incessamment de l'inspecteur général. Celui-ci me promettait de m'avertir quand il aurait besoin de mes services, et ne m'écrivait point. Je demeurais donc dans l'incertitude, at-

---

qu'il dit devant M. Jordans, sous-préfet, avoir donné, quarante-cinq ans auparavant, des coups de canne au bourgmestre de la ville.

* M. Mossé m'a dit, depuis, que M. d'A. revint bientôt de ses préventions contre moi.

tendant inutilement que l'un ou l'autre s'expliquât. M. Li... mandait secrètement à M. d'A. que je négligeais mes fonctions. L'inspecteur général, gardant le silence, me témoignait de la froideur. J'en devinai le motif; et, provoquant une explication devant le directeur, il me fut aisé de me justifier. M. d'A. découvrit le vrai coupable dans M. Li...: mais de telles ruses allant fort mal à mon allure, j'aimai mieux pour toujours quitter la place que de rester en butte aux sourdes manœuvres, bien que le mépris seul dût peut-être en faire justice.

Ma femme et sa fille habitant Paris, je veillais, selon l'ordre, à leurs besoins journaliers : cette dépense, séparée de la mienne à Aix, était forte. Au *Dragon-d'Or*, mes repas me coûtaient cher. Une fois un déjeuner où, parmi les conviés, je comptais M. Ladoucette, M. et madame Li..., les habitués de l'hôtel, etc., me prit quatre cents francs; et je ne rendais par là qu'une très-faible partie des honnêtetés que j'avais reçues. Je passai, du reste, pour un homme honorable; mais ma fortune ne me permettait pas de mériter souvent cet éloge. Ainsi, je le répète, tout bien vu, considéré, examiné, pesé, je dus m'attacher irrévocablement au parti de me soustraire au double joug de la dépendance et des dépenses.

Libre de soins, exempt d'inquiétude, je fis un voyage à Spa, puis un autre à Chaudfontaine, dont les sites romantiques offrent le plus doux aspect dans la belle saison. Je goûtai l'eau de toutes les fontaines de Spa. Je pris un bain à Chaudfontaine dans le vaisseau de marbre que venait de quitter, un quart d'heure auparavant, la reine Hortense. L'eau, qui tombe en ce lieu, douce comme celle de savon, possède en ses qualités la chaleur naturelle du corps humain ; de sorte qu'en fermant les yeux, on pourrait se croire tantôt dans l'eau, tantôt hors du vaisseau.

De retour à Aix, j'appris la nomination de M. Daudignac au grade d'administrateur. A peine était-il nommé que déjà l'intrigue semait ses pas d'écueils ; les serpens de l'envie s'agitaient, se dressaient, sifflaient autour de lui, et soufflaient aux oreilles de M. Français que le nouvel élu visait au rétablissement de la ferme générale, afin d'en devenir bientôt un des principaux membres. Le conseiller d'état parut frappé de ce perfide avis. En recevant la visite de M. Daudignac, il lui dit : « Vous voici administrateur, vous devez être content. » L'administrateur, devinant sa pensée, lui répondit modestement : « Monsieur le comte, mon père jadis fut directeur des aides à Lyon ; j'ai pu désirer d'être administrateur ; maintenant que je le suis, cette charge contient toute mon ambition. »

Soit que la réponse ne parût point assez claire, soit que les soupçons de M. Français ne fussent pas éteints, il fit promptement éloigner M. Daudignac par une mission en Hollande. Ce dernier, mécontent d'une disgrâce qu'il ne croyait point méritée à l'heure même de son élévation, alla trouver le ministre des finances, en vue de changer cet ordre. Le duc de Gaëte lui représenta que le directeur général exigeait son départ, mais qu'il pouvait demeurer tranquille sur les suites, en ce que lui, ministre, promettait de ne faire durer que six semaines son absence. M. Daudignac partit, fit sa tournée, revint au tems prescrit ; mais le chagrin avait déjà, comme une lime sourde, rongé cette ame fière. Peu de tems après sa rentrée à Paris, il mourut frappé d'apoplexie en se mettant à table, à l'âge de quarante-neuf ans, et sur le point de reconquérir la confiance de M. Français, qui le regretta. Vingt-deux voitures de deuil suivirent ses restes au cimetière de l'Est.

La nouvelle de sa mort me parvint par les gazettes dans un cabinet de lecture ; j'en fus si frappé que je faillis me trouver mal, et trempai de mes larmes, sans les sentir couler, la feuille même qui les faisait répandre. Je perdais beaucoup en perdant cet ami. Confident de ses pensées, je découvrais tous les trésors de sa belle ame ; il espérait un tems plus heureux. « Quiconque sait travailler, me disait-il, peut arriver à tout. » L'homme qui tenait ce langage était lui-même fort laborieux ; il connaissait trop le prix du tems pour ne pas l'employer noblement.

Une mort qui m'affligea beaucoup aussi dans

ce moment fut celle de Vinois. Ce malheureux jeune homme, victime du point d'honneur, se tua d'un coup de pistolet, dans un bocage de la commune de Borcette, quelques semaines après m'avoir rendu six mille francs que je lui avais confiés sans reçu *. Le général Maison, son ami, apprenant, sur la route de Moscou, cette fin tragique, tomba de cheval dans les bras d'un aide de camp, qui le crut blessé d'un coup de feu : « C'est plus que cela! » dit le général. Ce peu de mots prouve l'intérêt qu'il attachait à l'existence du payeur. M. Li... se trouva plongé dans l'embarras par cette mort, ayant prêté à Vinois cent cinquante-sept mille francs qu'il n'a pu recouvrer. Les biens du directeur furent séquestrés. Long-tems une somme de douze mille francs a figuré sur les bordereaux de la régie, sous le titre : *Débet de Li....* Enfin, dans l'impossibilité de la faire venir en caisse, on l'a mise au rang des non-valeurs. Un ou deux mois avant cette catastrophe, il avait heureusement retiré quatre cent mille francs des mains du receveur général qui, depuis, fut révoqué. Comme il s'applaudissait en ma présence d'avoir évité le danger de perdre un si grand prêt, je lui dis en souriant : « M. Li..., prenez bien garde à cela désormais; car ce mouvement de finances pourrait bien n'être à la fin qu'un *jeu d'oie.* » C'était son amusement innocent. Un jour il me pria d'em-

* On trouva dans sa poche une lettre déchirante de quatre pages, où l'on voyait tout son regret d'abandonner la vie, si jeune encore.

ployer toutes mes recherches pour en découvrir un à Cologne. On n'en voyait point à Aix-la-Chapelle. Il est vrai qu'il ajouta que c'était pour son fils.

Avant d'abandonner Aix-la-Chapelle, je voulus céder mon marché avec la comtesse. J'eus peine à trouver un acquéreur, car la bonne femme semblait prendre des forces avec les années. Je lui devais six mois d'arrérages, et si j'eusse laissé s'écouler six autres mois sans la payer, elle serait rentrée dans sa propriété, en conservant tout ce qu'elle avait reçu de moi. M. Saint-Didier conçut sans doute bonne opinion de cette affaire, puisqu'un matin il vint me voir exprès pour la conclure. Saisissant avec empressement l'occasion de seconder ses vœux si bien d'accord avec les miens, je lui vendis la maison treize mille francs comptant, aux mêmes conditions que je l'avais acquises, et j'obtins de cette manière près de sept mille francs de bénéfice.

J'ignore s'il croyait à la mort subite de la comtesse; mais M. Saint-Didier montrait une telle vivacité dans la conclusion de la vente, qu'il ne cessait de me répéter ces mots : « Dépêchez-vous, dépêchez-vous donc ! mettez vite vos bottes ! le notaire peut s'absenter. Au nom de l'Éternel, je vous en prie, hâtez-vous, hâtez-vous ! » Arrivés chez M. Daudzenberg, on rédige le contrat; mais quand il faut le signer, le contrôleur principal recule, en refusant de payer dix écus de contributions, somme néanmoins comprise dans le marché. Enfin, revenant sur ses pas, il appose sa signature à côté de la mienne. Les événemens politiques se pressent. L'ennemi pénètre en France. Les Prussiens occupent Aix-la-Chapelle. La maison de la comtesse baisse de moitié en valeur, tandis que les charges sont triplées. L'acquéreur paie sa rente plusieurs années; il se lasse de verser tant d'or en pure perte, et laisse dans l'abandon cet onéreux marché qui lui coûte vingt-six mille francs. « C'était bien la peine, lui dis-je un jour en riant, au Palais-Royal, de me presser si fort de chausser mes bottes pour toucher à ce résultat! — Ah! cher inspecteur, de grâce, répond-il, ne me parlez jamais de cette maudite maison. » J'eus ainsi le bonheur de me tirer d'un vaste bourbier où véritablement j'étais enfoncé jusqu'au cou, sans pouvoir découvrir ni de près ni de loin une main secourable pour m'en arracher. O bien heureux Saint-Didier, que je vous remercie!... Si jamais il vous arrive de lire ce passage, faites-le rondement, sans grimace *; je croirais votre pauvre cœur encore trop affligé, quand vous connaissez le mien assez tendre pour ressentir cruellement vos peines.

M. N. m'envoyait de Cologne les artistes qui passaient dans cette ville avant de parvenir à Aix; c'était encore un appel à ma bourse, puisqu'en

---

* M. Saint-Didier est atteint d'un clignotement perpétuel.

vue de leur être utile, je prenais des billets pour les représentations ou les concerts à leur profit. Un M. Villiers me fut adressé; il s'annonçait comme un homme passionné pour les beaux-arts. Il voulut, devant moi seul et dans ma chambre, déclamer l'exorde du sermon des *Élus*, de Bridaine, quelques fables de La Fontaine, où il réussit assez bien, une scène d'*Athalie*, qui dépassait de beaucoup ses moyens. Il joua de suite au théâtre le drame lyrique de *Pygmalion*, mais sans succès; car il faut un acteur vigoureux pour ce rôle difficile, et l'artiste était déjà cassé par les ans.

Pygmalion me rappelle ici que Larive, en l'absence de son chef d'emploi, Molé, conçut le désir de jouer cette pièce. Un soir, il alla trouver J. J. Rousseau, rue Platrière, afin d'obtenir son consentement. Il monte au quatrième au-dessus de l'entresol, heurte à la porte de l'auteur. « Qui frappe ainsi? dit Jean-Jacques. — C'est moi. — Qui, vous? — Larive. — Que voulez-vous? — Je viens pour vous entretenir d'une affaire qui vous intéresse. — Allez, je n'ouvre point : à cette heure, rien ne saurait m'intéresser. » L'acteur descendit, et s'en retourna comme il était venu. Cependant, le lendemain il chargea de la commission un ami de Rousseau qui voulut bien donner son agrément pour la représentation de sa pièce. Ainsi Larive dit avec raison qu'il a parlé à Jean Jacques sans l'avoir jamais vu.

Aujourd'hui cet acteur, âgé de quatre-vingts ans, maire de la commune de Montlignon *, vallée de Montmorency, habite une maison fort agréable avec un parc, orné de pièces d'eau, dont il est propriétaire. Dernièrement il écrivait au comité du Théâtre-Français : « Mes chers camarades, on répand le bruit que les comédiens ne sont pas religieux ; c'est une infâme calomnie. Ceux qui veulent nous écraser de cette imputation ne savent point qu'un jour d'orage à Lyon, l'acteur qui jouait sur le théâtre le rôle de l'ours dans *les Chasseurs et la Laitière*, frappé de stupeur aux éclats d'un violent coup de tonnerre, se leva sur les pattes de derrière, et fit le signe de la croix avec la patte droite, en présence des Lyonnais, fort édifiés d'un tel acte de dévotion. Si ce trait authentique, arrivé lors de mon séjour dans leur ville, ne suffit pas pour établir notre croyance, et que l'on vous refuse, à votre mort, le repos éternel au P. La Chaise, faites vos dispositions pour vous faire enterrer au P. Larive ; c'est avec une grande joie que je vous offre mon parc. » On ne sait comment les comédiens français ont accueilli cette lettre, mais l'auteur n'a point reçu de réponse à son offre cordiale, obligeante et polie.

M. Hus Desforges, ex-directeur du théâtre impérial de Saint-Pétersbourg, aujourd'hui chef

---

* Il a donné sa démission en 1826.

d'orchestre au grand théâtre de Bordeaux, excellent violoncelle, me fut également adressé. Il était franc-maçon ; il quittait la Russie aux approches de la guerre, et venait de faire cinq cents lieues en donnant des concerts par toutes les cités remarquables où il passait. Je le reçus bien ; je l'aidai dans la distribution de ses billets pour le premier concert qu'il voulut exécuter à la Grande-Redoute. Son jeu plut ; on le trouva très-facile et brillant ; une certaine mollesse de sons gracieux parlant à l'ame, enleva les suffrages. Encouragé par ce succès, il donna deux autres concerts qui furent également applaudis.

Depuis quelque tems mes idées, tournées sur la nature de l'ame, me pressaient de former un système qui me fût propre. La difficulté de la matière, privé de livres, m'éloignait de ce travail ; quand un matin, me promenant dans la cour, je sens naître une multitude de pensées rapides qui m'agitent, m'échauffent, m'enflamment, et me jettent dans un tremblement de tous mes membres, joint à une oppression de cœur, que je veux apaiser en montant à ma chambre. Je dépose en hâte sur le papier les principales idées qui causent mon espèce d'ivresse, après quoi mon feu se ralentit ; mais le mouvement imprimé au sensorium fut tel qu'en un quart d'heure le système en sortit comme Minerve, tout armée, du cerveau de Jupiter. Je créai de suite un nom pour lui fournir un titre conforme à mon sentiment, et je l'appelai

Psychisme, aidé du mot grec *psuché*, ame. Cette expression a pris faveur, car on la retrouve, avec celles de *psychique* et de *psychiste*, dans les dernières éditions du *Dictionnaire de Boiste.*

La première lettre fut composée en quatre ou cinq jours. Je couvris le nom de madame Craan par celui de madame de Fronville, et j'envoyai le manuscrit à Paris pour avoir de la censure l'autorisation de le publier. M. Sauvo, mon censeur, n'y trouva rien à reprendre. Imprimées à Aix-la-Chapelle, mes feuilles parurent dans le mois de septembre 1812, sous le format in-8°, avec ce titre : *Lettre à madame de Fronville sur le Psychisme, par*, etc. Je me hâtai, dans une réponse anonyme qui la suivit, de développer les objections que j'imaginais pouvoir m'être faites; et je fus ainsi, sous le voile, mon principal adversaire. Plus tard, des critiques, dupes de la ruse, n'ont pas manquer de puiser dans ma réponse, comme à leur carquois, les flèches mêmes qui m'avaient touché.

M. Weiss, traducteur du drame *les deux Frères*, et qui reçoit, pour ce travail, des comédiens français, une pension viagère de neuf cents francs, rédigeait le *Journal de la Roër*. Il fut content de la lettre, et composa, de son propre mouvement, un article qui parut le 16 novembre, où il déclarait franchement que « l'hypothèse d'assigner à la vitalité une cause universelle est probable »; sentiment qui, depuis, me valut quelques injures de plusieurs de ses confrères. Il ajoutait avec raison que « cette matière, qui a tant exercé les philosophes de l'antiquité, est le *nec plus ultrà* des spéculations humaines. »

Le *Mercure de la Roër* me lança un trait moins spirituel que malveillant, qui donna de l'humeur à M. Weiss. Accourant chez moi : « Il faut répondre à cela sur-le-champ, me dit-il. — Non, car j'attache trop peu d'importance à de pareilles bagatelles pour m'en occuper une minute. Je serais dix fois plus maltraité que je n'en prendrais aucun souci. Seulement je vais mettre encore une lettre au jour, à dessein d'éclaircir mon système autant que cela dépend de mes facultés. » M. Weiss se retira peu content, mais il garda le silence à mon exemple.

Le *Psychisme* est maintenant composé de cinq lettres, y compris la réponse : celle qui termine le système vit le jour à Paris en mai 1813. L'ouvrage compte cinq éditions sous divers formats ; la dernière, de 1821, est la plus correcte ; je la crois presque épuisée. Je ne dirai rien de cette brochure, dont le contenu, paradoxal aux yeux des gens à prévention, mit en exercice le jugement de presque tous les journalistes de la capitale. Le seul qui m'ait adressé, sans me connaître, une objection de quelque poids, dans quatre colonnes du *Moniteur*, 13 juin 1813, est M. Tourlet, savant modeste et plein de lumières en divers genres. Mais je ne crois point nécessaire de revenir sur un système jugé par l'opinion publique, et que plusieurs personnes considèrent comme la meilleure, ou, si l'on veut, la moins faible de mes productions. Je sais que des prêtres l'ont examinée avec un vif intérêt. L'abbé Anglade, vicaire de Saint-Germain-l'Auxerrois, m'a dit l'avoir lue trois fois la nuit, et qu'il la comprenait bien mieux que les écrits de saint Augustin. Cela ne doit point étonner. L'action du fluide psychique sur les organes est un peu plus aisée à concevoir que le mystère de la sainte Trinité. M. Colnet, ayant censuré la quatrième édition dans la *Gazette de France*, me confessa que cette production l'avait singulièrement touché, mais que son devoir de journaliste l'obligeait de s'expliquer d'une façon différente, moins, j'imagine, au profit de la morale, que pour l'amusement de ses lecteurs. Mercier, dans son opinion, ne m'a point caché que l'ouvrage, en tout tems, me ferait beaucoup d'honneur; ce sont ses propres mots. M. Malte-Brun m'a dit aussi que c'était un *bon ouvrage*. Un illustre savant déclare y avoir observé des choses qu'il n'a rencontrées nulle part. D'un autre côté, M. Jay laisse tomber l'aveu que, portant toute son attention sur la première lettre, sans la comprendre, il avait manqué de courage pour achever les autres. Toutefois il ajoute que mon système peut être fondé sur la raison. M. Jay, étant un homme très-habile et fort instruit, je regrette, pour l'estime que je porte à son autorité, qu'il ne m'en ait point fait sentir tout le poids dans l'examen du livre entier. M. de Sénancour est, après M. Tourlet, celui qui a le mieux approfondi la question dans le *Mercure de France* du 12 juin 1813.

Ayant terminé mes affaires à Aix-la-Chapelle, j'en partis le 3 mars 1813. A Liége, un chef de bataillon attaché à l'état-major, ex-commandant de Koënisberg, et venant de cette dernière ville, prétendit contester ma place en diligence. Je m'échauffai; cette fois le droit était visiblement de mon côté, car je l'avais retenue à Aix pour la route entière. Je fus tout près de soutenir ma prétention les armes à la main; mais l'occasion n'était guère propice à l'heure du départ de la voiture, lorsque chaque voyageur y montait. Je me laissai conduire par la sagesse en étouffant mon ressentiment, surtout quand j'entendis un chef d'escadron * dire tout bas au commandant que ma réclamation se réglait sur l'équité. Mon adversaire, appréciant alors la valeur de mon procédé, m'offrit au relais la place qu'il avait usurpée. Trop fier pour l'accepter, je voulus me venger en honnête homme du court affront que j'en avais reçu. Je résolus d'employer toutes les ressources de mon intelligence, en vue de lui paraître le plus aimable des humains. Je fus constamment bien

* Cet officier, qui déclarait avoir supporté des fatigues extrêmes dans la campagne de Russie, affirmait qu'il la ferait encore si de nouvelles circonstances l'appelaient dans ces régions, dût-il y retrouver d'incroyables souffrances.

inspiré; mon humeur, mes souvenirs, une heureuse élocution me servirent à souhait; et je m'aperçus plus d'une fois que je plongeais le commandant de Koënisberg dans un étonnement supérieur à son offense. Je demeurai fort satisfait d'avoir remporté sur mon violent dépit cette victoire, qui ne coûtait, d'aucun côté, ni sang ni larmes.

Arrivé dans la cour des diligences à Paris, le commandant souhaita savoir de moi le montant ordinaire du pour boire de notre conducteur. « Je vais donner quinze francs, lui dis-je, mais j'observe que son coffre enferme un sac de dix mille francs qui m'appartient. » L'officier se contenta de lui payer cinq francs, ajoutant d'un air humble que ses moyens ne lui permettaient pas d'excéder cette somme. S'il mesura nos fortunes sur une semblable échelle, il dut me croire trois fois plus riche que lui. Quoi qu'il en soit, en nous séparant, le chef de bataillon me témoigna des sentimens de considération, que la vue du pour-boire avait encore plutôt augmentés qu'affaiblis. Tel fut le résultat de mon différend.

FIN DU HUITIÈME LIVRE.

LIVRE NEUVIÈME.

Ma femme avait pris un logement composé de six petites pièces, au premier étage, rue de l'Arbre-Sec. Par un hasard fort singulier, c'était le même qu'habitait Céberg un trimestre auparavant, et qui l'avait abandonné pour cause de dettes. Dans tous mes voyages à Paris, j'allais rendre mes respects à M. le comte Vimar. A ce dernier, je lui soumis tous les motifs qui m'obligeaient à la retraite ; il les approuva, en me citant plusieurs de mes confrères dont la résolution, conforme à la mienne, les ramenait à la tranquillité. Je lui renouvelai de vive voix, comme au fond de mon cœur, l'expression d'une tendre gratitude, qui ne mourra qu'avec moi. Le sénateur, naturellement grave en ses manières, y parut sensible. Je revis aussi M. Amabert, qui me demanda si je voulais reprendre un service sédentaire dans la régie : ma réponse fut négative, ne voulant plus désormais courir les risques auxquels un goût invincible de la paix me faisait échapper. « Si votre fortune suffit à vos besoins, dit-il, je ne saurais que vous applaudir. — Les désirs d'un être sensé, répondis-je, sont bien bornés quand il laisse derrière soi les besoins de l'opinion. Un homme est toujours assez riche en soutenant sa famille par son seul revenu, et la mienne n'est pas assez nombreuse pour aiguillonner ou chatouiller mon ambition. — En ce cas, vous êtes du petit nombre des humains qui, dans leurs pensées, comptent pour quelque chose la sagesse de vivre loin du tracas du monde et des affaires. Avez-vous le projet de suivre la carrière des lettres? — Quand un sujet heureux viendra s'offrir à mon esprit, je pourrai le traiter. — Vous devriez composer des vaudevilles, à l'exemple de Sewrin, qui tire un grand profit des siens; je me charge de faire jouer vos pièces au Vaudeville. — Acceptez, je vous prie, mon remercîment bien sincère d'une offre que beaucoup d'auteurs se garderaient de refuser; la carrière du théâtre est épineuse; le vaudeville est un enfant qui sautille en chantant; je suis un peu grave, et ne sais pas chanter. — N'en parlons plus, suivez vos goûts. » Là, M. Amabert prit une masse de papiers, et je me retirai.

Peu de tems après cette entrevue, j'en eus une autre avec M. Français, dont j'ai totalement oublié l'objet; je ne la rappelle ici que parce que j'y rencontrai le célèbre compositeur Grétry, qui, maigre, pâle, faible et chancelant, offrait déjà tous les signes de la maladie qui l'enleva cinq ou six mois plus tard. Je fis, le même jour, une visite au baron Louis, conseiller d'état, depuis, deux fois ministre des finances, au sujet d'une dotation qu'il avait en Illyrie, et consistante, je crois, en mines de charbon de terre.

Je reçus alors quatre mille cinq cents francs que me devait M. Desprat, propriétaire à Aurillac. Je perdis cinq cents francs quand je n'avais plus besoin de cette somme. Six mois auparavant elle m'eût été fort utile, mais je ne pus, à cette époque, en obtenir le remboursement. M. Desprat, dont les affaires périclitaient, à la suite d'un procès touchant des manœuvres de conscription, effraya ses créanciers, qui tout à coup manquèrent de confiance en lui. M. E. m'écrivit que, si je voulais consentir au sacrifice de quelques centaines de francs, un marchand de fromages du Cantal me garantirait le paiement de la somme entière. J'agréai cette proposition. Dans l'intervalle, ma maison d'Aix fut vendue. M. Desprat, à l'échéance, fit honneur à sa lettre de change; et le marchand de fromages, réel ou supposé, profita du moment d'embarras où l'occasion m'avait précipité.

On se rappelle que l'*Eloge de Boileau* fut mis trois fois au concours par l'Académie française, et que j'entrai dans la lice pour mesurer mes forces avec une vingtaine de concurrens. L'académie des Jeux floraux fit à Pascal le même honneur que l'heureux émule d'Horace avait reçu de l'Institut. Pour la troisième fois aussi l'*Eloge de Pascal* paraissait au concours. J'osai me lancer dans cette entreprise que deux jours virent achever. C'était trop peu, je le sais; mais, en déclarant une pareille vitesse, je suis bien loin d'en tirer vanité. Je dis la chose sans la vanter, car la raison m'en ferait plutôt rougir qu'elle n'aurait droit de m'y donner un sujet d'applaudissement.

Je me présentai chez Mercier, mon manuscrit à la main. Je cherchais un jugement dans son avis. Cette marque de déférence le flatta. Il fit soudain fermer les portes aux survenans, pour n'être point interrompu. Je commençai ma lecture, dont le sujet me parut l'intéresser vivement par l'attention qu'il me prêta, surtout au moment où Pascal, revenant un matin de Saint-Sulpice, rencontre une très-belle paysanne qui lui demande des secours. Je ne pus retenir un sourire au mouvement de sa tête, ayant, la veille, appris d'une jolie femme, qu'il avait long-tems suivi ses pas, lorsqu'elle prenait un malin plaisir à prolonger cette poursuite.

Mercier me croyait grand mathématicien ; il ne m'épargna point les louanges d'avoir habilement adapté le style à la science ; mais il ne fut pas de mon opinion sur le prodigieux mérite de celui de Pascal. Cela devait être conforme à l'esprit d'un écrivain tel que Mercier, qui, dans son originalité, préféra le piquant des choses au soin de les bien rendre, et qui, selon mille apparences, n'avait point, dans le jugement, assez de rectitude pour former en ses phrases un choix harmonieux d'expressions propres à la matière qu'il traitait. L'art d'écrire avec autant de facilité que de justesse, celui de joindre la concision à la clarté, l'harmonie à la vigueur, et l'élévation au naturel, est un secret connu de fort peu de gens, même aujourd'hui que le progrès des lumières a formé tant d'auteurs. C'est que le travail seul ne suffit point à la composition, et qu'il faut que le cœur et la tête soient dans un parfait accord de sagesse pour la produire; or, ces deux points essentiels sont au rang des dons précieux de la nature, qui ne daigne les accorder qu'au très-petit nombre de ses élus. *Apparent rari nantes...*

J'envoyai par la poste mon mémoire à Toulouse. Le secrétaire perpétuel de l'académie me le renvoya par la même voie, et ce double port me coûta neuf francs. On me déclarait que le programme exigeait rigoureusement trois copies des mémoires admis au concours. Je trouvai cette condition assez surprenante de la part d'une académie de province, quand l'Institut de France voulait bien se contenter d'une seule. Faire deux nouvelles copies de mon manuscrit, les affranchir encore dans l'incertitude d'un succès peut-être combattu par des chances nombreuses, furent, à mon égard, des soins d'un assez mauvais augure pour empêcher mon ardeur de l'emporter sur la paresse. Je me contentai de livrer mon manuscrit à l'impression, avec un avertissement où, rendant compte des motifs qui m'y déterminaient, j'annonçais qu'en le publiant cinq mois avant la clôture du concours, ce mémoire pouvait être utile aux aspirans. J'en adressai sous bande, sur papier vélin, deux exemplaires à l'académie des Jeux floraux, qui, dans sa froide dignité, ne jugea point à propos de m'en accuser réception.

M. Raymond, propriétaire de la maison des Charmettes qu'habita Rousseau dans sa jeunesse, et professeur à Chambéry, déterminé sans doute par quelques louanges qui me revinrent des journaux, écrivit à M. Cotelle, libraire, de lui adresser mon *Eloge de Pascal.* J'ignore s'il en a tiré quelque profit, mais M. Raymond concourut, et ce fut lui-même qui obtint le prix. Je ne puis rien dire de son ouvrage, ne l'ayant point examiné. Le mien portait pour épigraphe : « L'éloge d'un grand homme doit être simple et court, substantiel et vrai. » Je l'avais empruntée à mon jugement; on la trouva conforme à la raison, en observant même que j'en remplissais les conditions. Le *Journal de Paris* seul pensa que le mot *substantiel* s'appliquait imparfaitement à mon œuvre. Le *Journal des Arts* annonça que cet *Eloge*
« était l'ouvrage d'un homme instruit et d'un
» écrivain exercé.....; que j'avais fort bien appré-
» cié les *Provinciales,* comme le reste des ou-
» vrages de Pascal....., mais qu'il fallait faire
» quelques pas de plus, afin d'imprimer à l'ou-
» vrage un cachet d'originalité.....; que, si ce que
» j'avais fait était bien, on pouvait faire mieux,
» et que j'en étais capable, etc. »

Un autre journal, et c'est le dernier que je citerai, pour ne point fatiguer l'attention sur un aussi mince objet, s'exprime ainsi : « ..... Cet ou-
» vrage est écrit avec réserve ; l'élégance du style
» oratoire y contraste agréablement avec la pré-
» cision et la simplicité du langage mathéma-
» tique..... M. Quesné considère ensuite Pascal
» comme auteur des *Lettres provinciales*, et
» donne d'une manière très-élégante un aperçu
» philosophique de cet ouvrage. Après s'être un
» instant arrêté sur les *Pensées* de ce grand homme,
» que la mort enleva à l'âge de trente-neuf ans,
» avant que son ouvrage fût achevé, il nous le
» représente dans ses relations avec la société, et
» il fait autant aimer le caractère de l'homme,
» qu'il a fait admirer le génie du savant, etc. »

Voici mon sentiment. Cette composition, qui ne manque ni de force ni de clarté, dont le style assez correct s'unit à l'élégance, souffrait un plus grand développement, sans s'écarter de la rigueur de l'épigraphe. Au lieu de deux jours consacrés à l'ouvrage, il fallait en employer quinze, et régler ses pensées avec une sage lenteur. On peut bien écrire fort vite quatre ou cinq pages dans un moment de verve ; mais il est singulièrement difficile d'en soutenir le ton sans pécher par quelques taches, car le jugement le plus solide n'est pas à l'épreuve d'une marche d'idées si rapide.

Tandis que mon manuscrit voyageait de Paris à Toulouse, et de cette ville à Paris, j'entreprenais une course d'agrément à Aix-la-Chapelle. J'avais envie d'emmener avec moi Mercier, cousin de M. Ladoucette, qui m'y avait engagé; mais ce pauvre cousin déclarait ne pouvoir mettre ses jambes en action sans le secours de sa gouvernante, attendant d'un terne à la loterie le moyen de faire avec commodité ce long voyage. Chaque fois que je me rendais chez lui, je voyais son espoir frustré par des billets perdans qui couvraient sa cheminée. Tout son argent se fondait dans ces onéreux petits papiers. Malgré mes soins pour lui ôter sa chimère, il y est resté si constamment attaché, qu'à sa mort le bonhomme ne laissa que des dettes importunes pour héritage à sa famille.

Déjà la foule arrivait dans la cité de Charlemagne, et bien que je fusse une ancienne connaissance du *Dragon-d'Or*, je ne pus y trouver place. On me logea près de l'hôtel, chez un notaire du Compesbad, qui me fit un accueil propre à me faire oublier l'appartement de madame Fincken; car, pour sa table d'hôte, j'y étais toujours admis, même avec préférence. Je n'appris pas sans peine la conduite de Jérôme B., qui, plusieurs mois auparavant, passant dans cette ville, versa des larmes comme une femmelette, poussa des cris, s'arracha les cheveux devant ses domestiques, en recevant la nouvelle que son royaume était envahi sur tous les points, et son palais occupé par l'ennemi. Ce roi détrôné, fuyant ses états, sans argent et sans crédit, tendait la main, et recevait des fonctionnaires publics, dans une quête ouverte, la somme nécessaire pour se rendre à Paris. Si mon malheureux sort m'eût précipité sur un trône, il me semble qu'en le perdant, ce n'est pas cet exemple de faiblesse, et j'adoucis l'expression, que j'aurais offert à la face de toute une ville. Mon collègue Richard mit vingt francs à la cueillette souveraine; mais il fut moins mécontent, quoique renfermé par une stricte économie dans le cercle de ses besoins, du sacrifice de sa pièce d'or que de la manière dont il était imposé. En effet, un monarque en pleurs, qui fend l'air de ses lamentations en implorant la pitié publique, au lieu de montrer la fermeté d'une ame que ne sauraient briser les malheurs, inspire un mépris d'autant plus profond que celui qui le conçoit a le cœur plus nourri d'élévation..... J'entends ici de grandes clameurs qui s'élèvent contre des vérités dures; laissons-les retentir, puisqu'à l'exil s'attachent des droits qu'il importe à l'honneur de respecter.

Je n'étais ni souverain, ni prince, ni noble, ni titré; mais je me plaisais aux bonnes actions quand ma position m'en laissait le pouvoir. Je disposai d'une somme de deux cents francs que, l'ôtant à mes plaisirs, j'adressai secrètement à M. de Guaïta, maire d'Aix-la-Chapelle, afin de fonder un lit dans l'hospice des indigens de cette ville. Je n'exigeais d'autre condition que le secret. M. de Guaïta, répondant par une lettre confiée à son domestique, me le promit, avec de grands remercîmens « de l'intérêt que je prenais à ses pauvres administrés. » Le lendemain, je demeurai surpris en lisant dans le *Journal de la Roër* les lignes suivantes : « Aix-la-Chapelle, le 28 août (1813). Un » anonyme a fait verser, chez M. le maire de » notre ville, dix napoléons pour les pauvres de » cette commune. De tels actes de bienfaisance » secrète méritent d'être cités ; ils sont d'autant » plus méritoires, qu'ils découlent d'une source » pure et ne sont point inspirés par l'intérêt ou » l'amour-propre. » Par là je vis que mon secret était découvert, et j'en fus encore mieux assuré lorsqu'à la suite d'un dîner chez M. Ladoucette, il me dit en me prenant la main : « Monsieur Quesné, nous vous devons un petit doigt d'or ; » phrase qu'il répéta, et que je ne voulus point relever, feignant de n'y rien comprendre.

Le soir même, étant au spectacle à côté du maire, je lui parlai tout bas de la destination du dépôt. M. de Guaita me déclara que, par un arrangement avec le préfet, dont l'épouse était présidente de l'hospice de la Maternité, l'on avait placé mon présent dans ce lieu, attendu que les besoins de cet hospice offraient un plus grand caractère d'urgence qu'ailleurs. Cela pouvait être ainsi, mais il me semble que l'on aurait bien pu prendre avis de ma volonté, comme donateur, avant de changer l'emploi que je faisais si librement de cet or. Du reste, j'approuvai la nouvelle mesure par un signe de tête, craignant d'atténuer dans mes réflexions un acte qui devait perdre de son prix en soutenant la direction que je lui avais imprimée *.

A quelques jours de là je revins à Paris, avec le regret de n'avoir point rencontré plusieurs dames de ma connaissance. Madame Amy était à Coblentz; madame de Chamont venait de partir pour Juliers; madame Craan depuis un mois habitait la Hollande, au sein de sa famille, et ne devait revenir que dans quelques semaines; mais je retrouvai madame Kellenter, toujours bonne, toujours aimable, toujours jolie. Je dînais quelquefois chez elle, comme aux années précédentes; j'y soupais aussi après le spectacle, quoique plus rarement.

Gardons-nous d'omettre une circonstance qui n'est pas indifférente au repos des voyageurs. Mon successeur, M. Peyronny, que j'avais vu longtems avant mon départ d'Aix, arrivait en ce moment de Cologne. Il était malade; la fièvre le dévorait : « Ah! mon cher, me dit-il, je vais mourir; mais auparavant je veux goûter les eaux de Spa. Croiriez-vous que ces jours derniers un voleur s'est introduit dans ma chambre à la *Cour-Impériale* de Cologne, où vous savez que la serrure des portes ne ferme qu'à demi-tour? Vers le

* Si la révélation de ce fait et d'autres semblables doit choquer, j'avertis l'homme épineux que mon silence en voile encore de plus honorables.

milieu de la nuit, un homme s'empare de mon porte-manteau rempli d'effets. Je m'éveille au bruit, quoiqu'il en fît peu. Je le poursuis en chemise dans les escaliers, en criant de toutes mes forces : *Keller! keller* *! *Au voleur! au voleur!* Malgré la puissance de mes poumons, Keller ne put ou ne voulut m'ouïr.

» Arrivé dans la salle à manger, le voleur, pour se débarrasser de moi par un coup mortel, me lance avec autant de force que d'adresse un long couteau de table aiguisé, qui, fort heureusement, passe entre la chemise et la peau sans me toucher. Peu sensible au péril qui m'environne dans les ténèbres, je serre de près mon brigand, que j'entends s'échapper et courir dans la rue. Je le talonne sur le pavé, en redoublant mes cris : *Au voleur! au voleur!* Enfin, las du fardeau prêt à compromettre sa sûreté, il l'abandonne, et se dérobe comme un cerf à mes poursuites. Je reprends mon bien sous la pointe d'un violent accès de fièvre, encore accru par la fureur.

» Le jour venu, je m'habille et m'élance dans la diligence. Elle se remplit. Le hasard met à côté de moi un énorme Allemand qui, dans le sommeil, laisse aller son corps sur le mien, dont le poids n'atteint pas le tiers de celui du Teutche. Je prie poliment en français le colosse de se redresser, s'il ne veut m'étouffer sous sa masse. Il me

---

* Nom de l'homme chargé du soin de la cave dans les hôtels publics d'Allemagne.

répond dans sa langue en grommelant, et m'appuyant son coude sur les fausses côtes. Afin de repousser ce vilain bras, si incivil, et non moins importun, je prends la liberté de lui faire décrire malaisément une courbe. Cet essai réussit très-mal. Mon rustre se fâche, et me lâche à la sourdine une volée de coups de poing qu'il m'a fallu supporter, dans l'ardeur de la fièvre, jusqu'aux approches d'Aix-la-Chapelle, où je suis arrivé tout meurtri, et le corps aussi noir qu'un charbon. Hélas! mon cher, vous ne me reverrez plus, je sens trop que depuis ce fatal moment les liens de ma vie s'affaiblissent. »

M. Peyronny se trompait comme beaucoup de malades, qui craignent plus la mort qu'ils n'y croient. Je l'ai retrouvé l'année suivante à Paris, en pleine santé, ayant si bien dormi sur son accident, qu'il l'avait presque oublié.

A mon retour dans la capitale, observant que le titre de mes dernières *Lettres sur le Psychisme* ne paraissait point au *Journal de l'Empire*, je m'en plaignis par écrit à M. Etienne, qui eut la complaisance de me répondre ce qui suit :

« Monsieur,

» J'ai envoyé sur-le-champ au bureau d'an-
» nonces l'ordre d'annoncer vos ouvrages : on
» m'a répondu que vos *Lettres* avaient été suc-
» cessivement annoncées, et que l'approche du
» jour de l'an empêchait de revenir d'ici au 1er jan-

» vier sur la collection que vous en avez publiée.
» Je m'empresse, Monsieur, de vous faire part
» de cette réponse, et de vous dire que si ce délai
» vous paraît trop long, votre ouvrage vous sera
» remis.

» Je suis avec la plus parfaite considération,
» votre, etc.

» ETIENNE.

» Ce 12 décembre 1813. »

J'attendis, et l'annonce passa comme on l'avait promis. M. Féletz m'a déclaré, dix années après, sans m'en avouer les motifs, que l'ouvrage lui ayant été adressé pour en rendre compte dans le *Journal de l'Empire*, il s'en était abstenu. Comme il excusait son silence, je lui fis sentir à mon tour que, prévoyant la tournure que son article aurait prise, je me trouvais heureux qu'il m'en eût épargné l'âcreté. Que dis-je? n'ai-je pas tort de laisser courir ce mot? car M. Féletz, censeur instruit, spirituel, et d'un goût sûr, fait passer la politesse de ses manières dans son langage, et sa plume se renferme toujours dans les limites d'un excellent ton.

En ce moment je composais un roman fort court, intitulé : *Mémoires de Céran de Valmeuil*. Quand il fut terminé, je le portai, selon l'usage, à la censure. On sait qu'elle exerçait son ministère avec une extrême sévérité. Ma brochure trouva grâce devant son tribunal, au moyen de deux retranchemens curieux. J'avais écrit qu'une jeune personne s'était enfuie avec un capitaine de carabiniers; M. Pagès me fit ôter le *capitaine*, que je remplaçai par un *peintre* en miniature. A la fin de l'ouvrage, le fils du héros perdait la vie au passage de la Bérézina; M. Pagès trouva cette mort très-mal placée : je fus contraint, pour éviter toute contestation, de l'envoyer bien portant à Philadelphie, où le recommandait puissamment une très-riche maison de commerce de la ville de Lyon. M. Pagès ne me dissimula point que je pouvais *tout dire*, pourvu que je ne parlasse ni du clergé, ni des magistrats, ni des juges, ni des militaires, ni de, etc.; ce qui, comme on le voit, ressemble fort au fameux monologue de *Figaro*. L'auteur du *Tableau de Paris* disait un jour à M. de Pommereul, directeur général de l'imprimerie et de la librairie : « Monsieur, quand la réputation de Voltaire et de Rousseau serait attachée à mes écrits, j'y renoncerais mille fois plutôt que de les soumettre à votre infâme censure. » Cela prouve que le pauvre Mercier avait rudement à s'en plaindre.

Mon roman parut, in-18, au commencement de 1814, époque fatale à tous les écrits du tems, puisque, l'ennemi couvrant nos provinces, on songeait bien moins à lire qu'à défendre ses foyers. Aussi n'obtint-il qu'un faible succès, quoique plusieurs journaux, notamment la *Gazette de France*, en eussent dit du bien. « Tel est, écrivait-elle en terminant un article de trois colonnes, ce petit ouvrage, dont le style facile n'offre que quelques taches assez légères. » Il a été réimprimé l'année suivante, sous le format in-12, à la suite d'une autre production.

La veille du départ de Napoléon pour l'armée, il voulut examiner par lui-même l'état moral de Paris, qu'une guerre sans fin plongeait de plus en plus dans la tristesse. Il parcourut à cheval divers quartiers, suivi d'un aide-de-camp. Je sortais du Louvre par la colonnade, lorsque je vis plusieurs personnes courir avec empressement. Je crus d'abord qu'un voleur, poursuivi ou arrêté, causait ce mouvement. Mon erreur cessa bientôt en apercevant le chef de l'empire, vêtu d'une redingote grise, ayant sur la tête un chapeau dont le derrière tombait vers le haut des épaules, et semblait y peser, comme s'il eût renfermé quelque chose de lourd étranger à sa forme. Celui qui l'accompagnait était également enveloppé d'une redingote.

Napoléon, marchant au pas, se voyait suivi d'une douzaine d'enfans malpropres, de quelques décrotteurs et savoyards, de deux ou trois chiffonnières et, je crois, d'autant de charbonniers, dont le costume pouvait fort bien cacher des agens de police. En avançant de ce côté, je ne m'arrêtai point. Comme j'étais dans ce moment le seul individu couvert d'un habit décent, Bonaparte, imaginant sans doute que j'allais lui témoigner mon respect par un salut, fit un mouvement peut-être pour y répondre. Je ne me trouvais guère qu'à quinze pas de lui; usant de la liberté anglaise, qui, je le sais, n'est pas la liberté polie, je passai outre sur la place Saint-Germain-l'Auxerrois, sans me découvrir *. Cette grave incivilité de la part du seul homme qu'il devait, par son extérieur, supposer bien élevé, parut le choquer; il tourna brusquement la tête du côté de l'officier, en fronçant le sourcil, et continua sa promenade.

Quand je fus entré dans la rue des Prêtres, réfléchissant à mon maintien, je regrettai que l'impolitesse y eût eu part, surtout envers un des hommes les plus étonnans du monde, qui portait, il est vrai, l'affliction dans presque toute l'Europe; que toutefois je n'aimais ni ne haïssais; qui ne m'avait causé ni bien ** ni mal, et dont, malgré des fautes énormes, j'admirais le prodigieux génie, tout en plaignant amèrement son ambition.

Dans la nuit du 29 au 30 mars, je vis arriver aux Tuileries un courrier qui, interrogé par mon neveu, répondit que « l'ennemi s'avançait, mais que, s'il n'y avait point de trahison, ses troupes autour de Paris *ne verraient que du feu.* » Vers une heure du matin, on entendait quelques hom-

* Beaucoup de personnes feront ici tomber le blâme sur ma démarche. Je les prie de songer que ce n'est point pour me justifier que j'écris mes Confessions.

** Nul indice n'a pu me porter à croire qu'il ait pris en considération la lettre que je lui écrivis dix ans auparavant, puisque la nomination des inspecteurs était dans les attributions du ministre.

mes éveiller doucement les gardes nationaux, en leur indiquant le lieu où ils devaient se rendre. J'étais endormi lorsqu'une effroyable canonnade, m'arrachant au sommeil, annonça l'approche des alliés. Les coups de canon se succédaient si rapidement l'un à l'autre, que je crus pendant une demi-heure que c'étaient des feux de file de mousqueterie par bataillon, comme à l'exercice. En ce moment tombaient sous notre mitraille des rangs entiers de Cosaques au pied des hauteurs de Saint-Chaumont ; et sept mille cinq cents hommes, venus du Caucase ou des bords du Don, trouvèrent en vingt minutes leur tombeau près d'une butte.

Jusque là rien n'offrait la plus légère apparence que l'ennemi parviendrait à franchir les barrières de la capitale, bien que, contre l'ordinaire des manœuvres, le comte Barclay de Tolly se fût décidé subitement à mener au feu l'élite des troupes de sa réserve, en attendant l'armée de Silésie. Une partie de cette réserve fut même repoussée devant Romainville ; et sans la présence, peut-être inattendue dans cet instant, des corps des généraux Kleist, York et Langeron, qui rétablirent le combat, une victoire complète aurait été vraisemblablement remportée par nos troupes avant trois heures.

Le matin, je voyais de mes fenêtres passer très-vite l'artillerie et les caissons ; depuis une heure jusqu'à cinq, ce matériel ne roulait plus qu'avec lenteur quand les habitans, étonnés, le hâtaient de tous leurs vœux. Déjà les élèves de l'Ecole polytechnique se plaignaient non-seulement du retard des munitions, mais du défaut de calibre des boulets pour leurs pièces. Des soldats d'infanterie, en déchirant leurs cartouches, y trouvèrent, au lieu de poudre, du charbon réduit en poussière. Dès lors il fut évident que des hommes puissans négligeaient la défense de la place; et, durant quatre heures, il n'y eut guère qu'un simulacre de combat où le sang, au reste, n'était point épargné.

En traversant le Carrousel, j'aperçus un de nos dragons blessé, qui, l'œil sorti de son orbite, et la joue droite fendue jusqu'à l'os, fumait tranquillement sa pipe à cheval, en riant, et le poing sur la hanche. Pourtant la douleur devait être cruelle, et cet apparent stoïcisme coûter bien cher à son ame! Des grenadiers de la garde impériale, atteints de balles dans le bras ou la main, marchaient aux hôpitaux avec un air presque indifférent; néanmoins on croyait démêler dans leurs regards moins le sentiment d'une blessure que le regret de voir arriver une seule fois vainqueurs ceux qu'ils avaient si fréquemment vaincus.

Après l'entrée des alliés dans Paris, on me commanda pour monter la garde au poste de l'Oratoire. J'étais en faction au bas des marches de ce temple, lorsqu'à une heure du matin, quelqu'un passant dans la rue Saint-Honoré, je pousse inutilement trois fois le cri de *qui vive?* L'individu s'avance; je le somme de prendre l'autre côté de la rue, en le menaçant de tirer sur lui s'il s'obstine à ne pas répondre. Cela ne l'inquiète aucunement; il marche toujours. Je le couche en joue à la lueur du réverbère, avec un petit mauvais fusil vide, dont le chien manquait de pierre. Mon homme continue d'avancer; je lui présente la baïonnette, décidé à n'en faire usage qu'autant que j'observerai de sa part un mouvement hostile. Sans la moindre marque de frayeur, il longe si près de moi la première marche de l'escalier, que son vêtement frisa le mien. Quel était cet homme? que voulait-il? Etait-il sourd ou entêté? connaissait-il les armes déposées dans ce corps-de-garde? Etait-ce un militaire, un agent de police, un maniaque? je l'ignore. Il est heureux pour lui que mon bras ait été mal armé; car, au troisième cri, l'avertissement donné, le coup mortel partait avec la menace. Un homme ainsi tué de mes mains m'eût à coup sûr fait grand'peine; mais ma sûreté, celle du poste, peut-être même celle de la ville, m'imposaient l'obligation rigoureuse et sacrée de ne point me laisser surprendre. Ce fut la première et l'unique fois que je montai la garde à Paris.

Il y avait alors de nombreux conciliabules où les passions, furieusement excitées, étonnaient ceux mêmes qui, témoins parfois peu discrets, en observaient la marche. Un des assistans, contrôleur ambulant, me prévint que l'on se disposait à faire imprimer un ouvrage dans lequel une foule d'employés des droits-réunis étaient horriblement calomniés. Cette décision venait d'être prise au conseil clandestin par divers membres, dont plusieurs aujourd'hui sont princes. Encore que je fusse, par ma retraite, hors des rangs de l'administration, j'y dus prendre assez d'intérêt pour avertir de ce projet le directeur général. M. Français m'ayant demandé de qui je le tenais, je lui répondis que, bien que le contrôleur ambulant ne m'en eût point fait un mystère, je croyais ma délicatesse engagée à ne pas révéler son nom sans son aveu. Le conseiller d'état n'insista plus.

Le tour de la matière l'amena sur les circonstances difficiles où il s'était trouvé. « Depuis 1789, » me dit-il, j'en ai vu bien d'autres, et rien ne » m'étonne aujourd'hui. Cependant je vous re- » mercie beaucoup de votre avis, et je vais m'en » occuper. » J'ignore s'il prit quelques mesures avec le ministre de la police, à dessein d'arrêter l'impression de l'ouvrage, mais aucun écrit sur ce sujet, que je sache, n'a jamais paru.

Dans les premiers jours d'avril, au moment où l'on crut que Napoléon avait promis aux troupes le pillage de Paris*, je ne doutai point que, s'il triomphait, il ne fît tomber toute sa colère sur les membres du sénat, qui venaient de prononcer sa déchéance. Un sentiment profond de gratitude chargea mon cœur du devoir bien doux d'aller

---

* C'était un faux bruit.

sur-le-champ, et sans délibérer, chez M. Vimar. « Monsieur le comte, lui dis-je, les circonstances
» paraissent extrêmement graves. Napoléon peut
» rentrer dans Paris, et mettre hors la loi les
» hauts fonctionnaires dont il pense avoir à se
» plaindre. Si, par l'effet de cette mesure, votre
» tête court des dangers, soyez dispensé de les
» craindre. Je vous offre un port de salut dans
» mon asile. Particulier obscur, et qui ne reçoit
» personne, nul ne viendra chez moi faire des
» recherches dont l'objet principal soit un per-
» sonnage éminent. Vous y resterez caché tant
» qu'un sort fâcheux vous poursuivra. Ma famille
» comptera parmi ses joies celle de pouvoir vous
» posséder. Si, malgré mes précautions, un fatal
» génie vous livrait à votre persécuteur, croyez
» que nulle terreur n'aurait assez d'empire pour
» m'enlever à l'échafaud qui vous serait réservé.
» C'est assez vous dire que tout devient possible à
» qui ne craint point la mort. »

M. Vimar me remercia les larmes aux yeux et m'embrassa. Cet instant d'attendrissement n'a pas de termes qui l'expriment. L'émotion, rapide comme une idée, passant de ses regards au fond de mon ame, y laissa des traces qui ne s'efface-ront jamais. Il n'accepta point mon offre, ayant peut-être en vue une retraite encore plus sûre, ou considérant que l'occurrence n'annonçait rien de fort effrayant. Il se contenta de me prier de pren-dre à la grande poste quelques informations relatives à la correspondance de Rouen, dont le passage ordinaire sur les deux routes était fermé par un corps de troupes françaises, commandées par le maréchal Jourdan.

Monsieur fit, comme on sait, son entrée à Paris au milieu des acclamations générales. Je fus ému en l'apercevant. Une femme qui me voyait pensif, appuyé contre un arbre du boulevart, me demanda si jamais Bonaparte, dans tout l'éclat de sa gloire, avait reçu un pareil accueil. « Hélas! répondis-je, je crois me rappeler que les transports d'allégresse étaient encore plus vifs. — Cela n'est point étonnant, reprit-elle, *nous sortions de la terreur.* »

Lorsqu'à son tour, le roi Louis XVIII vint prendre possession de ses états, je trouvai place dans un magasin, rue Saint-Honoré, pour le voir passer. Ceux qui furent présens à cette journée, en perdront difficilement la mémoire. Devant les augustes personnages allant au pas vers le château des Tuileries, se faisait singulièrement remarquer cette foule de braves grenadiers de la garde impériale, dont le teint cuivré attestait tant de fatigues, et dont le front martial respirait encore tout le feu des combats. Quelques officiers prussiens, extrêmement fiers de précéder ces immortelles phalanges, souriaient du bonheur inespéré de se voir dans la capitale de France, au milieu des vainqueurs de l'Europe. Il est vraiment très-malaisé de décrire la contenance de ces vieux guerriers, qui sans doute n'ont jamais eu d'égaux dans le monde, et qui peut-être n'en rencontreront point dans la durée de vingt siècles. Leur air sombre et terrible était encore celui qu'ils montraient, quand la charge les appelait au centre de l'ennemi pour décider la victoire. On observait en eux le courage du désespoir concentré, marchant escortés de ces jeunes officiers étrangers, dont l'uniforme irritait leurs regards. On a dit qu'il n'y a de beau que ce qui n'est pas ; pour moi, j'affirme ici que la réalité de leur maintien surpassait l'idée que j'aurais pu m'en former. Cependant je ne suis pas homme à m'enflammer promptement de ces sortes d'objets. Mon Dieu ! quels étaient donc ces soldats dévorés par le climat homicide de la Russie ! quelle perte incomparable dans ces vieux enfans de la France ! quel rempart long-tems perdu pour ses murailles ! quelle nuée de héros dissipée dans les glaces du nord et les tempêtes politiques, trois fois plus redoutables que les feux croisés de cent batteries !

Mercier mourut vers ce tems. Il était devenu fort crédule et questionneur ; circonstances propres à le tromper, et dont tiraient trop bien avantage ceux auxquels il s'adressait. La tête remplie de fausses nouvelles, c'est ainsi qu'il pensa m'apprendre, dans le premier trimestre de 1814, que le peuple avait pendu le préfet de Toulouse, quand la ville était parfaitement paisible. Quoiqu'il fût âgé de soixante-treize ans, il se croyait encore vert. Un jour que je lui offrais mon bras pour l'aider à monter l'escalier de l'Institut : « Oh ! laissez-moi atteindre encore cinq ou six ans avant de recevoir votre service. Palissot, que vous voyez dans la cour, est un vieillard ; il a besoin de secours ; mais moi je suis toujours agile. » Cette agilité prétendue n'était qu'une pure illusion de l'amour-propre, et Mercier ne paraissait guère plus ingambe que Palissot, alors très-affaibli par ses quatre-vingt-cinq ans. Dès qu'il sentit commencer sa maladie, Mercier me dit à voix basse : « Je vais bientôt rendre mon corps à la nature. » Avant d'expirer, il prononça cette question devant un jeune homme envoyé par M. Ladoucette qui s'informait de son état : « Etes-vous docteur ou diplomate ? parlez. » Ce fut le dernier mouvement de ses lèvres.

Mercier avait une belle tête, ornée de cheveux blancs, et pleine de majesté. Il était doux, simple et bon. Sa littérature, généralement peu étendue comme ses connaissances, offre bien plus d'originalité que de goût. Souvent il vise à l'effet, et rencontre quelquefois un heureux trait d'épigramme. Hors le *Tableau de Paris*, ses ouvrages sont peu lus. Cependant un choix fait avec discernement, parmi tant de volumes, pourrait encore aujourd'hui obtenir quelque succès. Mais où sont les libraires qui voudraient en courir la chance ?

Le père de ma femme mourut subitement dans

un appartement contigu au mien. Il s'était mis en pension chez moi contre mon gré. Il voulut me payer sa nourriture et son logement, mais j'en refusai le prix; et ce qu'il y a de singulier, c'est que mon désintéressement fut, à sa mort, mal interprété par l'un des héritiers; tant il est vrai que l'on ne sait souvent de quelle façon s'y prendre pour opérer le bien.

Ma santé s'améliorant de jour en jour, je changeai de quartier afin d'en achever le rétablissement au milieu d'un air plus pur. Je louai tout le premier étage d'une maison, rue des Postes, à l'angle de la rue Neuve-Sainte-Geneviève. Là, jouissant d'une vue agréable et du calme de la solitude, j'amusai mon loisir par la composition d'un roman intitulé : *Marcelin*, ou *Bon cœur et mauvaise tête*. Je mis à cet ouvrage une telle ardeur, qu'en six semaines il fut terminé. J'en parlai à Tiger. Je lui demandai six cents francs, condition qu'il accepta sans marchander, même sans voir le manuscrit. Cet imprimeur vint aussitôt chez moi; j'en fis devant lui la lecture, après quoi il le mit sous presse, avec deux gravures.

Tandis que je corrigeais les épreuves qui m'arrivaient lentement, je publiai, par autorisation de M. Royer-Collard, directeur général de la librairie, un journal littéraire sous le titre de *Mémorial des libraires*. J'en transmis le prospectus dans toute l'Europe. Il me parvint quelques souscriptions ; je publiai le premier numéro le 20 février 1815. L'instant ne pouvait être plus mal choisi. Napoléon mit le pied en France la semaine suivante. Marseille, où j'avais des abonnés, tint ses portes fermées près de deux mois. Les événemens politiques prirent une couleur si sombre, que je fus contraint de renoncer à mon entreprise, après le cinquième numéro *. Je perdis ainsi, sans presque aucune compensation, tous les frais d'établissement qu'elle exigeait. Pour surcroît de bonheur, j'étais convenu avec l'imprimeur Tiger de lui payer vingt-un francs la feuille, et quand il fallut régler, il voulut absolument la porter à trente francs. Ce manque de foi de la part d'un homme qui, malgré la délicatesse de mes procédés, prenait une voie si honteuse, me donna de l'humeur; mais, songeant qu'un procès, que toujours j'envisage sous le plus sinistre aspect, pourrait suivre mes débats avec ce libraire, j'aimai mieux lui accorder ce qu'il demandait injustement, que de courir le risque de m'égarer dans l'antre de la chicane.

Je trouve ici naturellement l'occasion de relever une erreur au troisième numéro **. En rendant compte d'une brochure intitulée : *L'Attaque*

---

* Il en paraissait un de deux feuilles in-8° tous les dix jours. Je fis retirer des mains des abonnés, en les payant, la plupart des deux premiers numéros qui parurent à Paris, et que j'avais distribués *gratis*.

** 10 mars, pag. 82.

de Paris, etc., où il est déclaré que les alliés s'emparèrent de vingt-neuf pièces d'artillerie sur Montmartre, j'ajoutais, entre deux parenthèses, une remarque ainsi conçue : « Nous nous permettrons d'observer que l'ingénieur, chargé d'établir une batterie sur Montmartre, dans la nuit du 29 au 30, nous a dit à nous-même qu'il n'y avait que huit pièces. » Cet ingénieur était M. Mossé. Depuis, je lui ai parlé de ce passage de la brochure; il m'a répondu qu'après son départ, on augmenta l'artillerie.

Le commandant Daussy, par sa mort et celle de sa femme, laissa trois filles qui furent placées dans la maison des orphelines de la légion d'honneur, sous la direction de madame de L. Ma femme, sachant que j'avais eu des rapports d'affection avec leur père, leur témoigna beaucoup d'amitié pendant mon absence. Vers le milieu de 1814, l'aînée, mademoiselle Joséphine, souhaita de passer quatre à cinq jours chez moi. Elle vint de la maison des Loges à Paris. Dans ce moment parut l'ordonnance du roi, qui renvoyait chez leurs parens les pensionnaires âgées de dix-huit ans révolus, c'est-à-dire trois ans plus tôt que ne le prescrit le décret impérial du 29 mars 1809 *. Cette jeune personne, étant atteinte par l'ordonnance, ne put rentrer dans la maison. Cependant de puissantes réclamations, portées au pied du

---

* Je crois que c'est celui-là, en ce qu'il organise définitivement l'institut des maisons impériales Napoléon.

trône, rétablirent l'ancien droit; mais on repoussa mademoiselle Daussy, sous le prétexte qu'ayant connu le monde, elle n'était plus propre à la solitude. Tournant les regards vers ses oncles de Hollande, elle les pria de vouloir bien l'admettre chez eux jusqu'à sa majorité, en leur offrant de payer une pension sur le montant d'une vingtaine de mille francs qui devaient lui revenir dans sa part d'héritage du bien de ses père et mère. Le croira-t-on ? aucun ne fut tenté de souscrire à sa proposition.

Depuis six mois elle partageait mon domicile sous les yeux de ma femme, qu'elle nommait sa tante, et qui véritablement en prenait non moins de soin que de sa fille, quand enfin je fus désireux de savoir lequel de moi, ou de ses tuteurs, ou de madame de L., la garderait. J'allai droit à la supérieure, dont la volonté paraissait très-peu favoriser mon but, à travers toute la douceur dont elle assaisonnait ses discours. Elle me conseilla même de *l'embarquer* * seule en diligence jusqu'à Bois-le-Duc. Révolté de l'idée comme de l'expression, je lui dis : « Non, madame, plutôt que de l'exposer ainsi à mille périlleux hasards dans un âge si tendre, par la diligence, au milieu d'une longue route, je la conserverai, s'il le faut, encore plusieurs années, malgré l'incommodité que j'en peux ressentir dans un logement dont la

---

* Ce fut son mot.

distribution répond mal à mes vœux. Mais, madame, puisque l'ordonnance est rapportée, qu'il vous est aisé de reprendre cette pensionnaire, je dois vous déclarer que, si vous persistez dans un refus, je vais user de la voie de pétition aux deux chambres; que ce moyen de faire entendre ma réclamation causera du bruit dans le monde; que le ministère sera forcé de s'expliquer; que le monarque lui-même, bientôt instruit par cet éclat, aura, je n'en doute point, la sagesse de l'apaiser, en donnant des ordres conformes à mon désir; qu'alors votre maison deviendra, comme par le passé, l'asile de cette intéressante orpheline, et qu'il vaut bien mieux aujourd'hui suivre de bon gré la route où le pouvoir vous contraindra d'entrer. — Quoi! M. Quesné, vous m'osez menacer, je crois! — Non, madame, je vous parle avec respect de mes intentions, après vous avoir montré si c'est à moi, qui ne touche à la jeune personne par aucun lien de parenté, ou à vous, madame la supérieure et sa parente, mère de la communanté, protectrice naturelle de tous ces enfans des braves, morts au service de leur pays, afin d'assurer votre tranquillité au sein même d'une maison fondée en quelque sorte par leur vaillance; ou à vous, dis-je, d'entourer d'une honorable bienveillance l'infortunée digne des soins maternels. — Dans cette occasion, monsieur, je n'ai pas le droit d'agir sans l'autorisation du grand chancelier. — Je me charge, madame, de lever cette difficulté. — Comment?

— Je connais M. le comte de Dienne, aujourd'hui chargé par *interim* des affaires de la grande chancellerie; si vous engagez votre parole de recevoir la pensionnaire, sous le consentement de M. de Dienne, je ferai tout ce qu'il faut pour l'obtenir.
— Vous pouvez compter sur ce point. »

Je cours à la grande chancellerie; je vois le comte, je lui parle; mais il semble élever des doutes sur la promesse de madame de L. Enfin, après beaucoup d'allées et venues et d'impatience de ma part, l'autorisation me parvient. Ma femme et ma fille montent de suite en voiture avec la pensionnaire, par un tems affreux de neige et de froid, en vue de l'accompagner jusqu'aux Loges, car la supérieure ne voulut point l'admettre à la maison de Paris, rue Barbette, au moins pendant les plus mauvais jours de l'année.

Plus tard, ma femme, prenant toujours à cœur ses intérêts, lui trouva de l'emploi dans une maison de commerce à Paris Ayant éprouvé là du désagrément en 1817, époque de la disette des grains, elle me pria de lui accorder un nouveau refuge, qui m'embarrassait encore plus que la première fois. Ses prières et ses larmes ouvrirent mon cœur à ses souhaits. On chercha durant deux mois une maison qui pût mieux lui convenir que la précédente. On découvrit une pension d'honnêtes gens, rue Quincampoix. Elle y passa quelque tems, puis elle se maria.

M. N. vint me voir quatre ou cinq fois, rue des

Postes. Il m'emprunta quinze francs, qu'il devait me rendre au bout de quatre jours, mais que son ingrate mémoire laisse encore entre ses mains. Pour remercîment il mit des agens de police sur mes pas durant trois semaines. Je n'étais cependant point un homme bien important pour attirer l'attention, mais on me fit l'honneur de me croire dangereux. Quand je sortais, un homme venait à moi, afin de m'examiner de près; un autre s'asseyait sur un tonneau des heures entières, les yeux constamment attachés à mes fenêtres. En rentrant, j'en trouvais encore un autre promenant son inutilité le long du mur de mon jardin, sans doute à dessein d'en remarquer l'escalade. Avais-je l'intention de me transporter dans un cabinet de lecture? je rencontrais au beau milieu de la table un insolent qui me regardait fixement, mais auquel, dans mon indignation, je finissais par faire baisser les yeux. Sortais-je de là? un pauvre diable à jambe amputée s'efforçait vainement de mesurer son pas sur le mien, vu que, déjà hors d'haleine à la place Saint-Michel, il me laissait monter seul en courant la rue Sainte-Hyacinthe. Me dirigeais-je du côté de l'Odéon? un homme assez bien vêtu, une canne à pomme d'argent à la main, marchait, s'arrêtait, selon mes mouvemens, et se gardait même de s'éloigner quand un besoin me retenait près d'un mur; un autre encore, suivant son exemple, à qui je faillis donner des coups de canne afin de payer l'audace qu'il montrait, en faisant sous mon nez un geste assez voisin de l'insulte, et qui passa si près de moi, rue Racine, que son pied touchait le mien. Tant de précautions n'aboutirent qu'à montrer à la police que je ne recevais personne à mon domicile, et que, plongé dans mes goûts littéraires, rien d'hostile ne sortait de ma plume; car, loin de là, je ne m'occupais qu'à former un souhait, celui de voir la France heureuse sans nuire à la tranquillité des autres états.

Ce que je consigne ici, je l'ai déclaré à M. N. lui-même, dont la langue, variant au milieu de faibles dénégations, m'a fait d'autres aveux bien autrement importans, qui m'auraient révélé les écarts de sa conduite, lors même que mes soupçons n'eussent pas rencontré l'évidence. Comme je ne lui cachais point mon opinion, bien qu'assuré qu'elle deviendrait, au profit de sa bourse, la matière d'un rapport à plusieurs polices, je ne doute pas que les registres secrets ne contiennent sur mon compte des notes défavorables, mais qu'une profonde indifférence de mon côté met au néant. Citoyen paisible, à jamais incapable de tremper dans la moindre menée d'aucun parti; soumis aux lois du pays où je dois vivre; acquittant avec une scrupuleuse exactitude mes contributions; chérissant par dessus tout mon indépendance; respectant également celle d'autrui; faisant le bien quand je le peux; fuyant le mal quand je le vois; sensible au malheur d'autrui; le soulageant par des conseils, si je ne puis l'effacer par un peu d'or ; semant de quelques vertus mon court passage en ce monde ; cherchant le calme de la retraite si chère à la paix de l'ame ; évitant avec grand soin toute discussion qui la trouble ; comment, environné de telles dispositions, devrais-je redouter l'action d'une police qui, après des règlemens d'ordre, ne doit étendre ses mille mains de fer qu'autour des méchans ?

Napoléon, porté sur ses aigles, rentre dans la capitale de France par un vol audacieux, bien plus extraordinaire que ses conquêtes. Le général Bertrand, également fidèle dans le triomphe et les revers, l'accompagne et monte aux Tuileries. Son frère, M. Bertrand Boislarge, reçoit un logement au château. Il m'invite à l'aller voir. Un jour, j'aperçois le commissaire des guerres M., qui, se vantant d'avoir le premier, dans une ville, enlevé le drapeau blanc afin d'y substituer l'étendard tricolore, sollicite, en récompense de ce grand service, l'emploi de commissaire ordonnateur. Un officier supérieur se fait annoncer sous le nom du général B. ; je l'envisage, je le considère, je lui trouve le teint pâle, et quelque chose d'inquiet dans le regard ; je me dis tout bas : Voilà certainement un homme à qui je n'accorderais point ma confiance. Quinze jours plus tard les journaux annonçant la défection de cet officier, je me rappelai mon pressentiment, dont la vérité se trouvait hors de doute.

Sortant des Tuileries, je vois sur la place Saint-Michel le journaliste Malte Brun, qui m'interroge sur les événemens du jour. L'année précédente, il élevait Bonaparte aux cieux ; à la restauration, il étendit ses louanges sur les vertus de Louis XVIII : dans ce moment il préconisait le ministre Carnot, en ce que le nouveau chef de l'intérieur promettait de nombreux encouragemens aux gens de lettres, et que lui, Malte Brun, né républicain, disait-il, en avait toujours conservé les sentimens sans altération au fond du cœur. Je gardai le silence touchant le panégyrique d'un roi mêlé aux gratifications accordées à l'amour de la démocratie, afin de ne point dévoiler tout le mépris que m'inspirait une conduite si versatile pour un motif aussi honteux. Trois ou quatre jours après la nouvelle de la bataille de Waterloo, je retrouve au Palais-de-Justice, en garde national, le même Malte Brun, qui, soumis constamment à ses principes de variation, s'écrie en m'apercevant : « Il est bien tems enfin que ce droit du sabre s'anéantisse, et que la légitimité reprenne le sien ! » A ces mots singulièrement nouveaux pour mes oreilles, sortant de la bouche d'un démocrate, et fort étranges dans un journaliste soldé pour emboucher la trompette qui doit célébrer les vertus guerrières de son héros, je reste muet d'étonnement de voir des hommes prendre tour à tour, comme des habits de saison, si promptement et avec une si rare aisance, des opinions si contraires.

Marcelin, dont l'impression marchant avec lenteur venait de finir, vit le jour dans des circonstances encore plus défavorables que les *Mémoires de Valmeuil*; car il fut mis en vente le jour même que l'on reçut avis à Paris du désastre de notre armée au Mont-Saint-Jean. Le libraire en suspendit aussitôt le cours, et ne le fit annoncer que trois mois après. Il parut en deux volumes in-12, avec une réimpression de *Valmeuil*. L'ouvrage réussit. Deux mille exemplaires s'écoulèrent en peu de tems, malgré les critiques de madame B. dans la *Gazette de France*, et celle d'un M. Bleuet, dont le nom retourné formait *Teuelb*, sans doute afin d'échapper dans *le Nain rose* à l'épithète de *Niais rose*, que lui donnaient à l'envi ses confrères, et qui, par cette épigramme, lui renvoyaient son épigraphe, tirée du *Méchant*, de Gresset :

« Les sots sont ici bas pour nos menus plaisirs. »

Marcelin est un roman où la gaîté domine. J'y ai fait entrer une foule de traits véritables, et quelques-uns qui me sont personnels; mais j'ai eu tort de les mêler avec des morceaux scientifiques, dont le fréquent retour suspend la marche du récit, et ralentit conséquemment l'intérêt. Malgré ce défaut, je n'ai pas rencontré un seul individu qui m'ait affirmé l'avoir lu sans plaisir. Tiger, l'an dernier, me témoigna le désir de le réimprimer, sous le format in-18, et d'en tirer un grand nombre d'exemplaires ; mais la mort l'a surpris dans ce dessein.

Ayant entendu parler d'une séance à l'Académie française, qui devait attirer une affluence considérable de curieux, j'allai chez le secrétaire perpétuel, M. Suard, avec l'intention de lui demander deux billets pour cette séance. M. Suard était alors dans un âge très-avancé ; il avait, je crois, près de quatre-vingt-trois ans. Je le vis dans son cabinet, dictant une lettre à son secrétaire, M. Lefebvre, jeune homme laborieux, instruit, qui compose des articles destinés à la *Biographie universelle*, et dont la modestie s'unit au talent. L'académicien ne me promit qu'un billet, en ce que la cour en avait retenu un grand nombre. Je restai vingt minutes auprès de lui. Je fus vraiment étonné de trouver encore dans une tête si chargée d'hivers tant de vigueur, de clarté, de précision ; un feu si vif sous un œil enfoncé ; sur des lèvres presque flétries un langage animé, spirituel, harmonieux. On observait dans toute sa personne le maintien d'un homme qui avait passé sa vie au milieu de la bonne compagnie, avec la simplicité d'un écrivain distingué qui ne cherche point à se faire un mérite de sa réputation. Je retournai chez lui le lendemain à l'heure indiquée, il était sorti ; mais, malgré notre entretien, je n'eus point le billet promis.

Les portes de Paris étant pour la seconde fois ouvertes aux troupes étrangères, les Prussiens furent distribués par masses en différens quartiers. A la chute du jour, on m'en adressa vingt, sans autre indication que le numéro de la maison où je logeais. Le propriétaire était mourant. Sa femme se rendit à la mairie, en vue de soumettre une réclamation au conseil contre un acte qu'elle regardait comme le fruit d'une erreur. Le maire, prévoyant sans doute l'immense effet des voix plaintives, avait déjà fermé l'oreille et sa porte aux mécontens. La femme revint éplorée de sa vaine démarche. Pendant ce tems-là, je contenais de mon mieux les soldats qui voulaient pénétrer malgré moi dans les appartemens. J'imposai silence aux plus hardis par quelques mots allemands prononcés d'un ton ferme. L'un d'eux me dit que les Français, entrant dans Berlin, auraient eu dix fois moins de patience que les Prussiens n'en montraient présentement. Je les tins seul près de deux heures à la porte. Voyant enfin qu'ils ne pouvaient coucher dans la rue, je pris avec moi les quatre sous-officiers du détachement, que je chargeai de choisir une demi-douzaine de leurs soldats les plus tranquilles. Je mis quelques matelas par terre dans une pièce voisine de la mienne : ils passèrent la nuit en paix, tandis que les dix autres reposèrent sur des bottes de foin dans la cour. Ceux-ci, mécontens du partage qui mettait une différence parmi le détachement, s'en vengèrent par quelques coups de poing donnés au moribond, et des soufflets à sa cuisinière. Ils partirent tous au lever de l'aurore. Depuis une semaine je devais abandonner mon logement : j'en sortis le même jour que ces militaires, pour me rendre chez mon ami Jourdain, près de la rue des Bourdonnais, dans un vaste domicile où je restai trois semaines. Le lendemain de mon départ de la rue des Postes, on m'envoya deux officiers prussiens avec séjour; mais n'y étant plus, on les mit ailleurs.

Désirant passer l'été à la campagne, je louai une maison à Pontoise; puis, changeant presque aussitôt d'avis, je la fis porter en location pour mon compte, avec une perte légère. Les sites de la vallée de Montmorency ayant pour moi plus d'attraits que les rives de l'Oise, j'allai vers M. Flamand, qui venait d'acquérir la propriété de l'Ermitage, possédée par Grétry, oncle de sa femme, et habitée vingt mois par J. J. Rousseau. M. Flamand me céda plusieurs pièces dans l'aile du levant, moyennant deux cent cinquante francs par année. J'attendis la sûreté des routes pour transporter mes meubles dans cette habitation, que je trouvais fort de mon goût.

En attendant ce moment, qui ne pouvait être éloigné par les mesures que l'on prenait dans les corps des troupes alliées, je vis quelques fonctionnaires publics des départemens de la rive gauche du Rhin, venant de Bruxelles, où les retenait depuis trois mois l'égale impossibilité de passer en France et de rester dans les pays cédés, en 1814, par notre gouvernement. M. Maud'heux, ex-receveur des contributions directes de l'arrondissement de Bonn, que j'avais connu à Aix-la-Chapelle, homme aimable et de bon ton, se rendit à Paris dès que les communications rétablies le lui permirent. Il m'apprit le prodigieux effet de la bataille de Waterloo dans Bruxelles. Vers les deux heures de l'après-midi, un grand nombre de déserteurs traversaient les rues en tout sens, semant le bruit que les alliés étaient complètement battus, et que le drapeau des Français allait flotter dans la ville. Ce qui pouvait donner crédit à cette annonce, d'ailleurs très-vraisemblable après l'affaire de l'avant-veille *, venait du mouvement des Anglais, dont les nombreux équipages s'éloignaient de l'armée sur la route d'Anvers. Le lendemain matin, point de nouvelles positives des combattans; en sorte que l'on crut les Français dirigés sur Liège par la voie de Namur.

« J'étais logé, ajouta M. Maud'heux, à l'hôtel d'Angleterre quand je sus qu'un Français, arrivant de Paris, occupait une chambre au-dessus de la mienne. Je m'empressai de le voir : je le questionnai. D'abord il mit beaucoup de réserve dans ses réponses; mais ensuite, adoucissant la froideur de son maintien, il prit une telle confiance en un compatriote, qu'il m'avoua sans au-

---

* La journée du 16 juin fut si chaude, que des officiers anglais sortant du combat, et dînant à l'hôtel d'Angleterre, s'écrièrent en pleine table : « Ce ne sont pas des hommes que les Français, ce sont des lions! »

cun détour la mission dont on l'avait chargé. « Je
» me nomme Gaillard, dit-il ; j'ai quitté la capi-
» tale, le 25 juin, avec deux lettres de mon ami
» Fouché, l'une pour le général Wellington et
» l'autre pour le roi Louis XVIII. Passant la
» barrière avec le double message caché dans le
» collet de mon habit, la crainte de le voir dé-
» couvrir ne m'a quitté qu'à quelques lieues de
» là. Après avoir rencontré le général et vu sa
» majesté, j'ai pris le chemin de Bruxelles dans
» le but de montrer les curiosités de cette ville à
» mon fils, qui m'accompagne. Paris, à mon dé-
» part, offrait une extrême agitation dans les
» partis. L'effet de tant de passions si fortement
» émues pourrait causer de bien grands mal-
» heurs ; c'est pour les prévenir que Fouché a
» pris la résolution de m'envoyer porter ses let-
» tres, dont il espère un résultat heureux. »

La campagne étant libre, je partis avec ma famille pour Montmorency. En arrivant, je trouvai, rue du Crucifix, M. Flamand, qui me déclara ne pouvoir habiter l'Ermitage tant que les alliés resteraient aux environs, en ce que divers événemens fâcheux lui donnaient des raisons de craindre pour sa sûreté. Il me conseilla d'imiter sa prudence, en louant une maison entière au bout d'une autre, dont le premier étage lui servait de logement. Cet arrangement me contrariait fort ; mais il fallait me décider sur-le-champ, car mes meubles devaient arriver dans une heure.

La location fut arrêtée avec le propriétaire Davy, horloger-bijoutier; au moyen de quoi le marché conclu avec M. Flamand-Grétry devint nul. J'aurais passé là fort agréablement quatre mois de la belle saison, sans la rencontre des militaires hollandais qui, manœuvrant sous mes fenêtres, mettaient journellement ma patience à l'épreuve. Néanmoins je vins à bout de composer en six semaines un roman, sous le titre de *Lettres de la vallée de Montmorency*. J'y écrivis de verve quelques morceaux qui m'apportèrent le contentement que fait éprouver la chaleur de l'inspiration. Malheureusement on me donna des soldats à loger; il fallait encore les nourrir. Je priai le maire de les retirer, en observant que, n'étant point domicilié dans sa commune, je ne devais, avec justice, supporter aucune charge, puisque ma position n'en tirait aucun avantage. Le maire accueillit mes raisons, promit d'ôter les militaires, et n'en fit rien. J'avais annoncé que, dans ce dernier cas, je sortirais de la ville; ma parole engagée, je la tins, et le quatrième jour me vit retourner à Paris. De cette résolution subite résulta la fin du roman, qui n'eut qu'un volume, au lieu de six que je me proposais de former.

Le hasard m'ayant amené chez le libraire M. Henri Nicolle, son accent très-faiblement normand me révéla de suite un compatriote. Né à Fresquienne, si près de Pavilly, ancien élève, ainsi que moi, de M. Delahaye, avec son frère l'abbé, comme je l'ai dit, nous fûmes en quelque sorte liés en un instant. Je lui montrai mon manuscrit ; j'en demandai quatre cents francs ; il m'en offrit trois ; je le laissai dans ses mains. A quelques semaines de là, je reçus une lettre où il me disait ne pouvoir se charger de cette impression. Je courus de suite à sa librairie pour en savoir la cause. M. Nicolle me fit entendre que le ton de liberté qui régnait dans l'ouvrage devait m'attirer des reproches du *Journal des Débats*, et qu'il lui fallait dans ce même journal un article assez favorable pour assurer le débit de mes *Lettres*. Il ajouta que son beau-frère Dussault les lisant avec lui durant plusieurs soirées, tous deux en éprouvaient un sentiment de plaisir, qui devait m'en causer par l'opinion d'un aussi bon juge que le littérateur Y du *Journal des Débats*.

En ouvrant le manuscrit, je trouvai quatre ou cinq observations faites au crayon ; elles venaient, je pense, de Dussault : j'en profitai, hors une seule vers la fin de la XXVIIIe lettre, où Durmont affirme qu'avant soixante ans l'Angleterre baissera son pavillon devant les flottes et la population de l'Amérique. Le censeur avait mis : « Reculez cette époque. » Je réfléchis, et crus devoir m'en tenir à la première assertion. Si l'ouvrage survit au tems marqué, l'on appréciera le mérite de ma prédiction.

Je repris le manuscrit, et le livrai de suite à l'impression chez M. Didot aîné. Avant de publier mon écrit, je soumis à M. Pagès, chef de division sous M. Royer Collard, un passage qui me causait quelque inquiétude; mais, rassuré par cet employé, je lançai hardiment ma brochure au public. M. Nicolle me la demanda pour en faire aussitôt rendre compte dans le *Journal des Débats*, me promettant de voir l'article, et d'en ôter ce qui pourrait blesser trop vivement mon amour-propre, ou nuire au succès de ma production. Je le laissai libre d'agir à son gré; je l'assurai même que j'y prenais trop peu d'intérêt pour m'offenser de la censure, si elle était judicieuse. Il me dit un jour avoir donné l'exemplaire à M. Aimé Martin. « Tant pis, m'écriai-je, car c'est un jeune homme, et j'ai peu de confiance aux lumières de la jeunesse; j'aurais souhaité le savoir entre les mains de MM. Dussault ou Féletz, en ce qu'il y a presque toujours de la vérité parmi leurs piquantes observations. — Demeurez tranquille; M. Aimé Martin goûte beaucoup ces sortes d'ouvrages, et vous serez mieux traité que vous ne l'imaginez. »

L'article parut au feuilleton. Le rédacteur mal inspiré, peut-être plus mal conseillé, me traita rudement; mais sa maladresse mit les rieurs de mon côté. Quand des gens de lettres affirmaient que le style de l'ouvrage était irréprochable, M. Aimé Martin le déclarait incorrect et barbare. Afin de le prouver, il plaçait sous ma plume des expressions ridicules tombant de la sienne, en portant sur mon compte un point d'ignorance né de son cerveau, puisqu'il ne voulait pas que la lune fût, ainsi que tous les satellites, une planète du second ordre : pour un professeur c'était vraiment une trop grosse faute *. Si son style n'est point précisément *barbare*, puis-je dire qu'il soit bien *correct?* Le lecteur doit le décider : « Il est *impossible*, dit le critique, de ne pas admirer la lettre où il change la lune en planète, métamorphose qui *pourrait* étonner les astronomes, si nous n'étions pas dans le siècle des merveilles. M. Durmont ne croit pas que rien *puisse* sortir de la lune, et le système du membre de l'Institut (M. Biot, dont je n'ai pas dit un mot) lui semble un roman écrit avec toute l'éloquence que *peuvent* inspirer les problèmes et les équations. Quant à moi, je ne *puis* témoigner trop de regrets de voir renverser un système qui *pouvait* offrir des

---

* Le Dictionnaire de l'Académie française dit que la lune est une planète satellite de la terre, et que les satellites sont de petites planètes qui tournent autour d'une plus grande. M. Aimé Martin prétendrait-il être plus éclairé en ce point que l'Académie? Aurait-il assez peu de modestie pour donner bien avant dans cette opinion ? S'il a jeté les yeux sur l'ouvrage de l'érudit Dupuis, il a dû considérer en pitié les lumières d'un homme qui ose publier en face de l'univers les lignes suivantes : « Valarsacès consacra les statues du Soleil
» et de la Lune, divinités adorées autrefois par les Ibériens, par les
» Albaniens et les Colchidiens. Cette dernière PLANÈTE surtout était
» révérée, etc. »

L'astronome Lalande montre aussi quelquefois l'audace de fondre la lune en planète. Je crois vraiment qu'il nous faudra bientôt laisser pourrir dans la poussière et les vers tous ces traités comme des ouvrages déjà gothiques.

résultats si heureux : car s'il était une fois prouvé que la lune nous envoie des pierres dans son courroux, rien ne *pourrait* empêcher qu'elle nous envoyât des flacons, etc. »

Voilà bien des fois le verbe *pouvoir* employé avec le mot *impossible*, dans un bien petit nombre de lignes. Si c'est là du style correct, j'ai tort d'en faire un sujet de remarque ; mais si c'est au contraire de la négligence, on doit reconnaître la légèreté de M. Aimé Martin de me punir d'une faute que l'évidence lui reproche. Il faut être bien sûr de ses forces quand on veut les employer à gourmander quelqu'un, qui peut parfois établir une lutte avantageuse.

Un peu piqué, je l'avoue, de voir ce jeune homme prendre un ton magistral dans une cause où la raison s'aveuglait sous sa plume, je me crus en droit de rabaisser soudain son altier langage par la lettre suivante, insérée dans *le Constitutionnel*.

« Monsieur,

» M. Quesné, dans son roman de *Marcelin*,
» met en scène un journaliste qui, parlant de son
» métier, dit à l'oreille du héros : «... Si l'auteur
» est notre ami, nous citons ses meilleurs passa-
» ges, et nous le faisons monter aux astres ; si, au
» contraire, il ne nous est connu que par un nom
» célèbre, nous le déchirons à belles dents ; nous
» écartons ou déguisons les morceaux où brille

» son talent ; nous cherchons, avec la loupe de la
» critique, les endroits un peu faibles ; nous en
» détachons des phrases que nous prenons grand
» soin d'isoler dans nos extraits ; nous les lions
» par des guillemets, afin de faire accroire au
» lecteur qu'elles sont fidèlement extraites de
» l'ouvrage annoncé. Il y a plus encore ; nous y
» fourrons par-ci, par-là, quelques mots de notre
» crû, pour rendre le tout plus ridicule.... »
» En parcourant l'article du *Journal des Dé-*
» *bats* sur les *Lettres de la vallée de Montmo-*
» *rency*, publiées par M. Quesné, l'on croirait
» sentir le poids de cette vérité, si l'éditeur por-
» tait un grand nom. Jamais on n'aurait imaginé
» qu'un auteur, qui n'a pas les petites maisons
» pour logement, eût écrit ces mots : *Les yeux*
» *masculins de son amant, le rideau de la mort,*
» et d'autres semblables sottises. Mais le plus
» beau, le plus surprenant de cet article, n'est
» pas tant d'y voir le bon sens défiguré, la raison
» renversée, que d'y trouver cet inconcevable pas-
» sage : « C'est un génie universel (M. Durmont),
» et il est impossible de ne pas admirer la lettre
» où il change la lune en planète, métamorphose
» qui pourrait étonner les astronomes, si nous
» n'étions pas dans le siècle des merveilles. »
» Pour moi, je ne saurais trop m'étonner qu'un
» Aristarque *poétereau*, qui, dit-on, a mis en
» madrigaux la physique, la chimie et l'histoire
» naturelle, dans un recueil que je n'ai pas lu,

» parce que je ne lis que les bons ouvrages, ignore
» que la lune est une planète satellite de la terre.

» Dans un autre endroit, l'hypercritique ajoute :
« M. Durmont, son précepteur, lui donne (à
» Bérinval) les plus belles instructions qui soient
» jamais sorties d'une cervelle de philosophe.
» Pour empêcher ce grand désastre (la population
» du globe), le professeur ne trouve d'autre
» moyen que de tuer les Turcs et de changer de
» femme chaque année. »

» Ce moyen, exprimé de la sorte, mériterait
» certainement d'être voué au plus grand ridi-
» cule; mais lorsqu'on voit, dans l'ouvrage cen-
» suré, que M. Durmont propose la suppression
» des harems et des sérails, et qu'il n'y est au-
» cunement question d'égorger ces pauvres Turcs,
» on s'écrie : *Ah! les sottes gens que certains*
» *critiques!*

» Quant à la proposition de changer de femme
» chaque année, la note indique aux moins clair-
» voyans dans quelle intention l'auteur l'a énon-
» cée. Ici l'Aristarque, et quelques-uns de ses
» confrères, ont été dupes et ont pris le change.

» En effet, lisons Montesquieu, nous trouve-
» rons, dans la cent seizième Lettre persane,
» le morceau suivant :

« Il ne faut donc point s'étonner si l'on voit
» chez les chrétiens tant de mariages fournir un
» si petit nombre de citoyens. Le divorce est
» aboli; les mariages mal assortis ne se raccom-

» modent plus ; les femmes ne passent plus,
» comme chez les Romains, successivement dans
» les mains de plusieurs maris, qui en tiraient
» dans le chemin le meilleur parti qu'il était
» possible.

» J'ose le dire : si, dans une république comme
» Lacédémone, où les citoyens étaient sans cesse
» gênés par des lois singulières et subtiles, et
» dans laquelle il n'y avait qu'une famille, qui
» était la république, il avait été établi que *les*
» *maris changeassent de femme chaque année*,
» *il en serait né un peuple innombrable.* »

» D'après ce court exposé, vous remarquerez,
» monsieur, que l'on peut enfanter d'aussi beaux
» vers sur la chimie qu'on en a fait sur le *Code*
» *civil*, et rédiger un article de journal aussi lourd
» que froidement plaisant.

» Agréez, Monsieur, etc.

» Cizeville *.

» Paris, 13 mai 1816. »

M. Aimé Martin se vit en butte à d'autres traits non moins sanglans, qu'il méritait trop bien pour avoir le droit de s'en plaindre. *Le Géant vert* lui décocha celui-ci : « M. Aimé Martin prétend qu'il
» n'y a rien de plus gai que les ouvrages ridicules.
» Il faut convenir qu'il n'y a rien de plus amusant
» que les *articles* de M. Aimé Martin ! » *Le Diable*

---

* Nom d'un personnage du roman.

boiteux voulut aussi donner son coup de béquille : « M. Aimé Martin, en parlant des Lettres de M. Quesné, trace en huit colonnes * la poétique des ouvrages ridicules. L'auteur des *Lettres à Sophie* doit s'y connaître. » Ainsi, bafoué de tous côtés, le pauvre auteur se tut. Je le rencontrai peu de tems après chez M. Nicolle, sans le moindre déplaisir, et j'oubliai cette querelle, que mes Confessions seules réveillent aujourd'hui, pour n'y plus songer désormais.

Si M. Aimé Martin, lisant ces lignes, y devient un peu sensible, j'aurai sans doute le regret de l'avoir affligé sans une urgente nécessité, en lui rendant avec une faible usure ce qu'il m'a généreusement prêté ; mais je le prie de vouloir bien ouvrir une légère voie à ses consolations, en songeant que le divin précepte, qui de chacun de nous fait un frère, nous prescrit de ne pas nous endormir trop long-tems sur notre colère. Qu'il ait donc la noble courtoisie de pardonner à la rudesse d'une humeur dépouillée de toute inimitié ; je lui crois le cœur assez haut pour que cet espoir flatte mes vœux.

Le Constitutionnel me jugea fort sévèrement dans un long article : on m'en donna lecture avant de l'imprimer, avec le choix de le supprimer ou de le laisser paraître. Madame B., qui faisait profession de m'adresser en jupon court des injures

---

* En quatre, et c'est assez.

dans la *Gazette*, n'en manqua point l'occasion ; et l'écrivain des *Annales politiques*, rédigées, dit-on, par des prêtres, terminait ainsi ses colonnes : « Quelques pages de ce livre paraissent
» bien écrites.... Le mauvais l'emporte sur le bon.
» Nous disons *bon* sous le rapport du style ; car
» dans le champ philosophique où l'auteur a mois-
» sonné, il n'a guère pris que des poisons. »

Un jour que j'étais chez M. Jay, il me dit qu'il avait plusieurs fois demandé dans la société pourquoi l'on me maltraitait si fort. On lui répondit :
« Que voulez-vous ! nous ne connaissons point cet
» auteur ; nous n'avons aucun motif de le persé-
» cuter. Notre censure est un coup de fusil tiré
» dans la mêlée ; tant pis pour celui qui en est
» atteint. » Etrange manière de juger les gens que de vouloir les tuer !

Mais ce qui devenait un peu plus sérieux, c'est un article très-malveillant du *Nain rose*, où, me confondant avec un M. J. S. Quiney, l'on déclarait que *j'avais été secrétaire d'une illustre société, qui s'en allait dans les rues promenant le buste du dieu de la guerre*, etc. J'eus connaissance assez tard de ce morceau par M. de la Mésangère, et je m'empressai de le démentir de la manière suivante : « Je n'ai jamais fait partie d'aucune so-
» ciété ; je n'ai jamais été compris au nombre des
» fédérés ; je n'ai jamais assisté à leurs séances,
» et n'ai jamais vu leurs promenades avec le buste
» du dieu de la guerre. » J'aurais certainement

pu, calomnié de la sorte, livrer l'auteur de l'article aux tribunaux; on me le conseillait, on m'y poussait même avec ardeur; mais mon humeur paisible dut se refuser à tant d'éclat. Content d'avoir dévoilé le mensonge dont les suites, par mon silence prolongé, pouvaient m'être nuisibles, je fermai doucement l'oreille aux cris des folliculaires qui, dans leur honteux métier, préfèrent toujours l'usage des injures moqueuses aux traits de vérité fournis par le raisonnement. D'ailleurs dois-je me récrier contre l'injustice, quand l'abbé Morellet nous apprend dans ses *Mémoires* que » des hommes tels que d'Alembert, Diderot, » Condillac, etc., appelaient Buffon *charlatan,* » *rhéteur, déclamateur, phrasier,* qui n'avait » pas le style de la chose, dont les descriptions » des animaux leur paraissaient des amplifications » de collége, et ses discours sur la nature, des » déclamations vagues, fausses et inutiles? » Aujourd'hui, comment ce grand naturaliste est-il traité? Selon la notice qui me parvient sur ses œuvres, « les littérateurs et les philosophes pla- » cent Buffon à la tête de nos écrivains pour la » pureté, l'élégance, la force et la variété du » style. Ses descriptions sont les modèles les plus » parfaits de la langue française. Majestueux et » sublime lorsqu'il peint la puissance et l'immen- » sité de la nature; noble quand il décrit ce fier » animal, qui, par les services qu'il lui rend, » semble avoir multiplié les plaisirs de l'homme

» et doublé son existence; terrible lorsqu'il fait
» retentir à nos oreilles le rugissement du lion ou
» du tigre ; simple quand il fait connaître le
» bœuf, le chien, et tous ces animaux qui vivent
» en domesticité auprès de nous; mais toujours
» vrai, toujours pur, le style de ce grand peintre
» de la nature est partout en harmonie avec les
» tableaux qu'il expose à nos yeux. »

C'est ainsi que, selon les époques, un homme d'un talent incontestable peut sortir plus ou moins pur du creuset de l'opinion. Faut-il s'en étonner? Non. L'envie et la raison ne sauront jamais peser le vrai mérite dans la même balance. Il est impossible que les trois écrivains cités par Morellet aient méconnu celui de Buffon; mais le philosophe de Montbar vivait parmi eux; ils le voyaient chaque jour dans la société; on lui trouvait, dit Marmontel, un orgueil égal à son talent : des rivaux de gloire, qui le rencontraient à tout moment sur leur chemin, devaient-ils être bien enclins à mesurer avec équité la hauteur de son génie?

Les *Lettres de la Vallée* n'eurent qu'un médiocre succès; cependant elles s'écoulèrent. Il ne m'en restait plus que soixante exemplaires, quand un Normand, près d'expédier des marchandises à Rio-Janeiro, me les demanda pour les joindre à sa pacotille. Trouvant mes brochures d'un débit facile au Brésil, son adresse me tira cent cinquante exemplaires de la troisième édition du

Psychisme pour suivre la même destination. Je payai les frais d'emballage, de transport, d'assurance, droits de douane, etc. Mes livres arrivèrent à Maragnan, s'y vendirent, sans que jamais j'aie reçu un sou de ce produit ni de mes déboursés.

Je crois qu'il n'y a plus d'exemplaires de ce roman dans la librairie. Tous ceux qui, l'ayant lu, m'en ont dit leur avis, l'ont trouvé très-amusant, mais trop court; ce qui doit peut-être ajouter un nouveau prix à la louange. Pour moi, juge en ma propre cause, il entre dans mes obligations de confesser, qu'abusé par l'exemple de Montesquieu, sans penser au tems où il publiait ses *Lettres persanes*, j'ai mis beaucoup trop de licence dans mes tableaux, avec un correctif trop faible pour en utiliser le but moral *. J'y ai porté quelques erreurs que je me propose de rectifier un jour, si l'ouvrage peut reparaître. Il n'est pas vrai qu'il soit mal écrit; il s'y trouve sans doute des fautes unies à plusieurs expressions impropres; en revanche on y remarque des lettres entières qui, au mérite de la correction, joignent la chaleur, l'éclat et l'abondance. Je voudrais pouvoir avec justice en dire autant des ouvrages de M. Aimé Martin. Il verrait avec quel élan cet éloge sortirait

---

* Je dînais un jour à la campagne chez un pair de France. Sa nièce, jeune dame très-aimable, me vantait singulièrement le mérite de cette production. « Je dois regretter de l'avoir mise au jour. — Pourquoi? — Parce que les mœurs n'y sont pas assez respectées. » Elle se tut et baissa les yeux.

du fond de mon cœur ; mais, hélas! il sait aussi que la vérité doit passer au premier rang des aveux, et qu'une franche allure sied mal aux ménagemens.

J'ai plusieurs fois mentionné mon indifférence aux censures de mes écrits ; peut-être trouvera-t-on dans la défense de celui-ci la matière d'un doute. Afin de le dissiper entièrement, je vais rapporter la lettre que j'écrivis alors au rédacteur du *Diable boiteux*.

« Vous êtes malin, monsieur le Diable ; vous
» faites sentir, avec raison, vos malices à vos
» lecteurs ; mais vos lecteurs ne sont pas toujours
» contens de vos malices. Par exemple, moi qui
» ai l'honneur d'adresser la parole à votre ma-
» jesté diablesse, puis-je voir de bon œil qu'à la
» fin de votre dernier numéro vous alliez révéler
» au public le titre d'un ouvrage que, dans ma
» jeunesse, j'ai eu l'indiscrétion de signer? C'est
» une des six iniquités dont je me suis gratuite-
» ment chargé depuis l'âge de dix-sept ans jusqu'à
» vingt-un ; et, quoiqu'il se soit débité huit mille
» exemplaires de mes *Folies*, je n'en suis pas
» moins tout honteux de les avoir faites. Aussi
» le libraire auquel j'ai confié l'aveu de mes fautes
» m'a-t-il bien promis, depuis une douzaine d'an-
» nées, de m'en faciliter la réparation, en ôtant
» mon nom du frontispice de ces *livrets*, et en
» changeant tous les titres.

» Hélas! ce n'est pas tout ; puisque vous scrutez

» avec tant de soin ma conduite, vous me forcez
» à confesser encore que je suis coupable d'un
» autre forfait littéraire bien autrement grave.
» J'ai mis en lumière, monsieur le Diable, oui,
» sans respect pour la mémoire de Fénelon, j'ai
» publié le *Nouveau Télémaque*, péché dont je
» m'accuse, péché dont jamais je n'obtiendrai l'ab-
» solution, et qui doit me conduire un jour à votre
» manoir infernal, non pour y jouir de votre ai-
» mable présence, mais afin d'y admirer l'étendue
» de votre pouvoir, qui, dit-on, s'exerce impi-
» toyablement sur les écrivains de mauvais goût.

» Je suis si vivement contrit de cette énorme
» faute, que j'ai perdu jusqu'au courage de l'af-
» faiblir par la revue de toutes les malheureuses
» circonstances qui l'ont aggravée. Mais, comme
» un pénitent doit faire enfin quelque chose pour
» son salut, j'espère que, si votre noire majesté
» peut user de quelques droits auprès des Par-
» ques, elle me fournira le loisir de mortifier ma
» chair avec les coups de discipline que j'appli-
» querai sur les petits corps suivans, comme fai-
» sant à peu près partie intégrante du mien : La
» *Lettre à Mercier sur les loteries*, *les Portraits*,
» *les Journées d'un Vieillard*, *l'Eloge de Boi-*
» *leau*; *Poinsinet*, comédie jouée à Guéret; *les*
» *Lettres sur le Psychisme*, *l'Eloge de Pascal*,
» *les Mémoires de Valmeuil*, *Marcelin*, *les*
» *Lettres de la vallée de Montmorency*.

» Pour mes autres enfans, je déclare que je

» suis un mauvais père ; je n'ai plus pour eux d'en-
» trailles, je les renie tous, et je les enverrais de
» bon cœur au diable, si le diable en voulait.

» C'est dans ces heureux sentimens que je baise
» avec le plus grand respect et la plus profonde
» humilité, monsieur le Diable, l'ergot de votre
» majesté boiteuse.

» *L'Auteur* de toutes les iniquités mentionnées
» à la présente.

» Du séjour terrestre, le 27 avril 1816
» de l'ère chrétienne. »

Celui qui a le courage de s'immoler ainsi volontairement à la gaîté publique, doit bien peu redouter l'humeur des écrivains dont la plume dirige contre lui leurs attaques. Si la fumée de la gloriole, qui fait quelquefois monter la douleur dans les yeux en l'étourdissant, pouvait flatter un moment sa vanité, la réflexion aurait assez de poids sur son esprit pour le porter à comparer cette vapeur d'un faux encens avec l'effet qu'elle produit ; et le résultat de ses recherches servirait bientôt de témoignage que l'ivresse est loin du bonheur.

J'offris en cet instant un service gratuit pendant une année à l'administration des contributions indirectes. On le refusa ; j'insistai ; l'on persévéra dans la première détermination. Je trouvai la chose assez singulière pour savoir jusqu'où ce refus serait poussé. Je demandai plusieurs audiences, que j'obtins. M. de Barante accordait beaucoup de louanges à mon zèle désintéressé, quand les avenues de ses bureaux étaient obstruées par des tas de solliciteurs, qui tous auraient pris la fuite, si on leur eût imposé la condition que je semblais envier; mais il ne tenait aucune de ses promesses dirigées vers ce but. Enfin mon extrême patience me fit triompher de la résolution qu'on avait prise de m'écarter. Je reçus la lettre suivante du secrétaire général, M. le marquis de Maleteste.

« M. le directeur général, appréciant, Monsieur, les motifs qui vous ont porté à faire l'offre d'une année de travail gratuit dans les bureaux de l'administration centrale, s'est fait un plaisir d'adhérer à votre demande.

» La division des tabacs vous est assignée. Veuillez vous présenter à M. l'administrateur Calet, qui est prévenu de cet arrangement, et qui vous fera connaître le travail dont vous serez chargé.

» Je suis bien parfaitement, etc. »

D'après un tel avis, je passai dans la division indiquée; la vérification des comptes de manufactures fut soumise à mon examen, et je remplis ces importantes fonctions avec la même assiduité que si l'on eût payé mon travail. L'an étant expiré, le secrétaire général me délivra, sur ma demande, un certificat en preuve de ce dévouement.

Plus de deux ans étaient écoulés depuis la mort de mon beau-père; les affaires relatives à la succession ne marchaient point, malgré les nombreuses protestations d'activité des avoués chargés de la liquidation. Ennuyé de tant de retard, je me rendis sur les lieux, à Montargis, où l'on devait débattre les divers intérêts des cohéritiers. En quinze jours tout fut terminé au gré des parties. Je me chargeai, pour éviter les longueurs, de la confection d'un tableau d'une extrême difficulté; j'en vins à bout en peu d'heures. On voulut m'indemniser des frais de déplacement, de route, etc. Quoique j'eusse lieu de me plaindre de celui qui, dans son avantage, m'adressait une telle offre, je la repoussai généreusement, trop satisfait d'avoir pu terminer avec promptitude un compte que le démon de la chicane trouvait son profit à prolonger. C'est à ce tems que se rapporte la lettre suivante, publiée huit ans après dans le *Courrier français* :

« Monsieur,

» Dans la séance du 20 juillet (1824), M. Clau-
» sel de Coussergues a proposé, sur l'article 3
» du chapitre XXIII du budget, un amendement
» dont le but est de faire prévenir sans frais par
» les receveurs de l'administration des domaines,
» dans le cinquième mois de l'ouverture de la
» succession, les héritiers ou légataires, des droits

» qu'ils auront à payer, en exécution des lois sur
» l'enregistrement.

» M. Chabrol de Crouzol, directeur général
» de cette administration, a soutenu que cet
» amendement entraînerait de graves inconvé-
» niens, parce que les employés de l'enregistre-
» ment ne peuvent être assez exactement instruits
» des décès.

» M. le ministre des finances a fait observer
» qu'il ne s'agit pas d'une contribution pour la-
» quelle le gouvernement soit *obligé d'avertir*,
» mais du paiement d'un droit dont *chacun sait*
» qu'il est passible, du moment où il accepte une
» succession.

» L'amendement a été rejeté.

» Au mois d'août 1816, je fus appelé à Mon-
» targis (Loiret) pour régler des affaires tou-
» chant plusieurs successions du côté de mon
» épouse. Son père et sa mère étaient morts : un
» de ses oncles, absent depuis trente-un ans, n'a-
» vait point donné de ses nouvelles. La portion
» qui appartenait à cet oncle, dans une maison,
» fut vendue; cinq héritiers la partagèrent. Au-
» cun d'eux n'eut l'idée qu'il devait payer un droit
» de mutation; ni le notaire, ni les avoués, n'ar-
» rêtèrent leurs pensées sur cette matière. Six
» mois après, les cohéritiers reçurent l'ordre de
» verser dans les mains du receveur des domaines
» le double droit, comme une amende, pour

» avoir omis le paiement voulu par la loi dans le
» délai de six mois.

» Je fus, je l'avoue, très-mécontent d'acquit-
» ter, sans avoir connu mon obligation, une
» somme qui, réunie à celle que devaient payer,
» ainsi que moi, les héritiers, surpassait au pro-
» fit du Trésor la part même qui revenait à chacun
» de nous. Cependant je soldai le droit et l'a-
» mende sans murmurer; mais, imaginant que
» cet exemple pourrait être par la suite de quel-
» que utilité aux personnes qui tomberaient dans
» un cas semblable au mien, je présentai, en 1817,
» à la chambre des députés une pétition tendante
» à faire avertir sans frais, comme en matière de
» contribution directe, les héritiers ou légataires
» passibles des droits de l'enregistrement. J'as-
» sistai à la séance où devait se lire cette pétition,
» qui fut renvoyée sans réclamation au ministre
» des finances. Quelques jours après, je me ren-
» dis dans les bureaux du ministère. J'y vis mon
» mémoire sans qu'on y eût inscrit d'autre note
» que celle du renvoi par la chambre. Je deman-
» dai quel serait le sort de cette pièce : « D'être
» enterrée dans les cartons, me répondit un com-
» mis. » Le droit de pétition est donc sans nul
» effet aux chambres, ajoutai-je? Le commis
» haussa les épaules, et ce fut la seconde réponse
» que j'obtins. J'en reçus pourtant une troisième
» que je me garderai de rapporter, en ce qu'elle

» ne ferait pas honneur aux principes de l'admi-
» nistration *.

» En terminant cette lettre, j'observerai, contre
» l'opinion de M. de Villèle, que *chacun ne sait*
» *pas toujours qu'il est passible d'un droit*, du
» moment où il accepte une succession; qu'en
» opposition à l'avis de M. de Chabrol, les em-
» ployés de l'enregistrement, qui connaissent, à
» quelques jours près, l'instant où le droit d'une
» succession est acquis au Trésor, pourraient fort
» bien prévenir les héritiers au moins un mois
» d'avance, et qu'enfin la justice veut qu'une
» amende ne soit appliquée que pour une faute
» volontaire, car c'est toujours là l'esprit de la
» loi, qui ne doit jamais tromper ceux qu'elle
» régit.

» Agréez, Monsieur, les sentimens d'une très-
» haute considération,

» J. S. Quesné. »

Quelques mois après mon retour de Montargis, la plus respectable et la meilleure des mères paya le tribut des ans à la nature. Je la perdis en mars

---

* Aujourd'hui que je m'enfonce tout vif dans l'obligation de parcourir sans ménagement le champ de la vérité, je vais écarter ma réticence : « Ne voyez-vous pas, me dit cet employé, que l'adminis-
» tration a trop d'intérêt à grossir ses produits pour avertir les indi-
» vidus que menace la loi? Chaque héritier prévenu s'empresserait
» d'acquitter ce qu'elle exige, et le Trésor serait ainsi frustré du
» double droit. » Je doute qu'en Turquie on eût de plus généreux principes.

1817. Sa mort me pénétra de la plus vive douleur. C'est alors que je sentis plus fortement que jamais la grandeur des contrariétés excitées par la fougue de ma jeunesse en son sein maternel. Au moment du danger, j'accourus à son lit; mais je n'eus point le triste avantage de recueillir l'expression de sa tendresse avec son dernier soupir. Depuis ce douloureux moment il s'écoule peu de mois, peu de jours, et même peu d'heures, où sa chère image ne vienne réveiller dans mon cœur le souvenir de ses vertus. Un vil intérêt ne souilla point mes regrets. Comme à l'ordinaire, je suivis sans effort mon penchant dans le partage des biens avec mes beaux-frères. Tout ce que l'on me demanda, je l'accordai. En une heure l'acte fut rédigé sans contestation. Ma sœur Daussy ne put s'empêcher de dire : « Je n'aurais pas cru que la chose dût se passer ainsi. » Tous les indigens de la commune, sans exception, reçurent individuellement de la toile et des vivres. Il ne parut pas étonnant que celle qui, dans sa vie, n'oublia jamais les infortunés, les secourût encore au-delà du tombeau.

Je quittai Pavilly au bout de dix jours afin de revenir à Paris. Ayant composé une nouvelle intitulée : *Monsieur d'Orban*, ou *Quelques jours d'orage*, je la publiai, vu son peu d'importance, à la suite de la quatrième édition in-18 du *Psychisme*; elle a depuis été réimprimée avec le roman d'*Adolphe et de Silvérie*. Cette nouvelle renfermait trois faits véritables. Le premier avait rapport à Mercier qui, plongé dans les cachots de la tyrannie, en fut tiré pour monter à l'échafaud. L'exécuteur, voyant la charrette pleine, lui dit : « Tu es trop gros, va-t-en, tu passeras demain. » Le second trait concerne M. Guillermet, fusillé dans la Vendée sans avoir été atteint, et que je rappelle au livre II. La troisième anecdote sort des mémoires du tems. Il y a de l'intérêt et du style dans cet opuscule. Les journaux l'ont ainsi jugé. Cette fois leur décision paraît s'accorder avec l'équité.

Un mois avant d'écrire *Monsieur d'Orban*, je fis le pélerinage d'Ermenonville : je parcourus avec délices cette charmante solitude, toute faite pour le caractère ombrageux du célèbre misanthrope, dont on voit la maison près d'un ruisseau, la cabane au Désert, et le tombeau dans l'île des Peupliers. J'essayai ses sabots, qui s'ajustaient parfaitement à mon pied, circonstance propre à me faire croire que Jean-Jacques avait une taille de cinq pieds deux pouces, moins trois ou quatre lignes. Voici ce qu'on lit au sujet de cette chaussure dans le *Moniteur* du 15 fructidor an VI.

« Des voyageurs allèrent, il y a quelques an-
» nées, visiter le tombeau de Jean-Jacques Rous-
» seau à Ermenonville. Après avoir satisfait leur
» louable curiosité, ils s'arrêtèrent dans le vil-
» lage, chez un cabaretier, brave homme, dont

» Jean-Jacques, pendant son séjour en cet en-
» droit, s'était plu à fréquenter la maison, et
» même à cultiver l'amitié. L'un d'eux, connu
» par une excellente comédie, et par la fatalité
» de son sort *, aperçoit sur une armoire des
» sabots, dont le dessus était grossièrement tissu
» en paille ou en menu jonc ; un petit morceau
» de papier y était attaché, portant cet écrit :
» *Sabots de Jean-Jacques.* Emporté par son
» respect pour la mémoire du grand homme, le
» poète se permit de dérober un de ces sabots.
» On remonte dans la chaise, et on se remet en
» route pour revenir à Paris. On s'arrêtait à la
» deuxième poste, lorsqu'on vit accourir un
» homme couvert de sueur, et qui avait fait à
» cheval la plus grande diligence. C'était cet esti-
» mable cabaretier, qui, s'étant aperçu de l'ab-
» sence de l'effet en question, venait le rede-
» mander avec instance, offrant à la place tout,
» absolument tout ce qu'on désirerait. On le lui
» rendit : en vain le pressa-t-on d'accepter une
» indemnité pour sa course, il ne voulut rien ac-
» cepter ; et avec son sabot il partit comblé de
» joie. »

L'année suivante je vendis à M. Pillet, libraire, dont la délicatesse et la loyauté sont appréciées de ses confrères et des gens de lettres, les *Mémoires de M. Girouette*, petit roman qu'il im-

* C'est probablement l'auteur du *Philinte de Molière*, Fabre d'Églantine, qui périt sur l'échafaud.

prima sous le format in-12, avec trois jolies gravures. Il me le paya quatre cents francs, ou environ cent francs la feuille ; mais, au moyen de l'exiguité de la justification, l'imprimeur forma, sur notre accord, sept feuilles du manuscrit afin que le volume pût comporter plus d'épaisseur. Le titre de *Confessions* convenait mieux que celui de *Mémoires :* M. Pillet, préférant ce dernier, je souscrivis à son opinion, persuadé néanmoins que le premier titre devait l'emporter, comme il le reconnut plus tard. L'ouvrage, goûté, applaudi, vanté par les journaux, fut bien reçu du public. Ma fable était tissue avec assez d'adresse pour que plusieurs écrivains la confondissent avec la réalité. Il est juste d'avouer, à l'avantage de leur discernement, qu'un certain nombre de faits sortaient du roman conformes à la vérité; de sorte que le caractère du héros étant soutenu, l'on ne doit point trouver surprenant que des journalistes même l'aient écarté de la fiction pour le ranger parmi cette foule d'hommes d'état, signalés par une girouette dans le passage si rapide d'une vingtaine de gouvernemens, et qui trouvaient constamment tout bien quand les emplois et les honneurs secondaient leurs vœux.

Ayant eu la curiosité de visiter à la grande bibliothèque la salle des manuscrits, j'examinai fort attentivement un Virgile du quatrième siècle, selon le sentiment de M. Langlès. Comme je demandais à ce grand érudit si l'écriture que je voyais était celle du favori d'Auguste : « Ah ! Monsieur, me répondit avec enthousiasme le bon Langlès, l'écriture de Virgile ! est-ce qu'il existe dans l'univers assez d'argent pour la payer? » Voilà bien, me dis-je tout bas, le vrai savant qui considère toutes les couronnes fort au-dessous de quelques caractères, tracés par la main qu'il idolâtre.

M. Koërfghen vint alors à Paris. Chargé de recouvrer sur le Trésor français trois millions de francs au profit d'un certain nombre de créanciers de la rive gauche du Rhin, il me pria de revoir ses mémoires, et d'en corriger les vices de rédaction. Je consacrai deux ou trois heures par jour à ce travail pendant quelques semaines. On lui paya d'abord cent mille écus ; mais des juifs, qui se rencontrent sur tous les chemins quand ils voient une pièce d'or à gagner, se précipitant au milieu de l'entreprise, suscitèrent des embarras au chargé de pouvoirs, et vinrent à bout de l'éloigner de son but. Dans un dîner qu'il donna vers cette époque au *Cadran-Bleu*, où je fus invité, se trouvèrent un commissaire prussien, le colonel de gendarmerie Georgeon, le conseiller d'état, comte Laumond, ancien directeur général des mines, le baron Méchin, M. Alexandre Lameth : M. le baron Ladoucette, qui devait également assister au festin, fut contraint de s'absenter. Ces quatre personnages avaient rempli successivement les fonctions de préfet du département de la Roër. J'étais au repas, à côté de M. Méchin qui, comme beaucoup de Français, ne pouvait donner d'applaudissemens à la conduite des soldats prussiens dans la seconde invasion. Il paraît même que ces Messieurs avaient particulièrement appesanti leur main sur une maison d'agrément qui lui appartenait. Si j'ai bonne mémoire, tous les meubles brisés, la bibliothèque mise en cendres, étaient un des fléaux qu'il devait à leur irritation.

Je ne restais pas un moment oisif. En accordant des soins aux notes de M. Koërfghen, je trouvais le moyen de m'occuper d'un écrit portant ce titre : *Confessions politiques et littéraires,* dans les séances des lundis 5, 12, 19 et 26 février 1818, de la société secrète de la rue Bergère, à Paris, révélées avec autorisation par l'un de ses membres, et publiées par, etc. C'était encore un roman dont quelques traits, fondés sur la vérité, donnaient au reste de l'ouvrage une couleur de vraisemblance. Sentant la faiblesse du sujet, je crus pouvoir la déguiser sous l'éclat du style; mais je ne sus point éviter la monotonie des caractères qui, soutenus d'un langage varié, tournaient toutefois dans le même cercle. J'avais prévu cette difficulté dans l'Avertissement, ce qui ne m'empêcha point de risquer la publication. J'en reçus quelques louanges, et le *Constitutionnel* ne fut pas seul à me les rendre. Malgré ses défauts, ma production, grâce au titre peut-être autant qu'à la complaisance de M. Evariste Dumoulin, réussit assez pour la voir s'écouler en une année.

Un soir, passant dans l'une des galeries du Palais-Royal, je monte au salon de Livry. J'y aperçois un substitut du procureur du roi, M. N., père de quatre enfans, Gascon plaisant, dont l'accent fortement prononcé jette une variété piquante en ses discours. Il jouait au trente et un. Son agitation était marquée. Je l'avais connu à Aix-la-Chapelle; il vint à moi. « Au premier coup, dit M. N.,
» j'ai peur; au second je tremble; la sueur froide
» m'atteint au troisième; au quatrième mon sang
» se fige; au cinquième je suis mort.... » Il perdit deux cents francs. « Sortons, ajouta-t-il, je suis
» en déconfiture. » Quand nous fûmes descendus dans la galerie, le substitut me prend le bras, plie son corps en deux, et s'écrie au milieu des promeneurs : « Mon cher, je suis un coquin! un
» gredin! un scélérat! qui risque, sans pudeur,
» sans honte, sans vergogne, tout son argent sur
» une carte! Oui, oui, je mérite que mes enfans
» me donnent le fouet sur une borne aux quatre
» coins de Paris. » Il allait continuer dans son désespoir quand, pour le dérober aux regards de la multitude, je l'entraînai promptement au fond du jardin.

J'eus occasion de rencontrer le grand peintre David au Palais-Royal, l'illustre madame de Staël au Théâtre-Français, et la célèbre madame Dufrénoy dans sa maison, rue Bourtibourg : le premier partit un mois après pour son exil; la seconde mourut l'année même que je la vis, et la perte de la troisième excite encore les regrets des amis des lettres, dont plusieurs ont des motifs de la pleurer. Comme je demeurais auprès de madame Dufrénoy, un jour je lui proposai de rédiger ensemble une feuille hebdomadaire. Elle parut goûter la proposition, annonçant toutefois n'y pouvoir travailler que dans deux ou trois mois. D'après ses conseils, j'allai chez le libraire Eymery, auquel mon projet fut communiqué. M. Eymery, bien qu'il eût perdu, selon madame Dufrénoy, dix mille francs avec M. A., ne refusa point l'entreprise; mais il exigea d'autres collaborateurs et des conditions qui la firent échouer.

Plus tard, madame Dufrénoy conçut le plan de *la Minerve littéraire*, dont elle publia le prospectus, à la manière du dialogue mis en tête de *la Nouvelle Héloïse*. Elle convint de cette conformité quand je lui en parlai, et m'avoua que la préface de Rousseau lui avait inspiré le goût de la sienne. On sait que, depuis, *l'Abeille* remplaça le premier titre, et qu'elle cessa de paraître avec près de sept cents abonnés.

Un matin que je lisais *le Constitutionnel*, un article de dix lignes fixa mon attention; il y était question de Dumont, sorti depuis deux ans du bagne d'Alger, et dont on rapportait quelques traits qui faisaient frémir. A l'instant même l'idée me vint que l'histoire de cet homme pouvait fournir le sujet d'un roman plein d'intérêt. Sans perdre une minute, je vais à l'hospice des incurables, rue du Faubourg-Saint-Martin. Je demande Dumont; on ne le connaît point. Je m'adresse au commis de l'établissement, qui, ouvrant de grands yeux, ne saurait comprendre l'objet de ma visite. Après cinq ou six vaines explications, je me disposais à quitter ce lieu, lorsque l'employé, se frottant le front, me dit : « Attendez, je crois que votre homme pourrait bien être celui qui entra dans l'hospice avant-hier, et que l'on nomme l'Algérien; je vas le faire descendre au bureau. »

Dumont parut; il montrait une extrême défiance : je le crus stupide un instant; mais, observant que ma proposition tendait à lui porter de prompts secours en argent, sa langue se délia, l'usage de la parole lui revint; et, sans hésiter, il me raconta des faits horribles, qui m'ôtèrent le dessein de les produire dans un roman. Il est inutile de m'étendre ici sur notre entrevue et celles qui la suivirent, puisque j'en ai fait mention dans l'avertissement de l'ouvrage, et qu'une répétition serait au moins inutile.

Chaque jour Dumont avait besoin d'argent; je ne lui en refusais jamais, bien que cela n'entrât point dans mes propositions, car je ne devais le payer qu'à la suite de l'écoulement de la première édition, à cause des frais de gravures et d'impression. Je m'engageai de même à lui fournir six exemplaires à chaque édition ; mais, allant beaucoup au-delà de mes promesses, je lui en donnai plus d'une centaine, sans que ce nombre demeurât en compte avec les offres primitives en numéraire, que je doublai volontairement. Je rappelle ces détails pour détromper ceux qui ont pu croire, selon certains rapports, que je n'ai point tenu envers Dumont la conduite d'un homme délicat. Dieu m'est témoin que, dans cette affaire, je considérais bien moins mon profit que l'intérêt qui devait rejaillir par mes efforts sur cet infortuné.

Lorsque le manuscrit fut achevé, je ne cherchai point à le vendre. Je l'imprimai chez M. Pillet, qui se chargea du débit pour mon compte, avec la condition qu'il n'enverrait les exemplaires à ses correspondans qu'après leur demande, afin que je pusse considérer comme vendu chaque volume sorti du magasin. L'ouvrage vit le jour dans l'été de 1819*, sous le titre de : *Histoire de l'esclavage en Afrique* (pendant trente-quatre ans) *de P. J. Dumont*, natif de Paris, rédigé sur ses propres déclarations, etc. Pendant trois semaines le livre eut un cours fort lent : je crus mon entreprise manquée,

---

* C'est à cette époque que M. Ternaux a mis les silos en usage ; ne seraient-ce pas les *matamores* dont parle Dumont qui lui en auraient fourni l'idée ? Dans ce cas, l'utilité de l'ouvrage devient incontestable, en ce que l'art de conserver les grains en terre est un des plus précieux de notre agriculture.

sans avoir été mal conçue, et que je m'étais mépris au goût des lecteurs. Mes frais ne laissaient pas d'être considérables; je me voyais dans la dure nécessité de payer de mon tems, de ma bourse, et sans utilité, la compassion que je m'efforçais d'attirer sur un être qui, depuis plus d'un tiers de siècle, buvait journellement à la coupe du malheur. Mais, ce qui me chagrinait encore plus que l'indifférence publique, c'est que, ne pensant aucunement la mériter, je sentais un vrai principe de vie au cœur de cette production. Enfin un article de M. E., dans *le Constitutionnel*, vint m'enlever à ma tristesse.

Cet ingénieux et brillant écrivain eut peut-être le tort de rattacher ses lignes à la politique sur un ton plaisant, car de si grandes et si longues infortunes n'offraient à la curiosité qu'une seule face; et l'accent profond de la pitié devait, selon moi, sortir seul de la plume du journaliste. Les autres feuilles, comprenant cet écart du talent, prirent un ton convenable et qui prêtait à l'éloquence des faits l'énergie du sentiment. Plusieurs journaux, vivement pénétrés de mon récit, arrachèrent des larmes à leurs lecteurs. Dès lors le succès fut complet. Trois éditions parurent en quelques semaines. On l'attendait dans les cabinets de lecture; on y partageait un certain nombre de feuillets pour les donner à lire en même tems. Quelqu'un m'a dit avoir vu cinq personnes le retenir tour à tour dans un seul endroit. Quand *la*

Nouvelle Héloïse fut mise en lumière, on louait ce roman douze sous par heure; je pense qu'on aurait agi de même pour l'*Histoire de l'Esclavage*, si l'ancienne coutume eût subsisté.

Cet ouvrage me mit à la mode; on m'écrivit des lettres pour me demander des exemplaires; il m'en vint des plus hauts rangs. Je reçus des visites d'inconnus, sous de frivoles et même de ridicules prétextes; mais il aurait fallu se fermer les yeux pour n'en pas voir le but. Recherché dans des maisons opulentes, je refusai constamment d'y paraître, ne voulant plus me rengager dans le tourbillon du monde, ni reprendre le joug des visites et des bienséances. Mademoiselle Harouard, auteur d'une brochure en faveur de l'enfance, qui voyait quelquefois la princesse royale Caroline, me manda de Copenhague que le roi de Danemarck lisait mon livre. Le roi de France le lut également, heureuse occasion qui valut à Dumont une pension de quatre cents francs sur la liste civile.

J'avais adressé gratuitement des exemplaires au roi, aux princes, à M. le duc d'Orléans, aux ministres, aux ambassadeurs étrangers en résidence à Paris, à l'Institut, etc. L'ambassadeur d'Espagne m'envoya son domestique, avec l'ordre d'en prendre deux, et d'en payer trois; mais j'écartai le prix du troisième, en ce que, dans mes principes, je ne devais point recevoir celui d'un présent. M. le duc d'Orléans crut devoir acquitter aussi le prix de deux exemplaires que je lui transmettais de la seconde édition ; j'écrivis à son altesse, en la priant de vouloir bien désormais se dispenser de faire ordonnancer le paiement de mes ouvrages qu'il daignerait accueillir, et cela par la même raison que je viens d'énoncer.

Malgré toutes mes précautions en vue de montrer la sincérité de Dumont, j'ai quelquefois rencontré des gens qui ont mis en doute plusieurs points de son récit, sans songer que, sur les cinq cents esclaves sortis comme lui du bagne d'Osman, pas un n'a élevé la voix pour le démentir. Je le répète ici ; j'ai toujours cru et je crois encore plein de vérité tout ce que j'ai publié dans ce recueil de faits presque incroyables, en ce que, m'environnant de plusieurs moyens capables d'entraîner Dumont dans les contradictions, je n'ai pu le surprendre au moindre mensonge, alors même qu'il n'éprouvait aucune défiance des soins que je prenais pour l'en convaincre.

De mon côté, l'office d'éditeur, étendu jusqu'au dernier retranchement de la conscience, m'a fait souvent négliger les ornemens du style, pour ne m'occuper que des pensées et des expressions de l'homme, afin que la vérité ne pût aucunement s'affaiblir dans les tours qu'exigent l'élégance et l'harmonie. On aurait souhaité que j'eusse alongé cette histoire* ; mais on ne fait pas

* Par exemple, M. Parel Despeyrut, député de la Corrèze, que je n'avais point l'honneur de connaître, et qui m'est venu voir, ainsi que plusieurs hommes de lettres.

attention qu'en y mettant des réflexions de remplissage, était la gâter, et qu'en substituant mes idées au fond de la composition, j'en aurais infailliblement altéré la simplicité, sans rencontrer l'avantage d'en maintenir l'intérêt ; au lieu que, me renfermant religieusement dans le cercle des faits, je me dérobais à l'attention publique derrière le héros, dont le naïf langage produisait d'autant plus d'effet qu'on le sentait inspiré par la nature.

Cette *Histoire* a déjà quatre éditions du même format ; la cinquième paraîtra bientôt ; mais j'observe que si la propriété en avait appartenu à quelque libraire un peu connu, le nombre des exemplaires aurait été triplé, par les moyens que ces Messieurs possèdent naturellement d'en favoriser le débit, quand l'auteur, dans son cabinet, occupé de ses travaux, ne laisse qu'au tems seul le soin d'agir.

J'imprimai presque en même tems une brochure in-8° : *Le Solitaire français au dix-neuvième siècle.* Je destinais au *Mercure de France* les trois articles qui la composent ; mais le rédacteur, M. de Roquefort, voulant les couper afin de les publier par fragmens, je trouvai que ce mode leur serait plutôt nuisible qu'avantageux : je les unis pour former un seul opuscule. Ils n'obtinrent qu'un succès d'estime ; néanmoins je vendis tous les exemplaires. On peut voir la manière décente dont on doit attaquer les écrits d'un homme célèbre, par celle que j'employai dans la critique d'une *notice* de M. de Châteaubriand *sur la Vendée*. Le ton que j'y pris était ferme, sévère, mais honnête. M. de Châteaubriand passe pour avoir un caractère élevé ; je le crois, car il permit l'annonce de ma brochure dans *le Conservateur*.

Le Solitaire français paraissait à peine, que je fis connaître au public un homme bien digne de son attention, c'était l'ancien militaire Pierre Huet, âgé de cent quinze ans. Ce vieillard qui, pour exister, n'avait qu'un secours annuel de soixante-douze francs du gouvernement, se tenait au pied de la tour de l'Horloge, auprès d'une petite table, couverte d'un sac de peau. Prenant intérêt à son sort qui semblait ne toucher aucun passant, j'achetai de ses mains un petit paquet de poudre blanche pour les dents, sans dessein d'en faire usage, mais uniquement pour avoir occasion de m'entretenir quelques minutes avec lui. La nature et la forme de ses discours ne me permirent point d'en recueillir un grand fruit ; toutefois je compris qu'éveillant la curiosité publique, j'étais en possession d'améliorer son état, qu'une femme de quatre-vingts ans, sa compagne, aggravait encore au lieu de l'adoucir. Une feuille in-8° d'impression fut le résultat de ma visite et d'une conférence avec son beau-fils. Cette feuille produisit de l'effet. Madame la duchesse de Berri souhaita voir le vieillard et l'entendre. Les secours et les honneurs vinrent le trouver *. L'écrit où j'en parle a été réimprimé plusieurs fois **. J'avais l'intention d'en former une édition à son profit, mais l'imprimeur à qui j'ai fait cette ouverture ne l'a point goûtée.

Sur l'annonce de divers journaux, croyant à la mort de ce vénérable centenaire, je volai chez son parent. Ma surprise fut remplie de douceur en apprenant que le tems avait encore épargné la tête du patriarche. Je ne voulus point quitter la maison sans embrasser le pauvre Pierre Huet, dont la longue barbe était semblable à celle que l'on a coutume de prêter au bon Jacob. Il parut sensible à ce témoignage d'attachement tout nouveau pour lui de la part d'un homme qu'il ne reconnaissait plus ***.

* On sait qu'il fut décoré en 1822.

** Voyez le tome II du *Moissonneur*.

*** Dans la *Gazette de santé* du 1er mars 1810, Marie de Saint-Ursin s'exprime ainsi à l'égard de Huet : « A l'angle du quai de l'Horloge,
» en retour du coin fameux par l'exposition du thermomètre de Che-
» vallier, qui fait à Paris la pluie et le beau tems, est la modeste
» échoppe d'un bon vieillard offrant un phénomène non moins re-
» marquable que les variations du thermomètre voisin. C'est un
» homme de cent quatre ans, d'une figure vraiment patriarcale. Une
» large barbe blanche ombrage son menton et descend sur son sein.
» Il est gai, quoique d'un extérieur grave; il a bon pied, bon œil,
» bonne ouïe, de bonnes dents, et l'appétit meilleur, hélas! que la
» fortune. Nous donnerons sur ce prodige séculaire quelques détails
» intéressans. Eh! ne vaut-il pas mieux signaler de leur vivant les
» centenaires, que d'attendre leur mort pour les célébrer? On peut
» mieux vérifier ces faits; il y a quelque charme, d'ailleurs, à con-
» sulter ces monumens vivans de l'histoire, et il est doux de trouver
» à exercer à la fois son instruction et sa bienfaisance avec ces fils
» aînés de la terre. »

Huet, né dans les premiers jours de janvier 1707, est mort à Paris, aux Invalides, dans sa cent vingtième année, le 25 janvier 1826, d'une attaque d'apoplexie qui lui fit jeter un grand cri, et ne l'emporta que le lendemain. Depuis quatre mois il demeurait, bien malgré lui, aux Invalides. On peut croire que la tristesse de se voir dans une autre habitation que celle de sa famille a précipité sa fin de quelques années. Les invalides, ayant à leur tête Prévôt, protestant, âgé de cent six ans, lui rendirent les derniers devoirs dans leur cimetière. Une pierre couvre sa tombe avec cette épitaphe :

CI-GIT
PIERRE HUET, CENTENAIRE,
DOYEN DES VÉTÉRANS DE L'ARMÉE,
MEMBRE DE LA LÉGION-D'HONNEUR,
NÉ EN JANVIER 1707,
AU VILLAGE DE DONNEMENT,
EN CHAMPAGNE, DÉPARTEMENT DE L'AUBE.
IL A FIGURÉ
COMME CONTEMPORAIN DE LOUIS XIV
A L'INAUGURATION
DE LA STATUE ÉQUESTRE DE CE MONARQUE,
SUR LA PLACE DES VICTOIRES,
LE 25 AOUT 1822.
DÉCÉDÉ
A L'HOTEL ROYAL DES INVALIDES,
LE 25 JANVIER 1826,
A L'AGE DE 119 ANS.
DE PROFUNDIS.

Mademoiselle Phélippeaux a fait, à l'huile et au pastel, le portrait de Huet en 1825.

Les Intrigues du jour, ou *quatre Tableaux de*

nos mœurs *, avec une gravure, suivirent cet opuscule. J'allais me disposer à livrer mon manuscrit à l'impression, quand le libraire Rosa, sans le voir ni le marchander, l'acheta six cents francs, et cent francs de plus, s'il en formait une seconde édition, me réservant le droit de l'imprimer plus tard. C'était l'ouvrage de trois semaines; je fus assez content du produit de ce travail. Quand il vit le jour, on en déposa deux exemplaires au bureau de la *Gazette de France*. J'en touchai quelque chose au rédacteur, M. Achille de Jouffroy, qui me répondit que l'on en rendrait compte; que la personne chargée de ce soin ne pourrait qu'en faire l'éloge, attendu que l'écrit entrait fort dans son goût. D'après un aveu que la délicatesse m'interdisait de mendier, je m'attendais véritablement, sinon à des louanges, au moins à plusieurs traits de justice; mais madame B., sous son Y, fidèle à ses maximes de dénigrement envers moi, sans aucun motif particulier, puisqu'elle ne me connaît que par mes livres, maltraita *les Intrigues*, à l'exemple de *Marcelin*, des *Lettres de la Vallée*, etc. Je lus son article en pitié; plaignant de bonne foi l'administration d'un journal, réduite à confier ses feuilletons à la plume d'un auteur femelle, qui n'avait pas même l'autorité d'un nom pour donner un

---

* Le libraire, au milieu de l'impression, trouvant le volume trop mince, me pria d'y joindre un cinquième tableau, que j'appelai *Sans intrigue*.

peu de crédit à ses molles, à ses tristes, à ses froides, à ses ennuyeuses et lamentables inspirations.

Le *Journal de Paris* trouva plus court de nier un trait fort étrange que de reconnaître un tort grave du ministère, signalé dans le premier tableau : *Les deux Sous-Préfets*, ou *le Triomphe d'un Chef de bureau*. On se rappelle peut-être qu'au sixième livre j'ai cité M. Bourdon, sous-préfet à Boussac; eh bien, c'est lui-même que l'on immola sur les tableaux de nomination pour le remplacer vivant. L'anecdote est réelle; des personnes respectables de la Creuse me l'ont garantie : j'ai seulement tâché de l'orner de quelques détails agréables, afin d'en adoucir la cruelle sévérité, car vraiment elle révolte toute ame honnête. Ce tableau fut mieux apprécié que les autres, qui néanmoins réussirent dans le monde.

M. Casimir Périer ayant ouvert une souscription pour élever une statue au père de la comédie française, je déposai dans ses bureaux ma modeste offrande *. Le projet n'eut point de suite. M. Périer m'écrivit long-tems après de la retirer, en ce que les fonds étant insuffisans, on avait ajourné l'érection du monument.

Je vis à cette époque la célèbre madame Manson. La curiosité m'attira chez elle avec un manuscrit que je lui rapportai, sur le refus de M. Pil-

---

* Celle de mademoiselle Mars s'élevait à mille francs.

let de s'en charger. Deux personnes décorées, suivies de deux gros chiens danois, montèrent en même tems que moi. L'une d'elles me dit : « Monsieur est de l'Ambigu? » A cette brusque interpellation, je fus tenté de leur en adresser une semblable : « Ces Messieurs sont sans doute de la Gaîté? » Je me retins, de peur de lâcher le coup à bout portant. Madame Manson me fit entrer dans un cabinet, pendant que les chevaliers prenaient place au canapé du salon. L'entretien de la dame avec moi dura près d'un quart-d'heure, qui, selon les apparences, parut fort long aux empressés visiteurs dont l'impatience, si je ne me trompe, se manifestait par des toux répétées et des mouvemens de pied bruyans. J'avoue que j'éprouvais quelque plaisir à la nourrir par mes délais. Durant ce tems, j'examinais le teint méridional de madame Manson, qui pouvait se fondre dans celui d'un Maure sans être aperçu. Ses yeux bruns avaient de l'éclat; l'esprit y perçait; son langage, vif, agréable, accentué, marquait l'empire des passions, révélées dans tous les traits de sa piquante physionomie. Sa taille, assez haute et svelte, manquait de grâce en marchant; ses mouvemens avaient beaucoup trop l'air de ceux d'une courtisane qui se balance et dit : « Regardez-moi passer. » Je m'en séparai pour lui laisser enfin la liberté de recevoir le double hommage des preux.

En relisant l'*Essai sur les mœurs*, etc., de

Voltaire, je crus m'apercevoir que cet ouvrage, par une réduction, pouvait être utile à la jeunesse. La réflexion me pénétra si fort de cette idée, que je mis de suite la main à l'œuvre, et fis tous les retranchemens inspirés par mon but. Voici ce que je me proposais :

« Abrégé de l'*Essai sur les mœurs et l'esprit*
» *des nations, et sur les principaux faits de l'his-*
» *toire depuis Charlemagne jusqu'à Louis XIII,*
» *par Voltaire;* ouvrage consacré à l'instruc-
» tion de la jeunesse, avec des notes, par, etc.

» AVERTISSEMENT DE L'ÉDITEUR.

» L'*Essai sur les mœurs et l'esprit des nations*
» est reconnu depuis sa naissance comme un ou-
» vrage indispensable à l'histoire de l'esprit hu-
» main. C'est un recueil très-précieux des faits
» les plus avérés qui servent à guider le lecteur
» à travers une multitude d'erreurs historiques,
» ainsi qu'à lui montrer les progrès de l'esprit
» des peuples dans l'amélioration de leurs usages.
» Cette tâche que s'est imposée l'auteur était
» bien difficile à remplir, mais il a exécuté son
» travail avec la supériorité de talent qu'on lui
» connaît. Cependant l'*Essai sur les mœurs* n'est
» point sans défaut, puisqu'il sort de la main
» d'un homme. On aurait désiré qu'en établis-
» sant les droits de la raison et de la vérité sur
» la ruine des préjugés et des vieilles erreurs, il

» eût constamment respecté les mœurs et la re-
» ligion. Un pareil oubli des bienséances, dans un
» livre fait pour être lu par toutes les classes de
» lecteurs, doit nuire aux jeunes gens dont l'ima-
» gination, si facilement ouverte aux impres-
» sions, en recevrait peut-être d'assez fâcheuses
» pour toute la vie.

» C'est particulièrement en leur faveur que j'ai
» eu le projet de réduire à deux volumes l'*Essai
» sur les mœurs*, qui, dans plusieurs éditions,
» en a huit. J'ai supprimé tous les endroits où
» règne une certaine liberté de pensée relative à
» la religion comme aux mœurs, beaucoup de
» répétitions, des faits particuliers, des discus-
» sions sur les fiefs, des querelles de papes, des
» disputes théologiques, des passages éclaircissant
» divers points d'histoire, qui, par leur nature,
» ne peuvent guère intéresser que les savans, et
» enfin quelques détails de cruauté horrible qui
» font dresser les cheveux.

» Comme cet *Abrégé*, mis aux mains de la
» jeunesse, serait dans le cas d'en être reçu sans
» examen sous l'autorité d'un grand nom, j'ai
» cru devoir y joindre quelques notes qui sont
» tantôt des remarques grammaticales, tantôt un
» relevé d'erreurs de dates, et tantôt un éclaircis-
» sement de faits plus ou moins connus.

» Dans les suppressions que je me suis permises,
» j'ai conservé les chapitres presque toujours en-
» tiers, n'ôtant rigoureusement que ce qui pou-

» vait offenser les regards des jeunes gens. Il y
» a sans doute des chapitres intéressans omis,
» mais le moyen de les comprendre tous dans un
» abrégé! »

Je présentai ma besogne à quelques libraires, qui la repoussèrent, en observant que le nom de Voltaire était un épouvantail au milieu des colléges : deux autres, ayant tourné quelques jours dans l'hésitation, me rendirent mes feuilles. Depuis lors le fruit de ce travail demeure en dépôt dans mon secrétaire ; vraisemblablement il n'en sortira que pour être un jour anéanti.

FIN DU NEUVIÈME LIVRE.

LIVRE DIXIÈME.

Depuis quelques mois le besoin de produire une pièce de théâtre me tourmentait; je succombai à la tentation. Avant d'élaborer mes idées sur un sujet, je voulus prendre connaissance du répertoire comique du Théâtre-Français, et j'employai si bien ou si mal mon tems, que je lus dans le seul mois de février quatre-vingt-deux pièces, drames et comédies, en vingt-un volumes in-8°. Tant de lecture n'aboutit qu'à m'échauffer le sang, à me jaunir le teint, à m'affaiblir la tête, sans me fournir une matière propre à recevoir une bonne forme. Je pris pour sujet : *l'Homme sans caractère*; je le mis en prose, en trois actes. J'observai les règles de point en point; mais cela devient insuffisant si l'intrigue, d'ailleurs assez pauvre, n'est soutenue de cette *vis comica*, si bien connue du grand Molière, et si rarement employée après sa mort.

Je portai ma pièce au comédien Thénard, qui me demanda cinq ou six jours pour l'examiner. Quand je vins la reprendre, il me montra des passages marqués de sa main au crayon, en y ajoutant des observations presque toujours judicieuses, et qui me prouvèrent toute l'étude qu'il avait mise à son art, bien qu'il ne pût dépasser en scène la médiocrité. Il trouva mon drame défectueux, en regrettant d'y voir enfoui de fort bons traits de caractère. Il me déclara que le principal écueil de la pièce était le sujet même, et que *l'Insouciant*, *l'Irrésolu*, *le Paresseux*, etc., sortant de la même famille que *l'Homme sans caractère*, jamais ne produiraient d'effet au théâtre, à moins qu'on eût assez d'habileté pour faire manœuvrer d'une manière très-plaisante tous les personnages autour du héros.

Je revins chez moi : j'eus le courage de refondre ma comédie, sans la rendre meilleure. L'ayant remise à M. Gastellier, oncle de M. Picard, directeur du théâtre de l'Odéon, afin d'avoir le sentiment du membre de l'Institut, excellent juge en cette partie, le peu de mots qui m'en revint fut un témoignage que son opinion ne m'était point favorable. La pièce, depuis ce moment, est dans un tiroir, et n'attend plus que les flammes.

Toujours plein d'ardeur pour l'étude, sans me rebuter des faux pas où trop souvent elle entraîne l'inexpérience, un nouveau projet me poussa dans la carrière de l'enseignement *. Après avoir

---

* Principes approfondis de la grammaire française d'après les cinquante-deux écrivains qui s'en sont le plus occupés depuis deux siècles ; logique, rhétorique, métaphysique, physique, astronomie ; examen des trois chefs-d'œuvre de Molière, *les Femmes savantes*, *le Tartuffe* et *le Misanthrope* ; le style en général, le style épistolaire. J'annonçais rejeter autant qu'il m'était possible les termes scolastiques, qui surchargent la mémoire sans utilité, et cachent une foule d'épines sous l'amas des règles.

formé pour mes élèves une provision de matériaux tout propres à l'édifice de leur instruction, j'imprimai de suite un prospectus que j'affichai dans Paris, mais que je m'abstins sagement de publier par la voie des journaux. La connaissance de mon projet m'attira deux jeunes Anglais, qui vinrent, je crois, me voir par curiosité, car nos conventions étant faites pour l'heure du travail et le prix des leçons, ils revinrent le surlendemain m'annoncer leur départ pour Montpellier, à la suite d'un événement inattendu. Je ne fus point dupe de l'artifice qui, du reste, n'influait en rien sur ma résolution. Dans ce moment, M. Pillet, ayant acquis la propriété du *Journal des Maires*, me proposa d'y travailler. J'y consentis, et j'abandonnai totalement l'idée d'enseigner, encore qu'elle m'eût coûté de nombreuses recherches. Le journal étalait une couleur d'opinion différente de la mienne. Fortement résolu de ne jamais rien écrire contre ma pensée, je me gardai toujours d'y insérer des articles politiques.

Le véritable directeur était M. Pillet lui-même. J'en recevais pour honoraires cent francs par mois. Je consacrais deux heures au travail trois fois la semaine, et vérifiais la comptabilité tous les mois. J'avais prévu dès les premiers instants que l'opinion prononcée de ce journal, en tout conforme à celle de la *Gazette de France*, nuirait à la longue au succès de l'entreprise. Cette prévoyance ne fut point une erreur.

Il y a quinze ou vingt ans, on s'est beaucoup moqué de Dupont de Nemours quand, par suite de longues observations, il a voulu donner au public la clé du langage des oiseaux. Son ouvrage pouvait pécher par la forme, et prêter peut-être à la plaisanterie ; mais tout homme qui cherche à surprendre les secrets de la nature pourra certainement, avec une patience intelligente, comprendre la volonté de plusieurs animaux dans leurs diverses inflexions de voix. Au risque de partager le sort de Dupont, je dirai que j'ai reconnu dans le chien, le chat, la souris, le serin, la poule, etc., dix ou douze de ces inflexions, qui marquaient évidemment la plainte, le désir, la peur, la joie, etc. J'ai avancé dans une note du *Psychisme* * que les jeux des petits chiens, des petits chats, et des enfans, avaient entre eux des rapports frappans. Pour reconnaître cette vérité, l'on me permettra de raconter un seul fait qui prend ici naturellement sa place en 1821, puisqu'il suit l'ordre de ma narration.

Je demeurais rue Culture-Sainte-Catherine. Ma femme prit une jeune poule en affection ; elle la laissa courir en liberté dans l'appartement. Tous les matins, dès qu'elle voyait la porte de ma chambre ouverte, la poule sautait sur mon lit, approchait son cou du mien, restait auprès de moi douze ou quinze minutes, poussant une sorte

---

* Cinquième édition, troisième Lettre, pages 117 et 118.

de petit gloussement assez varié, que je prenais pour un air de contentement. De là, elle volait sur la cheminée sans jamais rien briser, s'examinait dans la glace avec une surprise continuelle, se baissant, se haussant, approchant son bec du verre, où j'apercevais la réflexion de son haleine; puis, faisant entendre de légers sons rapides, elle allait au bout du miroir, cherchant à voir son image qu'elle croyait être une autre poule : elle venait, retournait, revenait dix fois avec une agilité singulière, et comme impatientée de ne pouvoir rencontrer cette nouvelle compagne.

Aussitôt je me rappelai qu'à l'âge de quatre ans, seul dans une chambre, je passais quelquefois des heures entières devant une glace inclinée, dont le haut, éloigné du mur d'un demi-pied, laissait à mon œil la faculté de pénétrer cet intervalle. Mes mouvemens tantôt lents, tantôt rapides, afin de saisir derrière le miroir ma ressemblance en corps, étaient exactement semblables à ceux de cette poule. A présent je n'ajouterai rien pour montrer au lecteur la conformité d'action dans les deux circonstances; c'est à lui d'en tirer librement une induction.

Dans le peu de tems que j'habitai Montmorency, j'avais relu *Clarisse Harlowe*, mais trop légèrement. J'examinai de nouveau ce roman. Je consacrai six mois à l'étudier, en y employant huit ou dix heures par jour. Je lisais avec une telle attention que chaque page, chaque phrase, chaque expression ne me passait jamais sous les yeux que je ne l'eusse parfaitement comprise. Il m'arrivait souvent de relire dix fois de suite cette même page ou cette même phrase, afin d'apprécier l'intime liaison des pensées avec ce qui précède et ce qui suit, de sentir la propriété des termes dans la bouche du personnage selon son caractère et la circonstance qui le fait agir, et d'estimer l'effet du tout sur le but moral de la composition. Je n'abandonnais le moindre sujet de difficulté qu'après m'être assuré d'avoir bien exactement saisi la véritable intention de l'auteur. En même tems je faisais par écrit des remarques dont l'ensemble était destiné à remplir un ouvrage que je me proposais de publier un jour. De cette manière, je me suis convaincu que, malgré des répétitions et des longueurs échappées à la plume de Richardson, cet immortel écrivain doit être compté parmi les plus grands peintres de mœurs qui jamais aient existé. C'est ainsi que l'enthousiasme de Diderot et de Jean-Jacques Rousseau fut justifié dans mon esprit. Je ne conçois pas comment La Harpe, critique ordinairement si judicieux, a pu méconnaître les immenses beautés de *Clarisse*, au point de considérer son histoire comme un ouvrage indigne d'être lu ; tant il est vrai que les hommes du plus grand mérite ne sont pas à l'abri des préventions les plus communes. *Télémaque*[*] est sans doute plus parfait que *Clarisse*, mais l'immense

---

[*] Cette production sort de la classe des romans ; il n'y manque que

étendue de cette dernière conception montre une force de tête qui peut-être étonne plus encore que le chef-d'œuvre de Fénelon.

J'étudiai aussi *Tom Jones* presque avec la même attention que *Clarisse*, et de ce double examen résulta le dessein de les publier ensemble, en douze volumes in-8°, sous le titre de *Chefs-d'œuvre de Richardson et de Fielding*, etc. Je communiquai mon projet à M. Pillet, qui le goûta. Nous convînmes qu'il l'imprimerait à ses frais au nombre de mille exemplaires, et que l'ouvrage paraîtrait de mois en mois par souscription. D'après le traité, M. Pillet, dans l'écoulement de l'édition, devait obtenir un bénéfice de quinze mille francs, et le mien aurait été d'environ vingt mille. J'achetai des exemplaires de plusieurs éditions ; je commençai le travail : on composa cinq feuilles d'impression. Un prospectus fut répandu. Avant de paraître, M. Tissot le vit et me conseilla d'y changer un seul mot. Au lieu d'un *excellent* traducteur, il me fit mettre un *bon* traducteur.

Comme on allait composer la sixième feuille, M. Pillet me déclara qu'il fallait renoncer à l'entreprise, en ce que ses ouvriers, manquant d'exactitude, ne pourraient jamais fournir les volumes au tems prescrit. D'abord je pensai que cette conduite était l'unique effet d'une boutade envers les compositeurs de son imprimerie ; mais quand je

---

la versification pour en faire un vrai poëme épique. J'ai dit ailleurs qu'elle était la suite du quatrième livre de *l'Odyssée*.

le vis plusieurs jours de suite attaché fortement à la même résolution, j'en conçus un vrai chagrin, parce que c'était arrêter dans sa source une opération dont le succès me semblait assuré *. Je songeai à la continuer seul : j'eus, touchant cette affaire, un entretien avec M. Fain, qui ne demandait pas mieux que d'accorder ses presses à mon vœu ; mais il lui fallait six mille francs comptant, que je n'avais point en ma possession. J'allai chez M. Jacques Laffitte. Je lui parlai de mon dessein, en offrant de déposer dans ses magasins l'édition entière pour garantie des six mille francs que j'avais l'intention d'emprunter. Ce banquier me dit de lui adresser un mémoire à ce sujet, afin de l'examiner. Je le rédigeai promptement, avec toute la clarté qu'exigeait la matière. M. Laffitte, en le recevant, me fit répondre, par la plume d'un employé de ses bureaux, que, peu familiarisé avec les opérations de librairie, il ne voulait point s'écarter de celles qui sortaient du cercle des affaires ordinaires de sa maison. Ainsi finit mon projet, dont l'inexécution fut connue du public, sans qu'il en ait su la cause jusqu'à présent.

Mes remarques sur *Clarisse* et *Tom Jones* me furent utiles Je composai de suite un roman intitulé : *Histoire d'Adolphe et de Silvérie*. Je l'écrivis sur des règles que je venais de me prescrire, et

---

* Il ne faut pas que ces lignes prennent la couleur du reproche ou soient ternies par la plainte, quand plus d'une fois j'ai senti l'obligeance de M. Pillet.

dont on a vu l'ensemble dans l'introduction qui le précède. Avant de livrer mon ouvrage à la presse, je prétendais faire une sorte de poétique du roman, qui n'existe dans aucune langue. Je voulais y employer tous les efforts de mon esprit, afin d'ôter une prise entière à la censure. Je commençai par la rédaction d'une ébauche du sujet, en vue de gouverner mes pensées plus tard, et de les lier par une méthode sévère. Ensuite je devais corriger, retrancher, augmenter, refondre, transcrire, recommencer les détails ou le corps de ma préface jusqu'à l'heure d'en être content. Mon ébauche, écrite au courant de la plume, était à peine achevée, quand je la lus devant un jeune avocat, professeur de rhétorique, qui l'écouta fort attentivement. Prenant la parole à son tour : « C'est, dites-vous, un brouillon pour diriger la marche de vos idées; mais si mon avis a du poids, ce brouillon ne souffre aucun changement; il doit être publié tel que je viens de l'entendre. — Vous croyez cela? — Très certainement. — Vous pouvez avoir raison; j'examinerai la pièce à loisir. »

Le lendemain, je consacrai de nouveaux soins à mon introduction. J'y déployai toute la sévérité d'un Aristarque pointilleux. Je ne trouvai qu'une ou deux expressions à changer, et je la mis en lumière. Elle fut parfaitement reçue de toutes les classes du public. Pas une critique ne vint mêler son souffle malin à l'applaudissement universel. M. Jay me déclara que ce petit nombre de pages était mon meilleur ouvrage. C'est aussi le seul dont, en le relisant, j'aie quelque droit de m'applaudir; car je trouve toujours trop à reprendre à mes autres écrits, pour en être entièrement satisfait. La preuve que je paraissais mériter les éloges qui me revenaient de ma préface est marquée dans plusieurs lignes d'une censure maladroite de trois ou quatre phrases du roman, et que je ruinai sans réplique à la fin de *Solarice*. Voilà ces lignes : « Avant de mettre sous les yeux du lecteur l'his» toire à la fois simple et touchante des amours » d'*Adolphe et de Silvérie*, M. Quesné trace en » peu de pages une espèce de poétique du roman. » On voit qu'il est là sur son terrain, et qu'il » écrit *ex professo*. C'est un morceau qui ferait » honneur à un écrivain plus classique encore que » M. Quesné. » Je soumis cette introduction à M. Féletz, homme aimable, plein de vivacité, de politesse et de goût, je me plais à le redire, qui m'affirma qu'elle était bien conçue et non moins bien exprimée.

L'*Histoire d'Adolphe* fut reçue sans éclat, mais avec faveur ; on alla même jusqu'à publier que l'on retrouvait dans certaines lettres l'éloquence de Saint-Preux. Je sais que c'est une exagération ; mais le sentiment de la vérité prend droit de me faire avouer qu'il y a dans ces lettres des traits de chaleur et de sensibilité, qui ne peuvent laisser un lecteur ordinaire, même indifférent, sans émotion.

L'*Histoire de Solarice*, ou *la Femme martyre de son orgueil*, parut presque aussitôt en deux volumes in-12, comme celle d'*Adolphe*. Ainsi que je l'ai déclaré dans l'avant-propos, ce roman n'est point précisément une fiction. Construit sur un fondement certain, les principaux matériaux viennent de la famille d'un imprimeur de Paris. Sa fille montrait beaucoup d'orgueil. Ayant refusé divers partis avantageux, elle épousa, quand la fleur de ses beaux ans reçut quelque outrage, un jeune militaire étourdi, qui, portant sans autorisation le signe d'honneur, s'attira la prison; laissant sa femme en proie au plus vif chagrin, et la conduisant lentement au tombeau par la voie de la misère, dont la plus sotte fierté l'empêcha de sortir avec un travail honnête. Elle rendit l'ame sur un grabat, peu de tems après avoir vu briller dans ses mains le flambeau d'hyménée.

Je tirai un heureux parti de ce sujet, qui me fut raconté par une condisciple de l'héroïne. Le but moral en était excellent; il me permettait de m'étendre sur les fautes nombreuses, nées de l'orgueil, en fournissant des leçons de sagesse, de vertu, d'économie à tous les âges. Je mis du soin à cette composition, qui pourtant ne fut pas transcrite, et que je regarde comme le plus important de mes romans, sous le triple rapport de la conception du plan, de la variété du style, et de l'austérité des mœurs. L'ouvrage n'était pas encore achevé, lorsque, rencontrant dans la rue M. Ambroise Tardieu, graveur distingué, dont j'avais eu sujet de me louer en diverses occasions, je le lui offris pour le prix de deux cents francs et cent exemplaires, n'abandonnant que la première édition. Il agréa ce marché, qui fut conclu en plein air et à la course.

M. Jay, recevant mon écrit, l'examina. Je vis une quinzaine de jours après, dans *le Constitutionnel*, un éloge ainsi exprimé : « Nous parlons
» rarement des romans nouveaux, et si nous fai-
» sons mention de *Solarice*, par M. Quesné, c'est
» que cet ouvrage offre une singularité remar-
» quable ; c'est un roman sans amour..... Un petit
» nombre d'événemens, disposés avec art et tou-
» jours vraisemblables, voilà ce qui compose
» l'*Histoire de Solarice*. M. Quesné, dans un autre
» roman, intitulé *Adolphe et Silvérie*, avait pré-
» senté, dans une introduction fort bien faite,
» la poétique du roman. Il s'est montré fidèle à
» ses principes ; il a obéi aux lois qu'il avait faites,
» ce qui est digne de remarque, etc. »

Le lecteur trouvera sans doute bien juste qu'en retour d'une louange désintéressée, je consacre ici l'expression de ma reconnaissance à l'historien du fameux cardinal de Richelieu, précédemment couronné pour son *Eloge de Montaigne* à l'Académie française, qui trois fois lui a refusé ses portes, quand d'une seule volée elle a cru devoir admettre en son sein seize concurrens, dont bien certainement plusieurs ne le valaient pas. M. Jay, homme simple, vrai, de mœurs douces et honnêtes, est sans contredit un des littérateurs les plus estimables et les plus distingués de notre époque. Son talent, moins brillant que profond, abonde toutefois en aperçus lumineux; sa pensée, presque toujours heureusement exprimée, laisse deviner des résultats qui, pour être bien sentis, exigent le secours de la réflexion. Les lecteurs superficiels, dont la vue ne s'attache aux divers objets qu'en courant, pourront peut-être malaisément le comprendre; mais il est assuré de plaire à l'esprit d'un penseur, et c'est un succès que l'envie ne saurait ravir au talent, puisqu'en matière d'écrits solides, le suffrage des têtes bien organisées dispense les réputations. M. Jay possède plusieurs qualités que le bon sens met encore au-dessus du mérite, c'est la probité unie à une sorte de bonhomie aimable; c'est l'amour de l'ordre mêlé au plaisir d'obliger sans aucune nuance d'opinion; c'est le besoin de révéler au public un jeune talent qui peut-être s'ignore, sans craindre d'en être surpassé; c'est enfin l'agrément d'une conversation où les traits piquans produisent d'autant plus d'effet qu'ils tombent sur ses lèvres, sans avoir été recherchés par l'esprit; genre de naïveté que la nature seule inspire, et dont le désir indiscret gâte trop souvent les grâces.

M. Cotelle, m'ayant ouvert la proposition de rédiger la table analytique de l'*Histoire d'Angleterre* en vingt-un volumes in-8°, moyennant huit cents francs, avec un exemplaire de cent trente-deux francs, je l'acceptai. Je fis ce travail ingrat dans un extrême dégoût, ce qui ne m'empêcha point d'y apporter la plus grande attention. Cette table, dont on publie en ce moment avec l'ouvrage entier une seconde édition, forme le vingt-deuxième tome de la première. Je ne voudrais pas, s'il fallait la recommencer, m'en charger pour six mille francs, tant le souvenir de l'impatience qu'elle m'a causé m'est présent. Un ouvrier de l'imprimerie égara l'article CHARLES II, prince de Galles. M. Lefebvre fut chargé de le composer; il le traduisit de l'anglais, non sans beaucoup de peine. Quand son article fut imprimé, le mien se retrouva; mais il était trop tard pour en user *.

Ma femme souhaitant passer l'été de 1822 à la campagne, je louai un appartement, avec un jardin clos de murs, à Choisy-le-Roi. On se rappelle que la saison fut très-chaude, mais agréable. J'en profitai pour faire diverses promenades aux environs. J'allais quelquefois à pied rendre mes hommages à M. le comte Vimar, dont le château, situé à Chenevières-sur-Marne, n'est éloigné que de deux lieues. J'y dînai plusieurs fois en compagnie de ce bon pair, de madame la

* Je n'ai pas revu la table de la seconde édition, bien que j'aie indiqué des corrections qu'on a suivies, de sorte que s'il s'y rencontre des omissions ou des erreurs, on ne peut raisonnablement me les imputer.

comtesse, de madame et mademoiselle Cazenave, leurs nièce et petite-nièce. Je visitais aussi là M. Jay, dans son habitation charmante, qui, d'un point si élevé, offre un coup-d'œil ravissant. Je revenais le même jour, également à pied, vers ma demeure, l'esprit libre, le cœur content, avec un nouvel appétit accru par la marche, et le besoin d'un doux repos qu'aucune inquiétude ne devait troubler.

L'approche de l'hiver me ramena sans regrets à Paris, le 10 octobre suivant. Dans un de mes voyages à Chenevières, j'avais fait comprendre à M. Jay l'utilité d'un journal littéraire, qui ne contiendrait que des articles sur les ouvrages de mérite en tout genre, publiés à l'étranger comme en France; des nouvelles sûres, et d'un intérêt assez grand pour piquer la curiosité, ainsi qu'un aperçu des productions ordinaires, déposées au bureau. M. Jay penchait fort à l'entreprendre, mais il souhaitait M. Etienne pour collaborateur. Je ne pouvais qu'applaudir à ce vœu qui donnait à l'édifice une colonne d'un si beau soutien. Je devais, comme directeur de la feuille, en surveiller l'impression, la comptabilité, l'envoi, et rédiger les articles qui, d'ordinaire, complètent les pages. Une correspondance à ce sujet fut établie entre MM. Etienne et Jay. Le projet semblait être sur le point de recevoir son exécution, quand tout à coup il prit une autre direction à mon insu, par l'arrangement qui mit au jour *le Mercure du dix-neuvième siècle* *.

Je crois que l'autre feuille, telle que je l'avais imaginée, nourrie par deux écrivains d'un vrai talent, aurait joint le profit à l'utilité; car, avec très-peu de frais, on pouvait raisonnablement espérer douze ou quinze cents souscripteurs en Europe, avant deux ou trois années d'existence; et *le Constitutionnel,* sous l'influence des co-propriétaires du journal, prêtant son appui, en eût vraisemblablement déterminé le succès. Mais le cours des événemens renverse trop souvent les opérations les mieux concertées.

C'est dans l'espoir de commencer celle-ci que je revins en automne à Paris. Dès que je la vis manquée, je songeai quelque tems au repos, car la table de l'*Histoire d'Angleterre* m'avait beaucoup fatigué : mais il était décidé que l'heure du loisir pour moi sonnerait plus tard. M. Gouriet, homme probe, estimable, laborieux, d'une humeur égale, publiant le prospectus des *Lunes parisiennes,* me communiqua son mode de rédaction, et me proposa d'y concourir, au prix de cinquante francs la feuille. Je reçus favorablement cette ouverture, avec la condition de ma part de n'y insérer aucun article sur la politique. J'avais, un mois auparavant, fait un semblable marché, moyennant dix francs de plus la feuille,

* Je dois avouer que M. Jay m'a déclaré n'avoir eu d'autre part à cette mesure que de consentir à la rédaction de quelques articles.

avec M. Destains, directeur des *Annales littéraires*, et qui fut rompu, je crois, à la suite d'un changement de propriétaire.

Les articles que je mis aux *Lunes parisiennes* étaient généralement des *nouvelles*, signées J. S., lettres initiales de mes prénoms. J'y travaillai jusqu'au moment où il plut au ministre de l'intérieur de supprimer ce journal malgré la loi. M. Gouriet remplit avec moi ses engagemens. Il me redevait quelque chose quand la décision ministérielle lui enleva cette propriété, ce qui ne l'empêcha point, dans une délicatesse dont il ne recevait pas l'exemple ailleurs, de vouloir s'acquitter à mon égard ; mais un refus honnête devint le prix de la mienne, en voyant la main de l'adversité peser sur le fruit de ses labeurs, à l'heure même que ce coup d'état précipitait sa bonne mère au cercueil. J'avais aussi composé dans ce tems un article intitulé : *L'Editiomanie*, écrit de cinq pages, où le *Charlemagne*, *le Solitaire* et *le Renégat* essuyaient quelque atteinte. On m'apprit que M. d'Arlincourt venait de perdre huit cent mille francs par la banqueroute de Clairet ; je me hâtai de retirer des mains de M. Gouriet cette pièce, qui pouvait affliger celui contre lequel je la dirigeais. On m'a dit depuis qu'une perte si énorme frappait son frère ; mais cette circonstance n'a pas eu assez de poids sur ma dernière décision, pour m'en faire revenir.

L'*Histoire de Solarice* étant tombée sous les yeux du capitaine Landolphe, que je ne connaissais point, ce marin, pressé depuis long-tems par sa famille d'écrire ses mémoires, y consentit sous la condition que l'auteur du roman y mettrait la main, en ce qu'il voyait parmi les personnages de *Solarice* un homme de mer d'une probité manifeste. Il s'informa, d'une dame * qui venait quelquefois chez moi, si ma complaisance pouvait s'étendre jusqu'à fournir des corrections à son ouvrage. Elle répondit affirmativement, et la suite est consignée dans l'avertissement mis en tête des *Mémoires* du capitaine.

M. Landolphe dînant souvent chez M. Noel, notaire, avec La Harpe et Bernardin de Saint-Pierre, ces deux écrivains célèbres le pressaient tour à tour d'unir dans un recueil les faits qu'il narrait à table, et d'y ajouter ceux qu'offraient tous ses voyages; engageant leur parole de traiter eux-mêmes la matière sans l'altérer. L'officier les refusa constamment, appuyé du seul prétexte qu'il mettait trop peu d'importance à répandre ses mémoires, pour se donner la peine d'en assembler les matériaux. Il est vraiment digne de remarque qu'après vingt années, quand les souvenirs du capitaine devaient s'affaiblir, il m'ait choisi pour son historien sans m'avoir jamais vu, lors même que je me suis trouvé dans le cas de le refuser deux fois.

Je demandai pour les deux volumes quinze cents

* Elle avait connu Helvétius avant la publication de l'ouvrage *De l'Esprit*.

francs, dont le cinquième ne serait exigible qu'après la vente de la première édition, trente exemplaires, la propriété des cuivres par moitié, la faculté de réimprimer l'ouvrage avec un ou plusieurs des miens. Ma proposition fut agréée sans réclamation. Comme je prenais l'engagement de le mettre au jour dans le délai de six mois, j'y travaillai sans relâche ; envoyant à l'imprimerie mes cahiers à mesure que je les écrivais ; corrigeant en même tems les épreuves ; achevant le soir de me tourmenter la tête par la lecture entière du *Constitutionnel* et du *Journal des Débats*, remplis des séances des chambres. Je publiai de suite un prospectus. Au bout de cinq mois l'ouvrage parut, orné de trois gravures, en deux volumes in-8°. Quoique j'eusse composé jusqu'à dix-huit pages d'impression dans un jour, il fut reçu, comme on le sait, avec un grand applaudissement. Je trouvai ma part dans ce tribut d'éloges ; mais, à mon gré, la conduite du héros était si noble et si fermement soutenue, que je ne considérais que lui dans les *Mémoires*, aimant à me cacher pour l'offrir seul à l'admiration publique *.

---

* Il n'y eut qu'une voix sur le mérite de cette production. M. Jay m'avoua sans réserve qu'elle était fort bien écrite, et qu'elle resterait désormais à côté des voyages les plus utiles et les plus amusans. M. l'abbé Auger, chef de deux pensionnats, voulut la donner en prix à ses élèves : il la regardait comme plus intéressante que les *Mémoires de madame Campan*. M. Amanton, journaliste estimable de la Côte-d'Or, dont je n'ai point l'honneur d'être connu person-

Depuis ce moment, lié d'une amitié intime avec ce brave marin, je n'ai pu découvrir sans attendrissement, dans ses confidences, les nombreuses qualités de sa belle ame. J'ai vu l'homme intègre, délicat, bienfaisant, admirateur des beaux faits, dont il était bon juge ; honorable patriote ; fuyant la division des partis toujours prêts à déchirer pour le triomphe de leur cause le sein de leur mère ; courageux jusque dans les cruelles infirmités ; opposant aux plus vives douleurs une fermeté digne des philosophes anciens ; portant un cœur sensible où s'enfermaient les secrets de l'amitié ; répandant sur ses vieux ans l'hilarité dans sa famille ; attendant avec une douce paix l'heure où la mort devait enlever à la nature un de ses plus nobles fils.

M. le duc de Tarente goûta beaucoup ces *Mémoires;* le ministre de la marine sut aussi les apprécier, mais ne put sans doute opérer le bien qu'il désirait. Un des lecteurs de la maison royale les lut au feu roi qui daigna, par un message de M. le duc de Blacas, en agréer l'hommage avec bonté *. Le maire d'Auxonne, lieu de naissance du capitaine, lui écrivit le 16 septembre 1823 :

---

nellement, écrivait à M. Landolphe de « me remercier pour le plaisir que je lui avais donné par cette lecture. »

* *L'Histoire de l'Esclavage de Dumont* et les *Mémoires du capitaine Landolphe* ayant passé sous les yeux de plusieurs souverains, on peut remarquer qu'aujourd'hui c'est une circonstance infiniment rare que celle où deux ouvrages du même auteur soient lus par un monarque.

« Monsieur,

» Lorsque vos voyages ont été annoncés dans les papiers publics, plusieurs habitans de notre ville m'ont témoigné le désir d'en prendre connaissance. Je me suis empressé, comme je le devais, de faire l'acquisition d'un exemplaire que j'ai déposé dans la bibliothèque de notre ville, et que j'ai lu, comme tout le monde, avec infiniment d'intérêt. Je viens de le remplacer par celui que vous avez bien voulu m'adresser par M. Amanton, et vous déclare que j'ai fait avec plaisir cette commission.

» L'an prochain, je donnerai en prix l'exemplaire acheté, à celui des élèves du collège qui aura fait la meilleure composition, et il y puisera cette maxime bien vraie qu'avec du travail et de la conduite on peut toujours se rendre utile et agréable.

» J'ai l'honneur d'être avec la considération la plus distinguée, Monsieur, votre, etc.

» MACOT. »

Il y a quelques erreurs dans les *Mémoires* du capitaine*; je les ai redressées sur un exemplaire, avec des additions intéressantes, qui verront le

---

* Par exemple, il est question du contre-amiral Halgan dans une note du premier volume, pag. 25, et le trait se rapporte à son cousin. Dans le second, pag. 149, M. de Rivière n'est pas le même officier qui fut, depuis, ambassadeur à Constantinople.

jour dans une prochaine édition. M. Arthus Bertrand ayant acheté les exemplaires de la première, M. Landolphe a rempli ses engagemens envers moi par trois billets à six mois de date de l'un à l'autre, en telle sorte que le troisième n'était payable qu'à l'expiration d'un an et demi, bien que je dusse recevoir les cent écus comptant ; mais le désir du capitaine de reculer cette époque fut pour ma délicatesse un devoir de le remplir. Je reviendrai sur ces trois effets lorsqu'il en sera tems.

Le succès des *Mémoires du capitaine Landolphe* me fit songer à M. le comte de Linois qui, par ses expéditions, avait fait dans les mers de l'Inde de si riches prises, qu'elles étaient évaluées à soixante-quinze millions de francs. Je proposai de lui rendre le même service qu'à M. Landolphe, s'il se trouvait dans la même situation, persuadé que la haute réputation du contre-amiral apporterait une extrême faveur à son écrit, quand celui du capitaine de vaisseau captivait déjà si fort l'attention des lecteurs de toutes les classes. M. le comte me répondit par les lignes suivantes :

« Versailles, 4 juillet 1823.

» Monsieur,

» Je vous remercie de l'offre que vous voulez
» bien me faire par votre lettre du premier de ce
» mois. J'en profiterai avec reconnaissance, si je

» me décidais à mettre au jour mes Mémoires ; » mais je ne désire point soulever le voile de » l'oubli dans lequel m'ont placé les circons- » tances *.

» J'ai l'honneur d'être, monsieur, votre, etc.

» Le comte de LINOIS »

Le ton de cette lettre m'apprit que le contre-amiral n'avait aucun besoin de mon secours pour exprimer élégamment ses pensées, au lieu que le capitaine, privé des grandes ressources du style, négligeait encore la méthode.

Ma femme, en venant au monde, apporta le germe d'une maladie qui l'a fait languir jusqu'à sa fin. L'art manquait de pouvoir sur cette infirmité ; elle le savait, et, d'après l'avis de son père, habile homme, ainsi que je l'ai dit, elle attendait paisiblement le terme de ses souffrances dans celui des années, sans vouloir guérir par le secours des médecins malgré la nature. Elle a peut-être dû à cette sage précaution d'avoir prolongé son existence de douze ou quinze ans. Je l'avais plusieurs fois conduite à la campagne dans le beau tems, espérant que la pureté de l'air adoucirait ses maux ; mais cette qualité de l'atmosphère demeurait sans influence sur un corps attaqué d'obstructions, dont le volume était trop sensible pour y trouver un remède efficace.

* Les feuilles publiques ont annoncé l'an dernier que S. M. avait reçu le contre-amiral en audience particulière.

L'hiver qui suivit mon départ de Choisy, j'aperçus avec inquiétude dans son infirmité des progrès rapides. Son teint jaunissait, les forces lui manquaient. Vers le milieu d'août, elle garda le lit, rencontrant des distractions, et donnant le change à ses douleurs par les gais mouvemens d'un jeune passereau qu'elle affectionnait beaucoup, et qui ne la quittait point. Le mal empirant, je fis venir un médecin, non dans le motif de la soulager, car je restais convaincu que tout remède devenait inutile, mais pour la consolation de la malade, et même afin que l'on ne pût croire à mon indifférence pour son état. Elle vit approcher l'heure de sa mort sans la craindre. En me passant les bras autour du cou, en présence de sa sœur venue de Versailles, elle me tint ainsi plusieurs minutes la joue collée sur sa bouche et me serrant étroitement sans proférer une parole : mais la situation était trop éloquente, trop poignante, trop déchirante, pour me laisser ignorer que c'était l'expression d'un éternel adieu. Je m'arrachai de ses mains avec effort, en vue de lui dérober mes larmes, qui pouvaient répandre encore trop de clarté sur sa fatale position.

En mon absence, sa sœur lui proposa plusieurs fois les secours de la religion. Elle ne répondit que ces mots : « J'ai assez souffert, et Dieu est » juste. » La garde ayant renouvelé trois ou quatre fois la même proposition, la malade garda constamment le silence, montrant par là qu'on l'importunait.

Quelques heures avant sa mort, comme je la voyais certaine dans le jour, je me rendis à Saint-Etienne-du-Mont, sa paroisse. J'y trouvai un jeune ecclésiastique, auquel je déclarai ce qui s'était passé touchant les devoirs de religion. Il me dit qu'il fallait tâcher de déterminer la malade à les remplir. Ma réponse lui servit de témoignage, qu'employer des efforts dans ce but, loin de l'atteindre, c'était bien gratuitement verser les contrariétés sur les derniers instans de la mourante, et que je ne me sentais point assez de courage pour oser y porter l'amertume, même par les motifs les plus louables. « Je suis ami de l'ordre et de la paix, ajoutai-je, le plus léger scandale fut toujours écarté de ma pensée; je ne veux donc l'exciter en aucune manière. Assurez-moi, je vous prie, que le corps sera reçu dans l'église avec les cérémonies accoutumées, ou bien je ferai prendre de suite au cortége le chemin de la dernière demeure de la défunte. — Vous avez l'air d'un trop honnête homme, reprit ce lévite, pour seconder les desseins des turbulens; ne craignez rien, le service aura lieu de la façon que vous l'indiquerez. Si vous aimez le calme, nous avons également à cœur de le voir régner dans le temple du Seigneur. »

Ma femme, ainsi que je le prévoyais, rendit son ame à l'Eternel le 25 août. J'appris le lendemain que le prêtre accomplissant sa promesse, on avait été justement édifié de la cérémonie funèbre qu'il m'annonçait. Je ne rappelle cette triste circonstance que pour montrer qu'il existe heureusement encore de paisibles desservans des autels, qui savent mêler à propos la tolérance religieuse aux règlemens de l'église, et ne croient point déroger à son esprit, en accordant la rigidité de leur ministère avec les progrès de la raison.

Vers ce tems, à la prière de madame Palisot de Beauvois, je rédigeai une *Notice* des ouvrages de son mari, mort depuis trois années, membre de l'Institut, et qui fut imprimée au nombre de plusieurs milliers d'exemplaires. Cette dame aurait désiré me confier la publication des *Mémoires* de M. de Beauvois, ancien ami et compagnon de voyage du capitaine Landolphe; mais le manuscrit étant à Bruxelles en la possession de M. Drapiez, elle ne pouvait le retirer de ses mains sans jeter quelque ombrage dans l'esprit de cet autre ami du défunt.

M. le docteur Devilliers, avec lequel j'avais dîné chez M. Landolphe, et qui, je crois, était secrétaire de l'Athénée des arts, me proposa d'entrer dans cette société littéraire, assurant que l'on me dispenserait de la formalité ordinaire, qui exige la présentation du candidat par quatre membres. Il ne demandait pour titres d'admission qu'un exemplaire de l'*Esclavage de Dumont* et des *Mémoires du capitaine Landolphe*. Je crus devoir refuser cet honneur. M. Devilliers revint à la charge, mais je gardai ma résolution.

On a vu que je ne restais pas un quart d'heure sous l'empire de l'oisiveté; ma tête souffrait impatiemment le repos. Je voulus entreprendre, sous le titre du *Moissonneur*, un ouvrage très-varié qui, par sa forme, pût plaire aux lecteurs de tous les goûts. J'insérai dans le premier volume la plupart des articles que j'avais publiés aux *Annales* et aux *Lunes*; je le fis paraître avec peu de succès, encore qu'il fût estimé des journalistes et des personnes qui le lurent. Sans me rebuter, j'allais mettre au jour le suivant, lorsque je reçus la visite d'un personnage dont le motif recula mon dessein.

Cet homme, entrant brusquement chez moi, s'assied, me regarde avec un air où j'entrevoyais une sorte d'égarement, examine deux grands bustes de Voltaire et de Rousseau, ramène sur moi les yeux, dit s'appeler M. de Lat....., ancien lieutenant de lanciers, et vouloir adresser un mémoire au roi. Surpris de son langage décousu non moins que de sa démarche, je lui réponds que, n'étant point avocat, je ne saurais me charger de la rédaction de cette pièce. Il insiste, et me présente une lettre de M. le baron Silvestre de Sacy, membre de l'Institut, dont la réputation, et non la personne, m'était connue. Ce modeste savant, l'un des premiers orientalistes du siècle, m'honorait de son suffrage dans le but que se proposait l'officier, et cela sans doute à la suite du succès des *Mémoires du capitaine Landolphe*, dont l'éloge se trouvait chaque jour dans une ou plusieurs feuilles publiques. Quand, à travers les phrases singulièrement hétéroclites de M. de Lat.., j'eus compris son dessein de publier des mémoires qu'il prétendait intituler *le Berger devenu officier*, malgré tous mes efforts pour effacer de son esprit un pareil titre, je lui conseillai de garder le silence, comme il avait fait pendant huit ans. Ce fut en vain; il me pria, conjura de lui rendre le service de laver sa réputation d'une tache imprimée par ses compatriotes, lorsqu'il tournait en rare vertu l'action même qui, de leur part, formait contre sa conduite politique la matière d'un reproche. Pensant comme eux, je me refusais toujours de me prêter à son projet; mais il devint si pressant, en attaquant à sa manière ma sensibilité, vantant en lui l'honneur d'un brave militaire, blessé à la bataille de la Moskwa, que je finis par me charger de ce travail, pourvu qu'il ne fût pas long. Nous convînmes du prix pour une centaine de pages in-8°. Je promis de ne point l'augmenter, si ce nombre de pages n'allait au double.

Il revint le surlendemain muni d'un illisible cahier, écrit de sa main avec du lait au lieu d'encre. J'eus l'incroyable courage de lire jusqu'au bout ce chiffon, où les expressions et la méthode n'avaient, en vérité, rien de commun avec les habitudes du plus simple lettré Ma patience me coûta cher; un mal de tête violent, suivi d'une fièvre de quarante-huit heures, la seule de ce genre qui m'ait affligé dans ma vie, et les sangsues que, pour me guérir, il fallut m'appliquer, rendirent témoignage de mes efforts et de mon dégoût. Je remis ce chef-d'œuvre à l'auteur, qui ne se découragea point. Cette fois il usa d'encre, écrivit, écrivit, écrivit, comme l'abbé Trublet *compilait*, et me donna ses feuilles à mesure qu'il les remplissait. On peut juger de sa manière de penser par un seul trait que voilà : « Si Dieu venait une seconde fois » sur la terre, il prendrait la figure de l'empe- » reur Alexandre. » M. de Lat..... trouvait tant de beautés dans cette phrase, qu'il prétendait me la faire adopter pour en orner ses mémoires; mais je me gardai bien de l'écouter, ne voulant point laisser croire que sa folie m'avait gagné.

L'auteur, exaltant chaque jour son honneur, manquait sans cesse à ses engagemens envers moi, tandis que, fidèle aux règles de la plus rigide probité, je remplissais les miens par mes soins et mon tems. La chose, de son côté, fut poussée à un tel excès, qu'au tiers du travail tout fut suspendu. Il partit pour son pays, promettant de revenir dans quinze jours avec l'intention d'apaiser ma trop juste colère. Leurré tant de fois, je crus encore à cette dernière parole. J'eus même la complaisance, dans l'unique vue de seconder le débit de son ouvrage, de le prévenir que je publierais au second volume du *Moissonneur* un extrait des mémoires commencés, afin d'exciter, selon l'usage, l'attention publique. Ce deuxième tome parut avec aussi peu de succès que le premier, mais il fut encore plus estimé*. Le troisième était sous presse quand M. de Lat..... revint de la Creuse, après quatre mois d'absence. Une convention nouvelle, nonobstant la foi jurée, s'établit à mon préjudice. Pour finir cette malheureuse opération, je souscrivis à tout, et l'ouvrage achevé, je le lui rendis, sans en prendre copie, avec d'autres pièces justificatives, négligeant ainsi toute garantie.

Par notre acte, j'ai le droit d'imprimer les mémoires dans sept ans; mais à quoi me servira cet acte, puisque M. de Lat....., ayant l'original des mémoires en sa possession, ne me le communiquera vraisemblablement pas plus qu'il ne m'a payé la seconde moitié de son engagement plusieurs fois réduit? Je sais que la justice, ouvrant l'oreille à mes réclamations, peut appuyer mes intérêts. Mais quoi! faudra-t-il plaider? courir à cent lieues de ma demeure? multiplier les frais de poursuites? Et pourquoi? pour quelques centaines de francs, quand je verrai sommeiller le remords de celui qui m'a trompé. Non; que lui-même repose en paix; je ne lui demande qu'une grâce, elle est

---

* Le morceau de la page 182, qui commence ainsi : « Pauvre Rousseau! quelle destinée est la tienne! » écrit de verve, ne m'a coûté que trois quarts-d'heure de travail. Je pense qu'il faudrait au moins ce tems pour le copier.

facile à m'accorder, c'est de m'épargner la suite de ses détours.

M. de Lat....., ayant sauvé la vie au comte de Byland dans la campagne de Russie, me proposa plusieurs fois de le conduire chez moi, pour me certifier les faits rapportés dans les mémoires. Je le priai de se dispenser de ce soin, en ce que je ne recevais presque personne, et que mon genre de vie s'opposait à l'honneur que devait m'attirer la présence d'un arrière-petit-neveu de Guillaume III, roi d'Angleterre, et allié à plusieurs familles souveraines de l'Europe. Malgré ma prière, un jour que la pluie tombait par torrens, l'officier se présente à ma porte, accompagné d'un bel homme d'environ quarante-cinq ans; c'était M. le comte de Byland. Piqué de cette visite inattendue, je voilai mon dépit sous une froide politesse, et reçus de M. de Lat..... l'exposition des motifs d'une civilité bien intempestive, car c'était tout uniment afin de m'engager à lire à M. de Byland cinq ou six morceaux des mémoires, qui le regardaient, où généralement il était fort maltraité, sous le rapport de l'ingratitude. Je me défendis en vain d'une commission si désagréable, le comte m'assurant qu'étant insensible aux discours plus ou moins envenimés de l'officier, je pouvais l'en rendre confident sans lui déplaire. Le pas me répugnait toujours à franchir; mais enfin, pressé par l'un et l'autre, je secouai la pudeur de l'embarras, et ne dissimulai rien de désobligeant.

Le comte écouta tout avec le froid glacial d'un Hollandais, se contenta d'avouer que le récit était exact, et qu'il en attendrait la publication avec impatience, afin de connaître en entier les mémoires du lieutenant. Deux fois néanmoins un différend allait s'élever entre eux, lorsque deux fois aussi je les priai de me dérober au désagrément qui devait en naître. Ils partirent, et je les vis monter ensemble dans un fiacre.

J'ignore quand M. de Lat..... imprimera mon manuscrit, mais je dois avertir que je ne reconnaîtrai l'ouvrage qu'à la suite des corrections d'épreuves qui me seront soumises. Il y a des choses importantes dans ces mémoires, douze ou quinze morceaux que je crois bons, un passage relatif aux Grecs, écrit avec chaleur, et des détails sur divers sujets qui doivent plaire. M. Arthus Bertrand, dans un marché fait par moitié avec l'auteur, en aurait tiré quinze cents exemplaires, si celui-ci eût persisté dans la convention; j'avoue qu'elle présentait plusieurs faces avantageuses. Voici le titre de l'ouvrage : *Mémoires de P. Pe... de Lat....., ex-officier de cavalerie, contenant l'histoire de sa campagne de Russie, et celle de ses voyages en Europe et dans l'Orient, rédigés sur son manuscrit, par*, etc *.

* Il est bon de dire que cet écrit a été singulièrement formé. M. de Lat....., en m'apportant ses cahiers, y mêlait plus tard des feuillets qui augmentaient le travail. Ensuite il me remettait des notes qu'il appelait des faits omis, que j'intercalais comme je pouvais, sans rompre ouvertement le récit, et toujours avec très-peu de patience et

Le troisième volume du *Moissonneur*, retardé par l'écrit précédent, fut mis dans la balance du lecteur au dessus des deux autres *. *Le Constitutionnel* en dit le plus grand bien; le *Journal des Débats* ne manqua point de l'annoncer ainsi que les premiers tomes; des articles, peu avares de louanges, en firent connaître l'esprit et la forme à Paris, à Rouen, à Dijon, etc. Tout cela produisit un écoulement presque insensible. Cependant aujourd'hui le débit des exemplaires touche à sa fin.

Dans une note du tome II, page 165, j'avais rapporté, sur la foi de plusieurs personnes mal instruites, que la veuve de l'auteur d'*Emile* avait épousé un domestique de M. Girardin. Voulant éclaircir ce fait, je priai M. Stanislas Girardin, membre de la chambre des députés, de me fournir quelques renseignemens, avec l'intention de confirmer ou détruire ma note dans le volume sui-

---

beaucoup d'aversion. D'autres fois, la besogne étant terminée, il déposait en mes mains de nouveaux feuillets, exigeant qu'ils fussent recomposés soudain en sa présence, malgré toutes mes peines pour lui persuader que cela ne pouvait se faire ainsi sans un notable inconvénient. N'importe, il fallait lui complaire, et les rédiger à sa face, à la hâte, au courant de la plume, ainsi qu'un écrivain public au coin de la borne. On doit imaginer combien il était aisé de fourrer après coup, en leur place, tant de morceaux d'une si riche étoffe, sans déparer la pièce entière.

* J'y avais provoqué le changement de nom de plusieurs rues de Paris, et la liberté du commerce des boucheries. Ce dernier point fut accordé quelques mois après, et la rue *Trousse-Vache* reçut le nom de *La Reynie*. Mais je n'ose réclamer l'honneur d'avoir opéré cette double innovation.

vant, selon qu'ils y seraient contraires ou contormes. M. Girardin me répondit le lendemain par une lettre aiusi conçue :

« Ce 12 juillet 1824.

» J'ai reçu, Monsieur, la lettre que vous m'a-
» vez fait l'honneur de m'écrire pour me préve-
» nir que vous aviez cherché à détruire l'accusa-
» tion du suicide que l'on a voulu faire peser sur
» la mémoire de Jean-Jacques. Je viens de dé-
» montrer qu'elle n'était nullement fondée dans
» une lettre imprimée et adressée à M. *Musset Pa-*
» *thay*, auteur d'une vie de Rousseau en deux volu-
» mes. Cet ouvrage doit contenir des renseigne-
» mens qui pourraient remplir le but que vous
» vous proposez. Ce que je puis vous dire, c'est
» que Thérèse Le Vasseur s'est retirée après la
» mort de Jean-Jacques dans le village du Plessis,
» situé très-près d'Ermenonville, et qu'elle s'y
» est retirée avec un valet de chambre de mon
» père, né en Angleterre, et qui l'avait servi pen-
» dant long-tems en qualité de palefrenier. Rien
» ne prouve que Thérèse Le Vasseur eût épousé ce
» valet de chambre. Au reste, si vous attachez
» beaucoup d'importance à le savoir, le maire du
» Plessis pourrait vous donner des détails positifs
» à ce sujet. Ce valet de chambre s'appelait *John*.
» J'en parle dans la lettre que je viens de publier,
» et vous verrez que Thérèse Le Vasseur et lui
» étaient déjà très-âgés lorsqu'ils ont fait connais-

» sance, et que cette connaissance n'a eu lieu que
» quelques mois après la mort de Jean-Jacques.

» J'ai l'honneur, etc.

» Stanislas GIRARDIN. »

Comme la question de mariage n'était pas décidée, j'eus recours au maire du Plessis-Belleville, qui m'éclaira tout-à-fait dans sa réponse.

« Plessis-Belleville, 30 juillet 1824.

» Monsieur,

» Je n'étais pas encore habitant de cette com-
» mune à l'époque du décès de Thérèse Le Vas-
» seur, mais ce que je puis vous affirmer, c'est
» qu'elle ne s'est pas remariée.
» Les informations que j'ai prises auprès de
» quelques habitans qui l'ont connue du moment
» qu'elle est venue habiter le Plessis-Belleville,
» m'ont appris qu'elle avait eu l'intention de se
» remarier avec un nommé Bailly, qui a demeuré
» avec elle jusqu'à son décès : il paraît qu'elle n'a
» été empêchée dans ce projet que par la crainte
» de perdre une ou plusieurs pensions qu'elle ne
» pouvait conserver qu'autant qu'elle resterait en
» viduité.
» Ce nommé Bailly ou Jones, Anglais d'ori-
» gine, était un ancien domestique de M. Girar-
» din ; il a survécu environ deux ou trois ans à

» Thérèse Le Vasseur, veuve de Jean-Jacques
» Rousseau *.

» J'ai cru devoir ajouter ces détails à la ré-
» ponse que vous désirez de moi, présumant
» qu'ils pourraient vous être utiles.

» J'ai l'honneur, etc.

» BATAILLE,
» *Maire du Plessis-Belleville.* »

Après l'impression du second volume du *Moisneur*, j'offris à M. Jouy de coopérer à l'ouvrage; mais, accablé de travaux touchant le recueil complet de ses écrits, il ne put se décider à cette nouvelle entreprise, où d'ailleurs le prix de ses soins n'offrait rien de certain ; et mon projet de l'associer à mes feuilles manqua moins peut-être encore par la nature de ses occupations que par la crainte de les rendre sans fruit.

Pendant que je priais l'ingénieux ermite de me prêter ses bons offices dans l'emploi de son talent, M. Rauch, directeur-rédacteur des *Annales européennes*, me pressait de fournir à son journal des articles à cent francs. Le genre de littérature qu'il y portait me convenait peu. J'avais résisté plusieurs fois à son vœu ; mais enfin un jour, vaincu par la séduction de ses promesses, je consentis à lui donner chaque mois un article

---

* Thérèse, ainsi que je l'ai dit au *Moissonneur*, naquit à Orléans, le 21 septembre 1721, et mourut au Plessis-Belleville, le 23 messidor an IX (12 juillet 1801). Elle jouissait de quatre pensions, dont deux sur le trésor public.

sur un sujet indiqué dans le mois précédent. Selon ma coutume, je fus exact. M. Rauch ne prit pour son cahier que la moitié de mon travail. Le paiement fixé n'arrivant point à l'époque prescrite, je repris l'autre moitié que j'insérai plus tard dans le dernier volume du *Moissonneur* sous le titre de *Quelques élémens de physique à l'usage des ignorans*, et sous celui d'*Antiquités*. M. Rauch aurait souhaité la continuation de mes articles ; mais pour l'obtenir, ne fallait-il pas en acquitter la valeur convenue ? Je dus donc renoncer à cette occupation qui, loin de mon goût, n'avait guère excité mon zèle que dans le désir et l'espoir d'être utile à l'auteur des *Annales*.

Je voyais, mais rarement, un abbé que, par ses discours, ses rapports et ses liaisons avec certaines personnes en crédit, j'ai toujours soupçonné de goûter les maximes des jésuites. Un jour que le feu roi Louis XVIII était fort mal., comme je m'informais de sa situation, le bon ecclésiastique me répondit crument : « C'est une chose bien étonnante ! il ne meurt pas ! » A ce témoignage de charité si drôlement évangélique, je détournai les yeux avec une sorte de confusion que tant de souffrances d'un roi mourant pussent refouler au fond du cœur d'un prêtre les sentimens généreux que la seule humanité réclame. Hé, mon Dieu! malheureux jésuites, que deviendriez-vous si, en imitant la conduite des Stuarts, un monarque français, guidé par d'imprudens avis, sacrifiait l'intérêt général à votre fatale existence ; que deviendriez-vous, dis-je, alors que les débris du vaisseau monarchique auraient disparu dans la tempête ? Vous voulez la dynastie régnante ! Oui, je comprends, des souverains façonnés à votre joug ; que vous puissiez diriger selon vos caprices ou vos besoins ; que l'encensoir enfume quand la tiare les humilie, et dont le trône est foulé, pressé, écrasé entre la chaire et l'autel. Voilà les rois que votre société vantera, quand les nations seront appelées à vous maudire. Mais j'oublie que je n'ai pas mission de vous livrer combat. Je laisse un si glorieux dessein aux athlètes plus dignes que moi de marcher sur les traces du grand Pascal, dont les siècles rediront le courage et vos crimes!

Au milieu d'une séance de l'Académie française, j'avais entendu, avec une sorte d'étonnement, M. Picard prononcer le mot *août* comme il est écrit, et non *oût*, ainsi que le Dictionnaire de l'illustre compagnie en fait une loi. Je méditais sur cet écart, lorsque, rencontrant M. Villemain au Pont-des-Arts, nous le passâmes ensemble. Là, le mot de M. Picard se retrouva sur la langue de son jeune confrère, avec une semblable prononciation. Ayant à l'instant même l'occasion de le répéter, je ne craignis point de suivre la règle établie par leurs prédécesseurs, plutôt que de m'asservir à l'usage qu'ont interdit ces grands maîtres. En effet, quand un avocat, peu familier avec l'euphonie, s'avisa de dire en plein palais :

Elle alla là à la mi-a-oût, ne crut-on pas entendre à la fois un enfant se plaindre et un chat miauler? Puisque les noms taon, paon, paonneau, faon, Laon, Caen, Saône, se prononcent comme *ton, pan, panneau, fan, Lan, Can, Sône*, pourquoi se refuserait-on à dire *oût* au lieu d'août? Mais je crois que, pour éviter tout embarras, il vaudrait mieux écrire ces noms tels qu'on doit les articuler.

Dans la maison que j'habitais, logeait M. Pellier, ancien oratorien, estimable traducteur de l'*Histoire de l'inquisition d'Espagne*, par Llhorente, aujourd'hui second instituteur des sourds-muets *. Il a connu dans sa jeunesse un vieillard janséniste, également oratorien, qui voyait souvent prêcher Massillon à Clermont. Ce grand prédicateur, assis dans la chaire, la tête appuyée sur le coude gauche, à la manière des écoliers, parlait simplement, presque sans geste, étendant quelquefois la main droite horizontalement. Les inflexions de sa voix étaient douces et parlaient au cœur. C'est sans doute cette extrême simplicité, remplie d'onction, qui faisait dire au célèbre Baron : « Nous ne sommes que des comédiens, mais voilà devant nous un véritable orateur! »

Au commencement de 1825, il me survint un désagrément dont j'attends impatiemment l'issue, avec une pleine confiance aux lumières des ma-

---

* Je reçois la nouvelle de sa mort avec un grand serrement de cœur. (Décembre 1825.)

gistrats chargés de rendre la justice. Voici de quoi il est question. En achetant annuellement quelques feuillettes de vin pour ma consommation, j'avais coutume de souscrire au marchand, M. Foucault, des *bons* de cent francs payables à quatre ou cinq mois de date. Je les acquittais exactement à l'échéance, ainsi que tous ceux que j'ai précédemment signés, et dont la somme totale excède cent mille francs. Logeant alors dans la rue Saint-Hyacinthe-Saint-Michel, n. 5, ma demeure était exprimée au bas de l'obligation. A l'échéance, personne ne se présente avec le billet, encore que je l'eusse attendu plusieurs jours, afin de le retirer de la circulation. Un mois entier s'écoule sans en recevoir des nouvelles. Cependant un matin, madame Foucault vient m'apprendre que le protêt du *bon* lui a été signifié le jour même. Je lis, avec une surprise mêlée d'humeur, cette pièce curieuse. J'y vois l'impudence avec laquelle on déclare avoir parlé à une femme de mon domicile, qui a répondu ne pas me connaître; que l'on a, suivant l'usage, affiché le refus de paiement dans la grande salle du tribunal de commerce, en ce que l'on me donne au protêt la qualité de négociant, que je n'ai jamais prise.

Madame Foucault s'en retourne, et déclare au poursuivant que nul individu ne s'étant montré chez moi, je n'avais pu retirer le billet. Cette fois mon domicile n'est plus ignoré, car l'on m'assigne à comparaître à la prochaine audience du tribunal de commerce. Je donne à mon neveu Daussy pouvoir de suivre cette affaire. A la première lecture, il découvre une nullité, en ce que l'une des trois conditions exigées par la loi manquait pour former du *bon* un véritable billet, c'est d'y avoir omis la valeur reçue.

Selon la coutume en ces sortes d'affaires, je suis condamné par le tribunal de commerce à payer solidairement, avec M. Foucault, la somme et les frais. Quant à la première, nul doute qu'elle ne fût due, et je l'acquittai; mais pour les frais, je tombai dans la nécessité d'en appeler à la cour royale, où j'espère bientôt voir le terme de ce procès. Plusieurs cours ont déjà décidé le même point de litige en faveur des signataires de l'effet, ainsi qu'à l'avantage de l'endosseur, quoique ce dernier fût commerçant. Nous verrons de quelle façon celle de Paris l'envisagera. Quel que soit son arrêt, je ne saurais m'abstenir de remarquer combien il est affligeant pour un homme qui jamais ne manque à ses engagemens, tenant ses fonds prêts à les remplir, d'être traduit en justice comme s'il eût fait preuve de refus, lors même que l'on évite la peine de monter à son domicile. Ni le portier, ni sa femme, ni d'autre individu, n'ont reçu la visite d'aucun porteur de billet à mon adresse. Comment donc peut-on attester en justice une telle fausseté? Cependant l'homme public est cru par son acte jusqu'à l'inscription de faux. C'est une aberration remarquable dans le système de notre code. S'il se rencontre des huissiers capables de souffler un exploit ou la présentation d'un billet, serait-ce entourer la prudence de précautions surabondantes que d'exiger la formalité de deux témoins *?

Ennuyé de tant de désagrémens à la ville, où dans les plus petites choses j'étais toujours dupe de quelque friponnerie, je voulus, comme par un accès de misanthropie, m'enterrer à la campagne, afin de ne m'occuper de Paris que lorsque des affaires indispensables m'y rappelleraient. Je pensai d'abord à me retirer dans la petite ville de Vertus, en Champagne; je n'y connaissais personne. Je m'adressai au maire, qui me fit répondre par un jeune homme nommé Poisson, et dont les renseignemens m'éclairèrent sur tous les points soumis au magistrat. Le correspondant mit tant d'amabilité dans sa lettre que, sans avoir entendu parler de moi d'aucune façon, du moins je le présume, il m'offrait à mon arrivée un lit et la table chez ses parens, où, disait-il, je trouverais un doux accueil, une franche amitié, comme aux tems de nos bons aïeux.

Dans le projet d'écrire mes Confessions, je rappelais, par des notes sur le papier, les souvenirs

* Une lettre de mon neveu m'apprend que le premier jugement qui me condamne avec M. Foucault est confirmé. Les frais montent à quatre cents francs, bien que l'on n'ait point levé l'arrêt, et que le défenseur de la partie adverse, qui, d'après son aveu, plaidait en désespoir de cause, ait eu la délicatesse de refuser ses honoraires. Avis aux plaideurs qui comptent un peu trop sur leur bon droit.

plus ou moins intéressans de ma vie, à dessein d'en user largement pour la composition que je méditais. Cherchant un lieu tranquille, Vertus pouvait me convenir; mais, éloigné de trente-cinq lieues de Paris, j'appréhendais qu'au jour de l'impression des mémoires, il ne me fallût entreprendre un trop grand nombre de voyages afin de la surveiller. En repassant dans mon esprit les lieux les plus agréables aux environs de la capitale, je fixai définitivement mon goût sur Montmorency, que dix ans plus tôt j'avais habité dans un précieux contentement. J'osais espérer que l'aspect enchanteur des sites, la promenade le long des rians coteaux, mêlés à l'air pur des monts couronnés de bois, porteraient à mon cœur une teinte de sensibilité, de plaisir, de gaîté, de joie même, propre à varier mes récits d'une manière aussi agréable que touchante. Avant de partir pour la campagne, je passai chez M. N., qui, demandant mon adresse à M. Ar.... Be......, souhaitait m'entretenir sur une entreprise considérable de librairie. Je rencontrai M. N. à son domicile. Nous causâmes long-tems ensemble Son dessein n'ayant point mon assentiment, il tourna ses vues d'un autre côté, me montra le plan d'un journal qu'il avait imaginé pour échapper au timbre, m'offrit d'y travailler à cent francs la feuille, et mit à nu sa pensée par ces mots qui peignent exactement l'époque actuelle : « Notre intention, dans » cette feuille, est de frapper à grands coups sur

» le dos des ministres, en ce qu'il arrivera de
» deux choses l'une; ou nous les ferons tomber,
» et ceux qui les remplaceront, nous devant des
» remercîmens, les témoigneront par de bons
» emplois; ou si nos traits multipliés les blessent
» sans les accabler, ils seront bien contraints de
» nous imposer silence au moyen de fortes gratifi-
» cations. Vous comprenez tout de suite l'avantage
» de notre position sur un terrain qui nous permet
» d'agir avec succès dans ce double cas, comme
» si notre plume se transformait en un glaive à
» deux tranchans. » Je ne répondis rien à de si
étranges paroles, car les miennes se fussent en-
volées dans le cabinet sans aucun résultat; je pré-
férai contenir mon mépris plutôt que de faire
éclater une surprise capable de le révéler. Je sortis
de l'entretien avec le sentiment d'une vérité con-
firmée dans les odieux principes que mon opinion
supposait aux auteurs du journal. Cependant M. N.
est décoré, remplit une place où peut-être il reçoit une gratification annuelle; mais on sait que
ces libéralités, loin de rien gâter au travail, servent au contraire à l'agrément de la société comme
aux douceurs de la vie. Quoi de plus attrayant et
de plus aisé, selon le caractère de tel individu,
qu'un trait de plume lucratif qui lui fait tendre la
main sans rougir! Qu'une phrase apologétique
lui coûte peu quand l'or de la corruption doit la
payer!

Je quittai Paris, le 7 avril, avec un plaisir

extrême. Le beau tems favorisa mon départ et mon arrivée dans Montmorency. J'allai loger sur la place du Marché *. La nuit je goûtai le plus doux repos. En m'éveillant, j'observai la différence de l'air de cette campagne d'avec celui de la capitale **, et je m'écriai : « Ah! que je suis content! c'est ici pour moi le séjour du vrai bonheur! » Pendant plus de trois mois l'exclamation me revenait tous les matins avec le charme du premier jour. Cette jouissance de l'ame devient inappréciable à qui sait la savourer dans sa plénitude.

Ayant réuni toutes les notes et documens qui m'étaient nécessaires, je commençai mes Confessions le 26 avril. Depuis ce moment jusqu'au milieu d'octobre, un jour ne s'est pas écoulé sans que j'y aie travaillé, hors ceux où des soins de divers genres m'attiraient à Paris. Ni la fatigue, ni les chaleurs extraordinaires et permanentes de-

* Cette place, avant d'être pavée, recevra probablement une fontaine, dont l'utilité est trop incontestable pour qu'on ne la voie pas bientôt établie. Celle qui coule à cinq cents toises du centre de la ville, au bas d'une côte, sur le chemin d'Andilly, donne peu d'eau. Il est pénible de la puiser si loin, et de rencontrer, à toute heure du jour, des enfans des deux sexes exposés à se gâter la taille bien avant l'âge où les forces ne sont plus en péril sous un pareil fardeau. Le nouveau monument doit remédier à cet inconvénient, ainsi qu'à plusieurs autres que les habitans du lieu connaissent mieux que moi.

** L'atmosphère de Paris ne contient pas assez d'oxigène, c'est pourquoi l'on y remarque tant de personnes languissantes. Il faut du ressort à l'air vital pour entretenir la respiration et faire jouer librement les poumons.

l'été n'arrêtaient mon zèle *. Luttant quelquefois contre le dégoût d'une tâche volontairement imposée, j'en triomphais par ma constance, et presque toujours le plaisir la suivait.

Le 2 juin, dans l'après midi, je pris machinalement avec ma fille le chemin qui longe les murs du château de Soisy. Au-delà, suivant la même direction, l'on découvre le village d'Eaubonne. J'eus la curiosité de voir le parc de madame Pérignon, veuve d'un notaire, qui, dans cette belle habitation, succède à madame Goupy. C'est là que jadis madame d'Houdetot recevait Jean-Jacques; mais alors il n'y avait qu'une maison, dont l'emplacement est aujourd'hui couvert d'un château qu'entoure un terrain considérable, fermé par des murs.

Au livre IX des *Confessions* de Rousseau, et que je considère comme le meilleur de l'ouvrage **, on lit avec un vif intérêt ce morceau :

« Il y a près d'une lieue de l'Ermitage à Eau-
» bonne; dans mes fréquens voyages, il m'est
» arrivé quelquefois d'y coucher; un soir, après

---

* Le thermomètre, à l'ombre, monta dans Paris à trente degrés. J'en ai porté un sur le sommet des Champeaux, point le plus élevé des environs de Montmorency, qui marquait vingt-six degrés à neuf heures du soir. Le lendemain, je l'ai exposé au soleil vers deux heures dans l'angle d'une cour; il dépassait quarante-cinq degrés : c'est la chaleur du Sénégal et des côtes d'Afrique.

** Le livre II, malgré l'obscène et dégoûtante aventure de l'Esclavon, vient après.

» avoir soupé tête à tête, nous allâmes nous pro-
» mener au jardin, par un très-beau clair de lune.
» Au fond de ce jardin était un assez grand tail-
» lis par où nous fûmes chercher un joli bosquet,
» orné d'une cascade dont je lui avais donné l'i-
» dée, et qu'elle avait fait exécuter. Souvenir
» immortel d'innocence et de jouissance! Ce fut
» dans ce bosquet qu'assis avec elle sur un banc
» de gazon, sous un acacia tout chargé de fleurs,
» je trouvai, pour rendre les mouvemens de mon
» cœur, un langage vraiment digne d'eux. Ce fut
» la première et l'unique fois de ma vie; mais je
» fus sublime, si l'on peut nommer ainsi tout ce
» que l'amour le plus tendre et le plus ardent
» peut porter d'aimable et de séduisant dans un
» cœur d'homme. Que d'enivrantes larmes je
» versai sur ses genoux! que je lui en fis verser
» malgré elle! Enfin, dans un transport involon-
» taire elle s'écria : « Non, jamais homme ne fut
» si aimable, et jamais amant n'aima comme
» vous! Mais votre ami Saint-Lambert nous
» écoute, et mon cœur ne saurait aimer deux
» fois. » Je me tus en soupirant; je l'embrassai,...
» quel embrassement! Mais ce fut tout. Il y avait
» six mois qu'elle vivait seule, c'est-à-dire loin
» de son amant et de son mari; il y en avait trois
» que je la voyais presque tous les jours, et tou-
» jours l'amour en tiers entre elle et moi. Nous
» avions soupé tête à tête, nous étions seuls, dans
» un bosquet, au clair de la lune; et, après deux

» heures de l'entretien le plus vif et le plus ten-
» dre, elle sortit, au milieu de la nuit, de ce bos-
» quet, et des bras de son ami, aussi intacte,
» aussi pure de corps et de cœur qu'elle y était
» entrée. Lecteur, pesez toutes ces circonstances ;
» je n'ajouterai rien de plus. »

Cet événement se passa dans le mois de juin 1757, ou précisément soixante-huit ans avant ma visite en ces lieux. On a conservé la forme du taillis, le bosquet, la cascade, les trois acacias, avec un respect religieux. La vue des objets fit sur mes sens une profonde impression. Priant le jardinier de s'éloigner pour me laisser absorbé dans mes rêveries, je passai fort lentement sur le petit pont au bout de la cascade ; puis, m'asseyant, entre les deux premiers acacias en fleurs, sur un des trois bancs de pierre demi-circulaires qui remplacent le siége de gazon, je promenais mes regards, avec une émotion mêlée d'une extrême douceur, autour des allées, du canal, des arbres, du château, du jardin, des murs, comme s'ils eussent été confidens des soupirs de l'infortuné philosophe qui, sur le déclin des ans, montrait un cœur tout rempli des feux ardens du jeune âge, et s'attirait par cette faiblesse les railleries de ses anciens amis, dont la gaîté piquante travestissait l'ermite en galant berger.

Les trois acacias, plantés là peut-être depuis quatre-vingts ans, s'élèvent à l'angle du mur bornant la route d'Eaubonne à Saint-Leu, côté de l'est. Ils ont plusieurs pieds de circonférence, et plus de soixante de hauteur *. On doit placer le buste de Rousseau dans le centre du triangle formé par ces arbres. Un piédestal est déjà posé pour en recevoir un autre du même philosophe au milieu de l'allée qui, partant du château, mène droit aux acacias. Ce lieu sera bientôt visité par les curieux, avec le même empressement qu'ils montrent depuis trente ans à voir l'Ermitage, le Mont-Louis de Montmorency, les jardins d'Ermenonville, les Charmettes près de Chambéry, etc.; tant il est vrai que les monumens qui rappellent à la postérité la présence d'un grand homme, inspirent aux individus, capables de penser et juger, le désir ou plutôt le besoin de les connaître.

Un jour que madame d'Houdetot parcourait le jardin de l'Ermitage, Grétry remémorant la circonstance du bosquet d'Eaubonne, lui dit : « Ah! madame, vous courûtes bien des risques dans cette charmante soirée! — Non, répondit la comtesse, aucun; je n'ai jamais aimé Rousseau; mon cœur était tout à Saint-Lambert. » Cependant il est sûr que si le Génevois fût devenu plus pres-

* Malgré l'assertion du jardinier, j'ai peine à croire que ces arbres soient les mêmes qui prêtaient avec leur ombrage leurs parfums à Rousseau. Il y a, dans le jardin de l'Ermitage de Montmorency, un acacia planté par Grétry vers 1798, dont l'écorce annonce déjà la vieillesse. Ceux d'Eaubonne, bien que beaucoup plus gros et plus grands, ont une écorce lisse et nullement ridée. Au reste, on assure que les acacias d'Auteuil, à l'entrée du bois de Boulogne, ont plus de cent cinquante ans.

sant, plus téméraire, plus audacieux, d'après le témoignage même d'une de ses lettres publiée récemment *, le pas aurait été singulièrement glissant devant cette dame, malgré sa violente passion pour l'amant absent.

Je fis bientôt après cette course une perte inopinée, qui m'affligea beaucoup; le brave, le respectable, le bon capitaine Landolphe, abandonna pour toujours sa famille et ses amis par une attaque d'apoplexie, dont il demeura frappé dans sa soixante-dix-neuvième année. Je l'avais vu très-gai peu de jours auparavant, lui conseillant d'ôter par une saignée la trop vive rougeur que je trouvais répandue sur toute sa face. Malheureusement ce remède lui répugnait; on en usa pourtant lorsqu'il eut perdu connaissance, mais sans efficacité, comme sans espoir.

Ses dépouilles mortelles furent portées, le 14 juillet, au cimetière du Mont-Parnasse. On lui rendit les honneurs funèbres dus aux colonels, et l'on prononça sur sa tombe un discours touchant. L'homme qui, dans la dernière guerre, a conquis l'île du Prince avec l'admiration de ses habitans; a coulé bas à l'ennemi huit cent trente pièces de canon, prises à bord de soixante-quatre bâtimens estimés quarante-cinq millions de francs; l'intrépide marin, qui aima mieux affronter les horreurs de la mort, et laisser tomber au fond

---

* Il s'agit de la sensation que madame d'Houdetot semblait quelquefois éprouver en l'embrassant.

des flots son pavillon que de l'amener, est descendu dans le tombeau sans avoir porté le signe des braves qu'il avait si bien mérité dans sa longue vie. Mais, cher Landolphe, ta grande ame est déjà consolée de l'injustice des humains au séjour immortel des ombres heureuses; là, les cordons n'ont aucun prix; ces marques d'honneur, trop souvent inséparables de la vanité, deviennent à jamais inutiles au repos des justes. En quittant ce monde, l'estime et la vénération qui la suit, dignes récompenses du courage guerrier, de la probité sans tache et des habitudes paisibles, valent bien l'encens vil et grossier que trop souvent allume la corruption du jour devant un honteux crédit. Ton cœur, brûlant du patriotisme sacré, la première des vertus dans une ame élevée, désormais est à l'abri de cette odieuse envie, de cette haine irascible, qui, la veille de ta mort, souillait encore tes récits du souffle impur de la calomnie. Tu n'as plus qu'à le remplir enfin des joies ineffables réservées par le père des hommes à ceux pour qui la bienfaisance et l'humanité furent des droits à son amour. Vertueux Landolphe, ombre à jamais chérie, si, dégagée des nuages qui me cachent la céleste vérité, ta vue peut ici bas percer les profondeurs de mon ame, tu dois y voir sans mensonge la douleur amère qui l'amollit sans cesse depuis notre fatale séparation. Mais un jour, un jour peut-être, nous sera-t-il permis de contempler ensemble les divins objets créés pour l'éternelle félicité des bons. C'est ton désir sans doute, c'est aussi mon espoir que le cours des ans verra bientôt confirmer, si l'Être suprême me juge digne de sa clémence.

Le capitaine m'avait prié de venir toucher le montant du second billet, le 15 juillet, date de l'expiration. En arrivant à son domicile, j'appris le malheur qui l'avait frappé. M. Bidaux, gendre de madame Landolphe, dont le capitaine, au commencement de ses Mémoires, vante les *vertus nombreuses et l'excellent cœur*, me déclara sans détour que mes deux effets ne seraient point acquittés, ainsi que dix francs pour l'affranchissement des prospectus, payés de ma bourse, attendu que M. Landolphe laissait après lui six mille francs de dettes, et que la vente de son mobilier s'élèverait à peine à douze cents francs*. Surpris d'une semblable décision quand, par une pure complaisance de ma part, je n'avais point exigé soudain le paiement des cent écus qui me revenaient selon le traité, je dus rappeler à M. Bidaux qu'au tems de la rédaction des Mémoires, avant la signature de la convention, il m'assura que, même sans aucun écrit, dans l'hypothèse d'une réclamation de mon côté, je serais toujours cru sur ma simple parole, et qu'il se ferait un scrupule, en cas de décès du capitaine, d'honorer ses engagemens. Aujourd'hui que madame Lan-

---
* M. Landolphe n'était point marié sous le régime de la communauté.

dolphe lui a fait une donation de la maison qu'elle occupe à Paris, et qui vaut cinquante mille francs, M. Bidaux se porte créancier de M. Landolphe pour trois mille francs, et laisse les autres débattre leurs intérêts comme ils l'entendront. Madame Landolphe, qui me flattait dans ses visites, douceurs que je lui rendais avec sincérité dans les miennes, m'a fermé sa porte, en faisant annoncer qu'elle ne recevrait plus personne. Je m'abstiens de toute réflexion sur ce point. Seulement je puis affirmer que ma conduite en pareille occasion aurait été totalement différente. Je dois encore ajouter que, dans l'arrangement fait pour l'impression des Mémoires du capitaine, il avait gagné huit cents francs par mes soins; il s'obstinait presque à vouloir les payer, au moment qu'il me priait de veiller à ses intérêts.

Le jour même que je recevais ce double acte de déloyauté, j'appris avec une vraie satisfaction, par un chirurgien-major qui s'arrêta dans l'Ile-du-Prince quelques années après le départ de M. Landolphe, que ce brave marin y était adoré. Le chirurgien avait aussi vu les deux enfans mulâtres du capitaine, nés de deux femmes noires qui lui furent données jadis par les rois d'Ouère et du Benin. Cet aveu de l'officier touchant la magnanimité du commandant était d'autant moins suspect, que lui-même avait refusé de s'embarquer avec l'expédition de M. Landolphe, dont on annonçait une grande sévérité dans le service de mer.

L'abbé Auger, mon cousin, chez qui j'avais plusieurs fois rencontré l'abbé Liautard, vint me demander à dîner. Avant le repas, il souhaita voir l'église dont, à ma honte, j'ignorais le chemin ; je l'y menai. Là, nous trouvâmes M. Langlois, curé de Montmorency, homme doux, aimable, tolérant, avec lequel je formai plus tard une liaison où j'ai puisé assez d'agrément pour lui consacrer ici un souvenir. Il est Normand, né à sept ou huit lieues de Pavilly, a commencé son éducation chez les frères de Saint-Yon, a travaillé sous les maîtres de qui j'ai reçu des leçons ; que de titres à sa respectable amitié ! mais il en a bien d'autres encore à la reconnaissance publique. Sacrifiant une partie de sa fortune au soulagement des pauvres, il entretient trente-deux ménages de nécessiteux infirmes ; nourrit les ouvriers sans travail ; empêche au sein de sa commune l'affligeante mendicité, vertus précieuses dont il recueille le fruit dans l'affection du peuple, comme dans la considération des gens d'un haut rang. Si les missionnaires qui, au lieu de prêcher la concorde, sèment presque toujours la division dans les familles, ne sont pas venus troubler la paix à Montmorency, le vénérable pasteur de la commune peut, dit-on, revendiquer ce bienfait. Malgré son infirmité qui, depuis quinze ans, douce et spirituelle gaîté répand encore du charme sur ses vieux jours, en le familiarisant avec l'image terrible du grand destructeur des êtres.

Après le dîner, je conduisis l'abbé Auger jusqu'à la route d'Epinay à Saint-Denis, en traversant le nouveau village d'Enghien-les-Bains. Peu de tems après on m'apprit sa nomination au provisorat du collége de Versailles.

Employant tout le jour à rédiger mes Confessions, je réservais les soirées pour la promenade. Dans quelques rares momens de liberté, je voyais, outre M. Langlois, mon voisin M. Ollion, jeune médecin établi depuis trois années en ce lieu, qui montre des connaissances étendues dans sa profession, du zèle dans ses travaux, soulage avec empressement l'humanité souffrante, et dont l'épouse, remplie de qualités, est excellente musicienne ; mademoiselle de Luigné, maintenant compagne de M. Louveau, notaire à Paris ; dame fort aimable, qui compte peu de rivaux dans l'art de faire naître les fleurs sous le pinceau ; le pharmacien M. Leconte, que j'avais connu dix ans auparavant ; M. Flamand-Grétry, qui venait souvent de l'Ermitage à ma solitude ; M. Charraud, major de la jeune garde impériale, officier distingué ; M. Blondon, ancien capitaine de la vieille garde, échappé miraculeusement au grand désastre de Waterloo, et qui servait en même tems que moi, en 1799, dans les grenadiers de la 96e. Avec l'impossibilité de jouir encore ailleurs des agrémens d'une société que fuient la gêne et l'ennui, je me renfermais dans mon travail, où plus d'une fois, je le rappelle, j'ai goûté les délices de la composition en revenant sur différens traits de ma vie, auxquels les mouvemens d'une bonne conscience donnent toujours une solide approbation.

J'ignore si ces Mémoires verront le jour de mon vivant; le sort en décidera. Dans l'Avertissement on a vu que le premier motif qui me les a fait entreprendre se tire de l'espoir de montrer, par mon exemple, à la jeunesse les fautes qu'elle doit éviter. En mettant ainsi l'ordre dans mes souvenirs, j'ai senti la douceur de satisfaire au besoin de la reconnaissance; de sorte que la droiture de mes intentions peut s'applaudir d'un acte qui présente l'utilité jointe au devoir. Il se pourrait qu'une critique chatouilleuse exerçât son ministère sans restriction sur la manière dont j'ai lié les diverses parties de mon ouvrage et classé les nombreux détails qu'il comporte. Je ne m'en plaindrai point, trop convaincu qu'elle ne saurait m'absoudre sans un excès d'indulgence, car plus on vieillit, plus on sait qu'on sait peu; et la folle présomption, fille d'un ignorant orgueil, n'est guère que le partage de ceux qui n'ont point encore assez vécu pour enserrer à leur profit les fruits de l'expérience; or, je crois qu'après avoir lu ceci jusqu'au bout, on ne dira pas qu'elle m'a tout-à-fait manqué.

Après dix-huit mois d'habitation à Montmorency, je me propose, si quelques événemens imprévus n'arrivent à la traverse, de passer une grande partie de l'an prochain, 1827, aux frontières de France, près de Genève, afin d'admirer à mon aise la suave harmonie des eaux, des plaines et des coteaux, les aspects merveilleux du lac, et l'imposante majesté des monts qui l'avoisinent. C'est une distraction nouvelle dont le but plaît d'autant mieux à mon esprit, que je me vois contraint d'apporter quelque trêve aux travaux littéraires. Une longue fatigue m'oppresse; la plume tourne entre mes doigts; j'éprouve la nécessité du repos, je vais m'y livrer, il en est tems. Adieu, lecteur.

FIN DU DIXIÈME LIVRE ET DU DERNIER VOLUME.

TABLE

DES MATIÈRES CONTENUES DANS LE SECOND VOLUME.

LIVRE VI.

	Pages.
Visite à mon directeur. MM. Lasalcette, Malouet, Gobillard, Collaud, Gadon. Ma complaisance pour M. H. Table d'hôte. MM. Augier, Grand, Lajaumont, Joulin, Faure, Thiveau, Castelli. Procès du général Moreau. Louis XIV insulté par une femme. Henri IV; ses moustaches enlevées.	1—5
Lettre aux rédacteurs du *Journal de Paris*. Réponse de Mercier. Newton, Voltaire. Locke. David. Goliath. Descartes. Nouvelle lettre au *Journal de Paris*. Foucaud démolit sa maison. Mon *Éloge de Boileau*. Sicard. Suard. Arrivée de madame H. Suite.	6—16
Voyage à Aubusson avec M. H. Dialogue. Défiances. Voyage à Paris. L'abbé Sicard m'annonce que mon mémoire est à l'Institut. M. Auger. Impression de mon *Éloge de Boileau*. Fragmens. M. Vimar. M. Français.	17—24
Députation de la Creuse; j'en fais partie; je m'habille en garde national. Mot de M. Amabert. MM. Lasalcette, Colaud, Malouet, Bourdon, dînent chez M. H. Suites de ce repas. Lettre de M. Français, qui me destitue. M. Vimar. M. Cornudet. M. Amabert. Ma réintégration. Billet de M. Vimar. MM. Grellet, Lasablière, Frignet, beau-frère du général Mortier. Mon discours à M. Bourdon, en présence du préfet. Voyageur singulier.	25—32
Langage de M. H. Tiger. MM. Français, Amabert. Mes appointemens. Lettre aux rédacteurs du *Journal de Paris*. M. G., parent de M. le sénateur Cornudet. Anecdote relative au concordat. Caprara. Fouché. Bonaparte. Hume. Crema. Consalvi. La princesse P. B.	33—40
M. Vayron, inspecteur général. Dubouys; mes plaintes à son sujet. M. Tixier de la Chapelle; sa nomination. M. Daudignac. M. Français. Crédit que l'on me suppose. Basile enterré vivant.	41—45
Voyage à Boussac avec M. Bayard. Sonneur tué par la foudre dans un clocher. Déjeuner chez le curé de Boussac. Son ostensoir; ses craintes. Marchands de bagues d'argent.	46—49
Mort de deux hommes pris d'eau-de-vie. Fabrication de fausse monnaie. Multitude de couleuvres. Piqûres d'aspic. Mesdames Bayard et Tixier de la Chapelle. Poursuite et	

fureur d'un aspic. Voyage à Paris. MM. H., Vimar, Français; rendez-vous. Dialogue. Dubouys. M. Teissier. MM. Roger, Vayron, Dorimont, Daudignac. M. le sénateur Cornudet; service rendu à son parent. . 50—56

Danger couru par un marchand picard. Supplice de Renaud. M. Français. Dubouys. M. de Tournon. Le sénateur Morard de Galles vient à Guéret. L'amiral Bruix. Mort de M. Morard de Galles. . . . . 57—59

Troupe d'enfans comédiens Potus. *Poinsinet*, ou *la Mystification*, comédie. Madame Garau. M. Lasablière. Le général Petitot. M. Malouet. Potus fait jouer ma pièce. M. Thonnelier. Duel. Ma franchise. Molière. Potus a le flegme de Bobèche. *Poinsinet* réussit. M. Perronneau recueille une provision de dents. Palissot. Députation de comédiens; leur départ. . . . . 60—64

Ma pièce est imprimée. *Papyrus. Aux Amateurs de la comédie de la ville de Guéret*. L'imprimeur Betoulle. M. Lasalcette. Conduite honorable de M. Betoulle. Femme saisie pour contravention; transaction. Voyage à Bourganeuf. Rencontre de brigands. Vers de Voltaire, tirés de *la Mort de César*. Brutus. J'échappe au péril. . 65—69

Voyage à Paris. Guillemardet, ancien ambassadeur en Espagne, préfet de Moulins. Rapport de l'aubergiste Lebœuf. Folie de Guillemardet. Mot de Napoléon. Mort du lieutenant-colonel Daussy, tué à Eylau avec vingt-six officiers de son corps. Le maréchal Augereau. M. Riou. M. Blondon. Mort singulière du capitaine Contré. Visite au directeur général. MM. Français, Thonnelier, H., Amabert, Vayron, de Fontanges; madame Tixier. Diligence mal composée. . . . . 70—75

Ma nomination dans le Cantal. Vente de ma bibliothèque et de mes meubles. M. Cadet de Vaux. Barré. Départ pour Aurillac. Pourceaux bien soignés. Bains de Néris. Danger. Arrivée à Clermont. Femme très-habile à raser. Conduite de Barré. Lieu de naissance de Marmontel. Arrivée à Aurillac. Vissec aîné. M. Esquirou, receveur principal. . . . . 76—80

LIVRE VII.

M. Demetz, inspecteur divisionnaire des ponts et chaussées. M. Deconcan. M. Q. P., directeur. Ma visite. Suites M. Vayron. Visite à M. Riou. Récit de M. Esquirou. Le sénateur Garran de Coulon. M. Perret; étrange maladie de sa femme. Plat d'écrevisses. M. P. tire son épée à table. M. Deribié. Présent offert et refusé. Amende. . . . . 81—86

Visite chez un orfèvre. Tournée dans la direction. Lej...., conventionnel; sa confidence. M. Prié. M. Vayron. M. Français. M. Despinchal au théâtre de Molière. . . 87—93

Amusement de M. P. L'orgue de Barbarie. François tourne la manivelle. Déficit dans la caisse de Dubouys.

TABLE DES MATIÈRES.

Pages.

M. de Tournon. M. Français. Dubouys vole un couvert d'argent, est arrêté, se brûle la cervelle. M. H. Amabilité de M. Demetz. Madame Demetz. . . . . 94—96

Bonnefond. Carrier; son horreur du sang; ses forfaits; son frère, commissaire des guerres. M. Daudignac; ses qualités. Déclaration de M. Esquirou. Tremblement de terre. Voyage à Limoges; suite. Danger. Voleur; nommé Genty. . . . . 97—103

M. Deconcan, mordu par une vipère. Son discours. Le général N. Coupable intention du domestique Joseph. Le ministre Decrès. M. P. lit mes lettres. Son secrétaire. M. Esquirou. Erreur corrigée. Grande colère de M. Q. Lej.... continue d'agir en despote. . . . . 104—109

M. Lemaître. M. Frignet. M. Dumolard. M. Rivet. Ma prédiction à M. Lemaître. M. Q., rival de Vestris, danse la gavotte. M. Lachaussée. Défauts de mon cheval. Chaleur excessive. Proposition de M. Rivet. Entrevue de M. Lemaître et de Lej.... . . . . 110—112

M. Dumolard. Mon marché avec M. Rivet. M. Lemaître prend le chemin de la Lozère. Suite de l'échange de mon cheval. M. de Gasc. Voyage à Guéret. MM. Tixier, H., le sénateur Morard de Galles, le préfet Maurice, Lasalcette, Alexandre, chef de division. Conduite de M. H. à mon égard. Sa lettre à M. P. Paroles de Thomas citées dans l'Avertissement. Retour à Aurillac. Homme caché dans un fossé. . . . . 113—117

Publication de *Mon Aventure dans la diligence de Paris à Fontainebleau*. M. Riou. Lettre du ministre de la police. M. Pelet de la Lozère. Congé. Départ pour Paris. Le commandant Vigier. Mot d'un voiturier. Accidens. M. Vigier a l'oreille gelée. Arrivée à Clermont. . . . . 118—121

Femme enceinte. Précautions. Crainte extrême. Visite à M. Pelet de la Lozère. M. Vimar. M. P. Comment il fut nommé directeur. Bonaparte déjeune chez madame de Varenne. Liquidation. M. Favard de Langlade. M. Renaud. Confidences de M. Daudignac. Lettres de MM. H. et Q. Secret échappé. Le directeur Lu.... Je vais au cercle de M. Français. Madame Français. Madame Ducrest de Villeneuve. M. Lemaître. Daudignac présenté pour remplacer Bergerot. Madame Ducrest prie l'impératrice Joséphine de s'intéresser à son mari. Paroles de Napoléon. Maret. Daudignac succombe. M. Ducrest est nommé. . . . . 122—129

M. Renaud. M. Daudignac. Trois cents francs mis à ma charge. M. Latouche, rédacteur des *Mémoires de madame Manson*. Le double chapeau. M. P. se rend à Paris; je le remplace. Paroles de M. Daudignac à M. Français en ma faveur. Conduite du directeur devant le conseiller d'état. M. P. danse en présence de M. Français. Mes deux lettres anonymes. M. P. congédié. M. Lachaussée, Lej.... Lettre de M. Tixier à M. Esquirou sur mon prétendu suicide. Lej.... passe à Saint-Afrique; il est atteint par la loi de l'exil. MM. Legrand, Pascalis.

	Pages
Je recommande ce dernier à M. Daudignac. S. A. R. le duc d'Orléans. Récompense de mon travail.	130—133
Retour du directeur. Paroles singulières. Vente de mon cheval au préfet; il remporte le prix de la course. Envoi perdu à la poste. M. de Gasc. Le frère de M. Esquirou. *Panorama moral.* Le nouveau-né. Voyage à Paris. Le chevalier de Pradt. Le tombeau de Henri II, duc de Montmorency. La maison d'Adam Billaut. Mandrin va dîner chez M. de Pradt; sa générosité envers madame de Pradt.	134—140
Proposition de M. Daudignac. Satisfaction de M. Français. Je suis nommé dans la Roër. M. Amabert fait expédier ma commission. Discours de MM. Daudignac et Amabert. M. Alexandre Lameth. M. Ladoucette, préfet. Voyage en Normandie. M. Tixier. Retour à Paris. Voyage à Aix-la-Chapelle. Divers incidens. Un fou, une Hollandaise, coups de pied, dispute, directeur de poste, géantes. M. Li...	141—149

LIVRE VIII.

M. Li..., ancien conseiller de l'électeur de Trèves. M. Dehoex. MM. d'Ag..., Mallet Desmarans, Kellenter, Dacraigne, du Bouzet, Malouet, Penguilly Lharidon. Voyage à Cologne et à Créveld. *Interim* du contrôle principal de Créveld. Départ de M. Boitelle. Mon bonheur durant quatre mois. Mes occupations. Hornemann; ses filles. MM. Jordans, Breitbach, Massot. Bossuet, Molière, La Fontaine. Conseil de madame Vonderleyen. Cheval de M. Massot.	150—154
Tableau de Saint-Pierre. Le receveur principal Elie. Le contrôleur ambulant Lacaze. Le conventionnel Duval. Oreille d'un chien enlevée par un cheval. Partie de plaisir. Bain dans le Rhin; danger. Collation. Voyage à Dusseldorff. Contrebande. Le Casino. M. Floh; son invitation. Serrurier dentiste. Dumouriez; sa parente. Beurnonville. Herbertz. Cœur peint sur une carte. Lettres de Dumouriez.	155—161
Un commis à cheval se rompt la cuisse; faux, commis par son frère. Mort du comte de Gisors; erreur des historiens. M. Kopp; sa prononciation. Le canal du Nord. Restes d'un animal inconnu. Cornes envoyées à madame Cretet, femme du ministre de l'intérieur. Passavant de Neuss. Hornemann. M. Boitelle. M. Li.... Le Charlemagne cassé. Regrets. M. Mallet Desmarans. Reproches.	162—166
M. d'Ag.. aime le jeu. Ma prédiction accomplie. MM. Li..., Boitelle, Cayeux. Voyage à Maestricht. M. et madame Prissette. Jeu. Dutrieux, comédien. Retour à Aix. M. Kellenter. Discours de M. Claessens à la mort du président Meyer.	167—172

TABLE DES MATIÈRES. 403
Pages.

M. Esquirou. Nouvelle folie de M. Q. P. Il est mis à la retraite. Sa mort. MM. Amabert, Français, Lemonnier, d'Ag.., Boitelle. Mariage de Napoléon avec Marie-Louise. Audience de M. Français. Mon collègue, M. de Fontanges. M. Riou. Dîner chez M. Gay. Madame Gay. Mademoiselle Gay. M. Tourton, banquier. Imprudence de Marmontel. L'intendant Cury. Le duc d'Aumont. Chanson contre Bonaparte. M. Gay. M. Louv..., notaire. Anecdote sur une bulle du pape. Le cardinal Maury. L'abbé Dastroz est arrêté par ordre de Napoléon, qui exile M. Portalis. M. Réal. L'abbé Laurent. Rapports. Paroles de l'empereur. Le baron Jauffret, archevêque. Le curé de Saint-Laurent, nommé par erreur à l'évêché de Metz. Bigot de Préameneu, ministre des cultes. Changemens de fortune. Mort de l'abbé Laurent. Suite de la détention de l'abbé Dastroz. Voyage du pape. Miollis l'accompagne et passe le Pô. Arrivée du pape à Fontainebleau. Conduite de Napoléon envers S. S. Cérémonie du sacre. Robe de madame Gay. Mon costume. . . . . 173—180

Entrée au Louvre. Brillante assemblée. Cortége magnifique. Napoléon. Marie-Louise. La reine de Hollande. Entrevue avec M. Français. Retour à Aix. Je vais à Cologne. Mes fonctions. M. Dacraigne. M. Alexandre, chef de division. Caisse de M. du Bouzet. M. Daudignac. Mot de M. Alexandre. M. Gorsas, directeur des douanes, frère de l'ancien député. Lettre particulière de M. Li.... Réflexions. . . . . 181—186

M. G., ancien ministre de la justice, membre du directoire; sa femme, petite-fille du célèbre Dumoulin. Mon habit vert-pré. Question de M. G. Obésité de madame Li... Son fils, ses filles et sa nièce. Les oreilles. Mesmer. Le baquet. Etrange confidence de M. G. Mort de madame G. Voyage sur le Rhin avec M. Tippel, inspecteur de la navigation, et beau-frère du général Mortier. Le receveur de Humberg; sa fille. M. Herstadt. M. Dehoex. Madame Vonderleyen. Rapport à M. Li.... Lettres à MM. Français et Daudignac. Je fais l'*interim* de la direction. Les employés de Bergen. Accident. Le plancher se brise. Plainte. . . . . 187—193

Indigne tromperie de M. Li.... MM. Français, Daudignac. Le commis à pied de Créveld. M. Buffet, contrôleur principal. Acte coupable du secrétaire de la direction. Conduite de M. Li.... Le sénateur Saur. M. Mallet Desmarans fait mon *interim*. Indemnité. Ma conduite. Triomphe intérieur. . . . . 194—199

Troupe de comédiens. Portrait de M. Bruckner. Action du peintre. Dispute. Mon différend avec le frère de M. Bruckner. *Marie Stuart*, tragédie de Schiller. Madame Kelleter. Les *deux chapeaux*. Le témoin. Les pistolets. M. Kellenter. Serment de M. Bruckner. La valse. M. Bruckner s'éloigne de moi. . . . . 200—206

L'Italien trompeur. Tableau de Jésus-Christ à triple tête.

TABLE DES MATIÈRES.

Madame Dumesnil Simon me vend sa maison en rente viagère. L'ex-directeur Barras Commensaux du *Dragon-d'Or;* leur portrait. Lord Malmesbury, madame Fincken, MM. Vanderstraten, conseiller de préfecture, Koërfghen, secrétaire général, Chatelard, chirurgien-major de l'hôpital militaire, Johns, peintre anglais, Céberg, fils d'un cent-suisse, Marchant, commissaire des guerres, neveu de M. de Villemanzy, Kellenter, receveur principal, Mallet Desmarans, contrôleur ambulant, Robens, madame Robens. . . . . 207—214

Madame Kelleter, la présidente Amy, madame Belu, madame Craan, madame de Lommiessen; mort de son mari; son voyage à Flessingue. M. Craan. Madame de Chamont. M. de Guaita. M. Kelleter. M. Ladoucette, M. Camus, évêque; sa mort. L'abbé N., chanoine; son faux brevet d'évêque; fait des vers licencieux contre madame B. Je suis reçu franc-maçon avec MM. Bertrand Boislarge et Boitelle. Céberg, Kellenter. Loge de *la Concorde.* . . . . 215—220

Madame Fincken. M. Chatelard. M. Demidoff, riche de six millions de rente; notre entretien. M. Narischkin. Le prince d'Olgorouki, ambassadeur de Russie. Le comte de Salm Dick, aujourd'hui prince. Le duc de Laval Montmorency. L'empereur Alexandre. Le roi de Westphalie, Jérôme B. Gain énorme du prince d'Olgorouki dans une partie de piquet contre le comte polonais Salvinski. La princesse N.; son immoralité. Madame de B. Mort de N. Tracasseries de M. Li.... M. Locquet, inspecteur général. MM. Kellenter et Lharidon. M. Mossé, ingénieur. M. N., rédacteur du *Mercure de la Roër.* M. Dumont. M. Wincélius, M. Walraff, savant antiquaire, cité au *Moissonneur.* Marie de Médicis. Henri-le-Grand. Les comtes de la Lippe. Le prince de la Leyen; sa dégoûtante expérience. M. Abels. Bossuet. . . . . 221—2..

M. d'A., inspecteur général, aujourd'hui pair de France. Reprise de tabacs. M. Français charge M. d'A. de me témoigner sa satisfaction. M. G., inspecteur général des sels et tabacs. Sa conduite envers moi. M. Vayron agit comme M. G. Paroles de La Bruyère. Napoléon à Bonn. Colonel de chasseurs destitué. Sobriquet de Mardi-Gras. M. Dumont, conseiller de préfecture. Mon offre. Suite. M. Vinois. Mot de Ninon. M. Gruet. M. Dumont gagne le gros lot de quatre cent mille francs, et ne veut rien toucher. Dévouement de Jeanne Sébus; M. Alexandre Lameth lui fait élever un monument. . . . . 228—23.

M. Mallet Desmarans remplacé par M. Millot. MM. Français, Boitelle, Saint-Didier, d'A., Li... Mon absence. MM. Pégot, Daudignac, Français. Ma réclamation. Suspension d'appointemens. Procédé généreux envers MM. d'A. et Li.... M. Français; son ordre de me rendre mes appointemens. Examen de ma conduite. Je de-

TABLE DES MATIÈRES.

mande ma retraite. Certificat de M. Lecamus, médecin de l'hôpital militaire. Observations de MM. Li... et d'A. Ma pension est fixée. Réflexions. Le maréchal Kellermann. MM. Jordans, Mossé. M. Ladoucette. M. et madame Li... Voyage à Spa et à Chaudfontaine. . . . . 236—242

La reine Hortense. M. Daudignac nommé administrateur. Paroles de M. Français. Disgrâce de M. Daudignac; sa mission en Hollande; le duc de Gaëte le tranquillise. Mort de M. Daudignac. Regrets de M. Français. Ma profonde affliction. Mort de Vinois par un suicide. Mes regrets et ceux du général Maison. Embarras de M. Li.... Son début. Le *jeu d'oie.* Je cède à M. Saint-Didier le marché de ma maison. Le notaire Daudzenberg. Perte considérable de M. Saint-Didier. 243—248

M. N. m'adresse des artistes. M. Villiers. Sermon de Bridaine. Fables de La Fontaine. *Athalie. Pygmalion.* Visite de Larive à Jean-Jacques Rousseau. Molé. Lettre de Larive aux comédiens français. M. Hus Desforges, musicien; ses concerts. Minerve. Jupiter. Système. *Le Psychisme.* Le *Dictionnaire de Boiste.* Madame de Fronville couvre le nom de madame Craan. M. Sauvo, mon censeur. *Lettre à madame de Fronville sur le Psychisme.* M. Weiss, traducteur du drame *les Deux Frères.* Le *Journal de la Roër.* Trait malveillant du *Mercure de la Roër.* M. Weiss accourt chez moi. Il se retire peu satisfait. Jugemens. M. Tourlet. L'abbé Anglade. Saint Augustin. M. Colnet. Mercier. M. Malte-Brun. M. Jay. M. de Sénancour. Voyage à Paris. L'ex-commandant de Koënisberg. Mon différend. Ma conduite. . . . . 249—256

LIVRE IX.

Logement de Céberg. Je revois MM. Vimar et Amabert. Celui-ci me propose de faire des pièces pour le Vaudeville, à l'exemple de Sewrin. Entrevue avec M. Français. Grétry. Le baron Louis. M. Desprat. Proposition de M. E. L'*Eloge de Boileau.* Horace. *Eloge de Pascal.* Ma lecture à Mercier. Ses louanges. Réflexions sur l'art d'écrire. Mon mémoire. M. Raymond, propriétaire des Charmettes, remporte le prix. Rousseau. M. Cotel. Pascal. Jugemens. . . . . 257—263

Voyage à Aix-la-Chapelle. Mercier. M. Ladoucette. Cité de Charlemagne. Madame Fincken. Conduite de Jérôme B. Mon collègue Richard. M. de Guaita. *Journal de la Roër.* Dîné chez M. Ladoucette. Hospice de la Maternité. Mesdames Amy, de Chamont, Craan, Kelleter. Récit de M. Peyronny. *Lettres sur le Psychisme. Journal de l'Empire.* Lettre de M. Etienne. M. Féletz. 264—270

Mémoires de Céran de Valmeuil. M. Pagès. Monologue de *Figaro.* M. de Pommereul, directeur général de l'imprimerie et de la librairie. Voltaire. Rousseau. Mer cier. Jugement de la *Gazette de France*. Napoléon; son cortége; mon incivilité. Nuit du 29 au 30 mars. Gardes nationaux. Cosaques foudroyés. Les généraux Barclay de Tolly, Kleist, Yorck, Langeron. Plaintes des élèves de l'Ecole polytechnique. Dragon blessé. Je monte la garde au poste de l'Oratoire. Suite............ 271—276

M. Français. Napoléon. Pillage de Paris; faux bruit. M. Vimar; ma proposition de le cacher en mon domicile. Entrée de MONSIEUR à Paris. Bonaparte. Louis XVIII. Aspect imposant des grenadiers de la garde impériale. Mort de Mercier. Sa littérature. M. Ladoucette.... 277—281

Mort subite de mon beau-père. *Marcelin*, ou *Bon cœur et mauvaise tête*. Tiger. M. Royer-Collard. *Mémorial des libraires*. Napoléon. Tiger manque à sa parole. *L'Attaque de Paris*. M. Mossé. Le commandant Daussy. Madame de L. Mademoiselle Joséphine. Mon embarras. Suite. M. le comte de Dienne. M. N. Agens de police. Ma conduite................. 282—289

Napoléon rentre en France. Le général Bertrand. M. Bertrand Boislarge. Le commissaire des guerres. M. Le général B. Malte-Brun. Bonaparte. Louis XVIII. Carnot. *Marcelin*. *Mémoires de Valmeuil*. *Gazette de France*. Critiques de madame B. M. Bleuet. *Le Méchant*, de Gresset. M. Suard, secrétaire perpétuel de l'Académie française. M. Lefebvre. *Biographie universelle*..... 290—293

On m'adresse vingt Prussiens. Je loue une maison à Pontoise. M. Flamand-Grétry. L'Ermitage de J. J. Rousseau. M. Maud'heux. Prodigieux effet de la bataille de Waterloo. M. Gaillard, ami de Fouché. Le général Wellington. Louis XVIII. Le double message. M. Flamand-Grétry. Je compose les *Lettres de la Vallée de Montmorency*................ 294—298

M. Henri Nicolle. M. Delahaye. M. l'abbé Nicolle. Dussault. *Journal des Débats*. Durmont. Observations. M. Didot ainé. M. Pagès. M. Royard-Collard. M. Nicolle. M. Aimé Martin. Dussault. M. Féletz. M. Biot. Dupuis. Erreur de M. Aimé Martin. Lalande. Lettre de Cizeville. Montesquieu. Suite. *Le Géant vert*. *Le Diable boiteux*................ 299—306

Madame B. m'adresse des injures dans la *Gazette*. Les *Annales politiques*. M. Jay. *Le Nain rose*. M. J. S. Quiney. M. de la Mésangère. Fausse imputation. Morellet. D'Alembert, Diderot, Condillac. Buffon maltraité. *Lettres de la Vallée*. *Le Psychisme*. Envoi de ces deux ouvrages au Brésil. Montesquieu. M. Aimé Martin. Lettre au *Diable boiteux*. Fénelon.......... 307—313

Offre d'un service gratuit aux contributions indirectes. M. de Barante. Lettre de M. le marquis de Maleteste. M. Calet, administrateur. Lettre au *Courrier français*. M. Clausel de Coussergues. M. Chabrol de Crousol, directeur général. M. de Villèle. Mort de ma mère. Madame Daussy. *Monsieur d'Orban*, ou *Quelques jours d'orage*. *Le Psychisme*. *Adolphe et Sylvéric*. Mercier

TABLE DES MATIÈRES.

M. Guillermet. Le pélerinage d'Ermenonville. Sabots de J. J. Rousseau. Article du *Moniteur*. Fabre d'Eglantine. Je vends les *Mémoires de M. Girouette* à M. Pillet. Virgile. M. Langlès. Auguste. M. Koërfghen, chargé d'une créance de trois millions. Diné au *Cadran-Bleu*. Le colonel Georgeon, le comte Laumond, MM. Méchin, Alexandre Lameth et Ladoucette. *Confessions politiques et littéraires*, etc. M. Evariste Dumoulin... 314—324

M. N. joue au Palais-Royal; sa déconfiture; ses paroles. Le peintre David. Madame de Staël. Madame Dufrénoy. Proposition. M. Eymery. M. A. *La Minerve littéraire*. Dialogue de *la Nouvelle Héloïse*. *L'Abeille*. Dumont. Ma proposition. J'imprime chez M. Pillet l'*Histoire de l'Esclavage en Afrique de P. J. Dumont*, etc. M. Ternaux. M. E.; son article. Mademoiselle Harouard. La princesse royale Caroline. Le roi de Danemarck. Le roi de France. M. le duc d'Orléans. M. Parel Despeyrut, député de la Corrèze. Mon opinion sur Dumont et son ouvrage.................. 325—331

Le Solitaire français au dix-neuvième siècle. Le Mercure de France. M. de Roquefort. M. de Châteaubriand. *Notice sur la Vendée. Le Conservateur*. Pierre Huet; madame la duchesse de Berri veut le voir. Jacob. *Le Moissonneur. Gazette de santé*. Marie de Saint-Ursin. Mort de Huet aux Invalides. Prévôt, âgé de cent six ans. Epitaphe de Pierre Huet. Mademoiselle Phélippeaux a fait le portrait de ce dernier. *Les Intrigues du jour*, ou *Quatre tableaux de nos mœurs*. M. Rosa. *Gazette de France*. M. Achille de Jouffroy. Madame B...... 332—336

Le *Journal de Paris* nie un trait fort étrange. *Les Deux Sous-Préfets*, ou *le Triomphe d'un chef de bureau*. M. Bourdon. M. Casimir Perrier. Souscription. Mademoiselle Mars. Madame Manson. M. Pillet. Abrégé de l'*Essai sur les mœurs*, etc. AVERTISSEMENT DE L'ÉDITEUR................... 337—341

LIVRE X.

L'Homme sans caractère, comédie en trois actes. Molière. Le comédien Thénard examine ma pièce; son jugement. M. Gastellier. M. Picard. Dessein d'enseigner. Chefs-d'œuvre de Molière, *les Femmes savantes*, *le Tartuffe* et *le Misanthrope*. M. Pillet acquiert la propriété du *Journal des Maires*. Mon travail. *Gazette de France*. Dupont de Nemours. Langage des oiseaux. Note du *Psychisme*. Mouvemens d'une jeune poule... 342—346

Examen du roman de *Clarisse Harlowe*. Enthousiasme de Diderot et de Jean-Jacques Rousseau. *Télémaque*. Fénélon. *Tom Jones*. Chefs-d'œuvre de Richardson et de Fielding. Je communique mon projet à M. Pillet. M. Tissot. Déclaration de M. Pillet. M. Fain. M. Jac-

TABLE DES MATIÈRES.

ques Laffitte ; sa réponse. Utilité de mes remarques sur *Clarisse* et *Tom Jones*. *Histoire d'Adolphe et de Silvérie.* M. Féletz. L'*Histoire de Solarice*, ou *la Femme martyre de son orgueil.* M. Ambroise Tardieu. . . . . 347—353

M. Jay ; ses qualités. Le cardinal de Richelieu. *Éloge de Montaigne.* M. Cotelle. Table analytique de l'*Histoire d'Angleterre.* Article CHARLES II, prince de Galles. M. Lefebvre. Je passe l'été à Choisy-le-Roi. M. Vimar. Projet d'établir un journal littéraire avec MM. Etienne et Jay. Le *Mercure du dix-neuvième siècle.* M. Gouriet. *Lunes parisiennes.* M. Destains. *Annales littéraires.* Mon travail. L'*Editiomanie*, *le Charlemagne*, *le Solitaire*, *le Renégat.* M. d'Arlincourt. Clairet. . . . . 354—358

Le capitaine Landolphe. *Solarice.* M. Noel. La Harpe et Bernardin de Saint-Pierre. Helvétius. *De l'Esprit.* M. Jay. M. l'abbé Auger. *Mémoires de madame Campan.* M. Amanton. *Histoire de l'Esclavage de Dumont. Mémoires du capitaine Landolphe.* Le duc de Tarente. Le duc de Blacas. Lettre de M. Macot. M. Amanton. Le contre-amiral Halgan. M. de Rivière. M. Arthus Bertrand. Succès des *Mémoires du capitaine Landolphe.* Lettre de M. le contre-amiral de Linois. . . . . 359—364

Maladie et mort de ma femme. Madame Palissot de Beauvois. *Notice.* M. de Beauvois. Proposition du docteur Devilliers. Ma résolution. *Le Moissonneur.* Les *Annales.* *Les Lunes.* Bustes de Voltaire et de Rousseau. M. de Lat...... M. Silvestre de Sacy, membre de l'Institut. *Le Berger devenu Officier.* Ma patience. Fièvre de quarante-huit heures. L'abbé Trublet. L'empereur Alexandre. . . . . 365—370

Le tome II du *Moissonneur.* Le morceau : « Pauvre Rousseau ! » Convention nouvelle. Le comte de Byland, arrière-petit-neveu de Guillaume III, roi d'Angleterre. Sa visite. Mon embarras. Les Grecs. M. Arthus Bertrand. *Mémoires de P. Pe... de Lat......*, etc. Le tome III du *Moissonneur.* Lettre de M. Stanislas Girardin, relative au prétendu suicide de Jean-Jacques et au mariage de Thérèse Le Vasseur. M. Musset Pathay. John. Lettre de M. Bataille, maire du Plessis-Belleville. Thérèse Le Vasseur. Bailly ou Jones. M. Girardin. J. J. Rousseau. M. Jouy. . . . . 371—377

M. Rauch. *Annales européennes.* Mon article. Louis XVIII malade. Mot d'un abbé. Réflexions sur les jésuites. Les Stuarts. M. Picard. Prononciation du mot *août.* M. Villemain. M. Pellier, traducteur de l'*Histoire de l'Inquisition d'Espagne*, par Llhorente. Massillon à Clermont. L'acteur Baron. Désagrément. M. Foucault. Mon *bon.* Suite. Procès. Réflexions. Avis aux plaideurs. Dessein de me retirer aux Vertus, en Champagne. M. Poisson. Projet d'écrire mes Confessions. Montmorency ; ses sites. M. N. M. Ar.... Be...... Singulière confidence. Proposition. Je quitte Paris. Contentement. . . . . 378—386

Je commence mes Confessions Promenade à Eaubonne.

Madame Pérignon. Madame Goupy. Madame d'Houdetot. Jean-Jacques. Hauteur du thermomètre. Passage du livre IX des *Confessions* de Rousseau. Saint-Lambert. Profonde impression. Acacia de Grétry. Mot de Grétry à madame d'Houdetot. Mort du capitaine Landolphe. M. Bidaux ; sa conduite envers moi. Madame Landolphe.. 387—394

L'abbé Auger. M. Langlois, curé de Montmorency ; ses qualités. M. Ollion ; son épouse. Mademoiselle de Luigné. M. Louveau. M. Leconte. M. Flamand-Grétry. M. Charraud. M. Blondon. Projet d'aller visiter les environs de Genève. Fin de mes Confessions........ 395—398

Table des matières... 399—409

FIN DE LA TABLE DES MATIÈRES.

TOME Ier.

Pages.	Lignes.	
viij,	12,	du discernement, *lisez* de discernement.
142,	21,	Telle, *lisez* Tel.
166,	3,	du canton, *lisez* de canton.
207,	13,	Guebert, *lisez* Guébert.
250,	6,	avant nuit, *lisez* avant la nuit.
272,	4,	Herman, *lisez* Hermann.
307,	14,	Gascon, *lisez* Languedocien.
309,	4,	Gascon, *lisez* Languedocien.
338,	19,	lieu bien digne, *ôtez* bien.
396,	3,	71, *lisez* 61.
398,	37,	mes discours, *lisez* mon discours.
401,	16,	346, *lisez* 349.
Id.	27,	555, *lisez* 355.
Id.	42,	Bouchette, *lisez* Bouchotte.
Id.	50,	Mmadame Thomas, *lisez* Madame Thomas.
402,	8,	591, *lisez* 391.
403,	7,	les tranports, *lisez* les transports.
Id.	13,	6, *lisez* 7.

TOME II.

Pages.	Lignes.	
22,	28,	imprudence, *lisez* impudence.
40,	8,	de suite, *lisez* sur-le-champ.
64,	2,	fut, *lisez* fût.
Id.	12,	de rire, *lisez* d'applaudir.
68,	23,	prononec de toutes les forces, *lisez* prononce de toute la force.
69,	28,	de rechef, *lisez* derechef.
73,	24,	une pierre, *ajoutez* surmontée d'un poteau.
169,	11,	regets, *lisez* regrets.
170,	12,	de, *lisez* des.
202,	10,	Kellenter, *lisez* Kelleter.
214,	23,	Kellenter, *lisez* Kelleter.
236,	23,	Péjot, *lisez* Pégot.
252,	1,	psuché, lisez *psuché*.
287,	12,	de suite, *lisez* aussitôt.
334,	4,	de suite, *lisez* soudain.
349,	25,	de suite, *lisez* presque incontinent.
350,	27,	reçue, *lisez* accueillie.

OUVRAGES IMPRIMÉS DE M. QUESNÉ.

Naufrage, etc. Brochure in-8°, 1795.

Eugène et Sophie, ou les Violens effets de l'amour. Un vol. in-18, 1797.

Lettres de Verteuil, de Paris, à Mondorff, de Nuremberg. Deux vol. in-18, 1798.

Les cinq Voleurs de la Forêt-Noire. Un vol. in-18, fig., 1799. Plusieurs éditions.

Les Folies d'un Conscrit. Deux vol. in-18, fig., 1800. Grand nombre d'éditions.

Le Jeune Matelot. Un vol. in-18, fig., 1800.

Lettre à Mercier sur les loteries. Brochure in-8°, 1801.

Busiris, ou le Nouveau Télémaque. Deux vol. in-12, fig. Deux éditions, 1801, 1802.

Les Portraits. Un vol. in-8°, 1803.

Les Journées d'un Vieillard. Un vol. in-8°, 1804.

Eloge de Nicolas Boileau-Despréaux. Broch. in-8°, 1805.

Poinsinet, comédie en un acte, jouée au théâtre de Guéret. Broch. in-8°, 1806.

Mon Aventure dans la diligence. Broch. in-8°, 1808.

Lettres à Mme de Fronville sur le Psychisme. Un vol. Cinq éditions, dont une avec portrait. In-8°, 1812, 1813; in-12, 1813, 1814; in-18, 1818; in-12, 1821.

Eloge de Blaise Pascal. Broch. in-8°, 1813.

Mémoires de Céran de Valmeuil. Un vol. in-18, 1813. Réimpr. in-12 à la suite de *Marcelin*, 1815.

Mémorial des Libraires. In-8°, 1815. Il en paru cinq numéros de chacun deux feuilles.

Marcelin, ou Bon cœur et Mauvaise tête. Deux vol. in-12, figures, 1815.

Lettres de la Vallée de Montmorency. Un vol. in-12, 1816.

Monsieur d'Orban, ou Quelques Jours d'orage. Broch. in-18, 1818. Imprimé à la suite de la quatrième édition des *Lettres sur le Psychisme*, et réimprimé à la suite de l'*Histoire d'Adolphe et de Silvérie*.

Mémoires de M. Girouette. Un vol. in-12, fig., 1818.

Confessions politiques et littéraires, etc. Un vol. in-12, 1818.

Histoire de l'Esclavage de Dumont, etc. Un vol. in-8°, fig. Quatre éditions. Deux en 1819; 1820, 1824.

Le Solitaire français au XIXe siècle. Broch. in-8°, 1819.

Pierre Huet, ancien militaire, âgé de cent quinze ans, etc. In-8°, 1820. Deux éditions. Réimprimé en 1824, avec une augmentation, dans le tome II du *Moissonneur*.

Les Intrigues du jour, etc. Un vol. in-12, fig., 1820.

Histoire d'Adolphe et de Silvérie. Deux vol. in-12, 1822.

Histoire de Solarice, ou la Femme martyre de son orgueil. Deux vol. in-12, 1822.

Table alphabétique des matières contenues dans l'*Histoire d'Angleterre*, par Hume, Smollett, Adolphus, etc. Un vol. in-8°. Deux éditions. 1822, 1827.

Mémoires du capitaine Landolphe. Deux vol. in-8°, fig., 1823.

Le Moissonneur. Trois vol. in-8°, 1824, 1825.

Confessions de J. S. Quesné. Deux vol. in-8°, fig., 1828.